新编21世纪新闻传播学系列教材
新闻学系列

媒介融合案例教程

本书编写组 编著

Case Studies in Convergence Journalism

中国人民大学出版社
·北京·

内容简介

中国高等教育学会新闻学与传播学专业委员会发起，联合中国人民大学、中国传媒大学、复旦大学等十余所高校新闻院系，与今日头条合作，共同开展了新媒体创新案例推选活动。根据专业媒体机构在媒体融合、技术变革、拓宽边界等方面的创新表现，征集了近年新闻业界在新媒体报道、技术、运营三个方面的实践创新作品和产品。

经过专家评审，本书从近100个案例中挑选了20个经典案例，分为融合新闻创新报道案例、融合媒体创新应用案例、融合创新建设媒体案例三个板块。为了使案例更具透明性，凸显其现实指导意义，本书主创团队不仅对相关采编人员进行了深度访谈，而且对案例进行了评析。为了突出理论指导，本书挑选了有关媒介融合最新研究成果的学术论文，作为案例教程的起始部分。

这些案例不仅适用于新闻专业的采写课程、编辑课程，而且适用于广电专业和新媒体专业的相关课程。

主编简介

本案例教程是集体劳动的成果。中国人民大学新闻学院新闻实务教学团队（新闻采访与写作、新闻编辑、数据新闻、数据新闻可视化等课程任课教师）许向东、唐铮、方洁、潘曙雅指导学生深入调研采访，拟定写作框架，收集案例素材，从内容生产、技术运用、媒体运营等方面对案例做了评析。

总序

中国人民大学出版社策划出版的“新编21世纪新闻传播学系列教材”，是一套在新闻传播学领域内，皋牢百代，卢牟六合，贯穴古今，笼罩中外，密切联系新闻传播工作的实际，广泛吸收新闻传播学的最新研究成果，高揭遐揽，取精用宏，供新世纪的高等院校新闻传播院系教学使用的系列教材。

20世纪初以来的100年，是世界新闻传播事业飞速发展的100年。这100年来，随着科学技术的不断发展，继报纸、期刊、通讯社之后，广播、电视、网络和多种新媒体相继问世，新闻传播的媒介日趋多元化，新闻传播的手段日趋现代化，“地球村”变得越来越小，新闻传播事业对世界政治、经济和文化的影响则变得越来越大。

这100年，也是中国新闻事业飞速发展的100年。尤其是中国改革开放以来，发展得尤为迅猛。

进入21世纪以后，中国新闻事业发展的势头更为迅猛。报纸、期刊、通讯社、广播电台、电视台的数量在宏观调控下，虽无大变化，但软硬件的实力都有了很大的提高。据2011年12月出版的《中国新闻年鉴》的最新统计数字，2010年全国共出版报纸1 939种，平均期印数2.14亿份。共出版期刊9 884种，平均期印数1.63亿册。全国共有广播电台227座，电视台247家，广播电视台2 120家，教育电视台44家。广播综合人口覆盖率为96.78%，电视综合人口覆盖率为97.62%。

另据2012年1月中国互联网络信息中心（CNNIC）发布的《第29次中国互联网络发展状况统计报告》，截至2011年12月底，中国网民规模已达到5.13亿，互联网普及率达到38.3%。其中，手机网民数量为3.56亿，博客和个人空间用户数量为3.19亿，微博用户数量为2.5亿，社交网站用户数量为2.44亿，网络视频用户数量为3.25亿。中国居民中具备上网条件和技能的人已经基本转化为网民，大专及以上学历人群中互联网使用率已达96.1%。中国网站总数为230万个，网页数量为866亿个。

这样大的发展规模，这样快的发展速度，在世界和中国新闻事业史上都是空前的。回顾既往，盱衡未来，新闻传播事业在21世纪还将保持旺盛的发展势头。新闻传播，作为上层建筑和意识形态的一个重要组成部分，在全面准确地宣传党的基本理论、基本路线和基本方针以及各项决策，反映人民群众的伟大业绩和精神风貌，以及推动改革开放和社会主义现代化建设等方面，必将继续发挥重要的作用。

与新闻传播事业的发展相配合，这100年来，为中国的新闻战线培养和输送人才的中国新闻教育，也有了相应的发展。中国的新闻教育起始于20世纪初，迄今有近90年的历史。新中国成立前的30年，虽然先后在个别院校中设立了新闻系或新闻专科，但规模都不大，设备也不够完善，在校学生人数最多的时候不超过400人，30年间累计培养出来的毕业生还不到3 000人。新中国成立后，为了给新中国的新闻事业培养人才，新闻教育有了新的发展，但到20世纪60年代中期为止，全国的新闻教育机构也还只有14家。当时全国只有343家报社、78座广播电台和13家电视台，革命老区来的新闻工作骨干正当盛年，足以支撑大局，新闻系和新闻专业的学生统招统分，基本上能够满足中央和省市以上新闻单位梯队建设方面的需要。“文化大革命”爆发后，新闻事业进入低谷，新闻人才的培养也被迫中辍。拨乱反正之后，新闻事业有了飞速的发展，但新闻工作的人才却出现了断层，明显供不应求，因而极大地推动了新闻教育的发展。中国的新闻教育得以重整旗鼓并得到空前迅猛的发展，主要是改革开放以来的这30多年的事情。30多年来，中国新闻教育和中国新闻事业同步发展。截至2011年，全国设有新闻传播学类院、系、专业的高校已由改革开放之初的两三所增加到800所以上，各种类型和层次的专业教学点已不下1 000个。新闻专业的教学已从单一的大学本科教育，发展到博士生、硕士生、本科生、大专生、成人教育、函授教育等多层次的格局，不少院系还设置了新闻传播学方向的博士后流动站。改革开放之初，全国在校新闻系科学生总共只有500来人，现在仅在校本科生就有16万人左右，硕士和博士研究生3万人左右，办学层次、办学规模、办学水平都有了很大的提高。进入新世纪以后，随着新闻传播事业的加速发展和新闻战线人才需求的不断增加，中国的新闻教育还将有更大幅度的发展。

一般说来，新闻教育质量的高低，起决定作用的主要是两个因素：一个是师资，一个是教材。两者之间，教材的作用更大。这是因为，师资的多少和良窳，往往受办学主客观条件的限制，而教材一旦完成，就可以直接嘉惠于学子，风行四海，无远弗届。进一步说，一部好的教材，不仅可以满足教学的需要，培养出一大批人才，而且可以同时拥有一定的学术含量，推动新闻传播学研究的发展。1919 年出版的徐宝璜的《新闻学》，1927 年出版的戈公振的《中国报学史》，就是这方面的很好的例子。这两本书都是作者在高等学校从事新闻学理论和新闻史教学时作为教材编写出来的，出版之后，立即引起世人的关注和推崇，一再重版，历久不衰，至今仍然是公认的新闻学理论和新闻史方面的传世之作和经典之作。正因为这样，新闻教育的前辈们，历来十分重视教材的建设。新中国成立初期的十来年，坊间出版的新闻学方面的书籍，绝大部分是教材。改革开放以后，新闻传播学研究空前繁荣，新闻学方面的书籍大量问世，但教材仍然在其中占了很大的比重。这些教材，覆盖了新闻传播学的方方面面，经过出版家和众多作者们的长期努力，门类和品种基本配套齐全，曾经为同时期的新闻教学做出过重要的贡献。但是，随着时间的推移和新闻工作实际的飞速发展，这些教材的体例日显陈旧，观点和内容也亟待调整和更新。一些属于学科前沿和科技含量较高的新开课程的教材尚付阙如，使现有的教材出现了不少缺口。在新世纪已经到来之际，集聚力量，重新编写出一套体系完整、门类齐全、能够为新世纪的新闻教育和新闻人才培养服务的新闻传播学的系列教材，已经成为人们的共识和新闻业界与新闻教育界的迫切需求。

呈现在读者面前的，就是应这样的需求产生的一套系列教材，它将涵盖新闻学、传播学两个二级学科的方方面面内容，满足新闻、广播、电视、广告、媒体经济、新媒体等多个专业的教学需要。负责这些教材编写工作的，是中国人民大学、复旦大学、北京大学、清华大学、中国传媒大学、中国青年政治学院等多所著名院校长期从事新闻传播学方面教学与研究工作的专家学者，其中有相当大的一部分编写者是相关学科的国家级的学术带头人，堪称一时之选。被收入本系列的教材中，既有国家级重点教材，也有部级重点教材，其他的也是经过严格筛选的精品，所以，本套系列教材的质量是有保证的，其权威性也将得到社会的认同。

21 世纪是一个高度信息化的时代，是信息经济和知识经济占主导地位的时代。信息经济和知识经济有两大支柱，一是以高科技为代表的传播技术产业，二是从事新闻和信息产品生产的媒体产业。新闻传播学作为将这两大领域有机联结的桥梁，在今后的国家建设和社会发展中必将发挥越来越重要的作用。中国人民大学出版社经过精心策划，隆重推出这套系列教材，是具有高度的前瞻性和战略眼光的。在这里，我谨代表编委会和全体作者向中国人民大学出版社表示由衷的感谢。

这部系列教材开始策划于20世纪的最后一年，21世纪初起陆续问世，迄今已编写出版了50余种。在体例和内容的创新和开拓等方面，远远超过同时期出版的同类教材。其中的有些教材，还根据整个新闻传播理论与实践的发展和新闻传播学教学与研究的发展，陆续作了必要的补充和修订，重新出版，实现了内容的与时俱进。

这批教材的问世，将会为新闻传播事业和新闻教育事业的发展和繁荣、为新世纪新闻传播人才的培养做出它应有的贡献。这是出版者和全体作者共同的一点希望。是为序。

方汉奇

2012年3月15日

于中国人民大学宜园

序言

在中央提出“加快推动媒体融合发展 构建全媒体传播格局”的背景下，为了传递创新的经验、交流探索的体会、启发研究的智慧、记录历史的足迹，为中国新闻传播教育和研究提供专业案例、专业方法和专业数据，中国高等教育学会新闻学与传播学专业委员会联合中国人民大学、复旦大学、清华大学、北京大学等11所高校新闻学院举办了新媒体创新案例推荐活动。

本次活动根据专业媒体机构在媒体融合、技术变革、拓宽边界等方面的创新表现，经过新闻传播学领域专家评委的严格评审，在新媒体创新实践领域的报道、技术、运营三个方面，最终评选出融合新闻创新报道案例、融合媒体创新应用案例、融合创新建设媒体案例共31个作为推荐案例。这些案例不仅体现了主动适应新媒体发展趋势，变革新闻生产方式和信息传播模式，有利于探索适合自身的媒体融合发展路径，而且反映了科学运用前沿的融媒体技术，有助于提升内容生产和分发效率，实现新闻价值和传播效果的有机平衡。

中国人民大学新闻学院为了更好地将这些优秀案例的价值最大化，使之在新闻教育领域发挥更大的作用，从31个推荐案例中选择了20个，并结合媒介融合的相关理论文章，汇集成案例教程。

本教程中的案例适用于新闻传播学专业中涉及“媒介融合”“新闻创新”等主题的本硕相关课程的教学，案例评析可供教学参考。

本教程为中国人民大学“双一流”建设阶段性成果（中国人民大学马克思主义新闻观研究中心项目成果），主要由唐铮、方洁、潘曙雅、许向东四位老师共同负责编写工作，并得到了中国人民大学新闻学院和中国人民大学马克思主义新闻观研究中心的大力支持，以及中国人民大学新闻学院多名研究生的协助，这些研究生（按案例排序）分别是：段婉婷、张博群、丁振球、李晨、赵伟、李宇、杨凯文、张冬荷、邓鹏卓、姜紫荆、崔雨晴、罗斯、文露敏、赵雯涓、邓海滢、马冰莹、李子宜、王子君、臧珈翊和郑雪婧。他们做了大量的访谈、撰写工作，在此对他们表示衷心的感谢。

本书编写组

于 2021 年 8 月

目录

第三部分
融合媒体创新应用案例

第四部分
融合创新建设媒体案例

第一部分

持续发展的媒介融合理论

新闻业务改革中的技术困局

——对近几年新闻传播中技术应用的观察与思考

蔡　雯　李忻蔚

互联网和高科技的飞速发展让各项新兴技术渗透到新闻传播行业，新闻业务在技术推动下迅速发展，同时也不断面临各种新问题。本文通过对微信等网络社交平台兴盛之后新闻业务变革的观察，总结技术在新闻改革中的作用与效果，讨论新闻从业者的技术运用策略。

一、技术催生了崭新的报道形式

近年来总有一些令人耳目一新的新闻产品诞生，吸引我们的眼球，刷爆我们的朋友圈。各种可视化信息图表、H5、小游戏、VR、AR 视频等崭新的报道形式层出不穷，在各类“黑科技”的支持下登上新闻报道的舞台，引发热潮。

大数据技术的发展深化了新闻解读模式，催生了可视化新闻。2014 年开始，以《人民日报》为代表的中央级媒体开始广泛将大数据技术与传统媒体相结合，利用大数据技术手段，通过数据挖掘、数据分析、数据统计等方式从海量数据中发现新闻线索，再通过可视化技术呈现出来。以 2015 年的两会报道为例，“中央厨房”首次发布全媒体产品，共推出 113 条文字类和可视化的新闻产品；人民网则推出大数据分析及图解新闻 53 篇[①]。依托大数据技术的可视化新闻报道成为 2014 年以来新闻产品的热门形式。

H5 技术的兴起和运用，也为媒体行业注入了新鲜的血液，与新闻报道相结合，带来了前所未有的产品类型。其兼容多种设备、跨平台呈现的特性，让新闻产品的适配性更高、包容性更强、应用面更广、传播更为便利；创意性、趣味性的表现方式，先进的交互技术，让诸多 H5 作品成为刷爆社交平

① 温红彦．全媒体融合的一次生动演练．新闻战线，2015（7）．

台的爆点产品。《人民日报》于2016年两会期间推出的H5作品《傅莹邀请您加入群聊》，24小时点击量就突破300万次，成为现象级产品。这一产品形式在交互性上令人耳目一新，打开H5，首先需输入密码进入两会群聊，入群之后，“领导人”会对网友进行提问，还会针对网友的要求做出“发红包”等有趣的回应。2018年，新华社推出的纪念改革开放40周年的H5作品《给旧时光上色》，让网友在给旧照片上色的过程中，回忆改革开放时期的种种时光，再度引发刷屏效应。

虚拟现实技术的发展让全景式报道成为新的潮流，VR视频甚至VR直播带来具有全景视野、立体影像的全新报道形态。虚拟现实技术能够让用户通过屏幕滑动进行对新闻图像的全方位移动和放大缩小，传统新闻图像的固有画面视角被打破，用户可以主动操作选取新的视角观看新闻现场，直观感受现场氛围。自2016年兴起以来，VR全景式报道几乎成为各大新闻事件报道的标配，《人民日报》在近年两会期间发布会议现场的全景视频，或者直接在新闻客户端开放VR直播入口，2019年更是与5G技术相结合，推出了三场“5G+VR”直播活动。报道的时空限制被解除，时效性的增强和现场感的增加让受众观看新闻现场时有了更强烈的代入感，成为报道形式的重大创新与突破。

除了上述典型的新闻报道形式的创新，各种层出不穷的新兴“黑科技”也在不断地为我们带来新鲜感。比如2015年新华网引入生物传感智能机器人“Star”，它能够检测出观众在听《政府工作报告》时的情绪变化，并能够通过人机交互等技术将情绪转化为数字，精确分析出观众“心潮澎湃”的瞬间，并据此绘制出“情绪曲线”。它于2018年生产出国内首条生理传感新闻。2018年11月，新华社与搜狗公司合作，推出全球首个AI合成主播，运用最新人工智能技术，将实时音视频与AI真人形象相结合，并在若干重要报道中成功进行了新闻播报。此外，不同的技术形态也开始走向融合，多种技术跨界整合，H5、VR、AR等不同形态已完全整合融入新闻生产当中，新闻产品的呈现方式更加新颖、多元、多维度。

二、技术优化了新闻生产流程

技术的更迭除了带来新闻产品外在形式的多元化，也为新闻本身的创新提供了有力工具，优化了新闻生产的各个流程，为选题策划、内容采集、内容加工、产品分发各个环节都赋予了新的活力。

在选题策划环节，技术的发展让选题更为有迹可循，精度与速度都大大提高。传统新闻生产的选题策划，主要取决于时事热点、宣传管理部门的指令、媒体同行的选择和编辑记者的经验等，由于技术的限制，难以得到动态、全面的反馈信息，无法突破“传—受”的隔阂，这就导致难以根据受众的真实需求进行新闻生产与动态调整，极有可能陷入闭门造车式的困局。如今技术的发展使得选题策划的旧有规则被打破，“人-机”关系发生了变化，计算机、算法和数据三者之间构成了一个相对独立的反馈环节。记者可以利用大数据系统对某一个时事热点的传播方式、传播轨迹、传播人群进行分析，寻找受众关注的问题，使新闻线索的发现与跟踪、热点趋势预测等工作更具科学性，避免了以往的经验主义和会议报道策划的程式化，实现了对信息的精准抓取。同时，人工智能、大数据、互联网的发展还促使可供媒体选择挖掘的新闻素材呈现几何倍数级递增，在进行选题策划的过程中有更多的新闻事实和线索可供选择和使用。比如《人民日报》“中央厨房”开发的“线索与热点发现系统”，与腾讯、搜狗等多家知名互联网技术公司合作，对几十万家新闻网站、微信公众号、微博账号、论坛账号进行全网实时监控，舆情热点信息会第一时间进入这个系统，方便记者和编辑第一时间获取线索信息①。

在内容采集环节，信息采集的渠道日益拓宽，采集方式也更为智能。在现在的新闻报道过程中随处可见大数据、人工智能、传感器等高新技术的身影，可穿戴设备、无人机、电子芯片等技术载体，已经成为媒体人的“千里眼”和“顺风耳”，是新闻信息的收集利器，它们能够将一手信息在第一时间带回。这些技术改变了传统的信息采集手段，提升了信息挖掘的广泛性、准确性，为优化和拓宽新闻信息源起到了关键性作用。当前，各种新的媒介技术比报刊、广播及电视等传统媒介更加增强了“人的延伸”，它们可以“看到”人看不到的图像，“听到”人听不到的声音，甚至获取人无法用感官得到的信息，丰富了信息采集的维度。同时，随着人工智能技术的不断进步，利用机器人等智能系统开展新闻采访活动成为当前新热点，新闻采集日趋智能化。目前，云计算、物联网、大数据、人工智能等技术，能够迅速扫描数亿个网页，从中收集文本、图像、视频等数据。除此之外，配备 VR 摄像机、直播云台、可穿戴设备等各类高科技多媒体采集装备的全媒体记者，成为当前采集一线的主力，在智能化与高科技采集设备的帮助下，记者的捕捉能力和报道能力增强，过去固定化、机械化的报道方式也发生了改变。

在内容加工环节，技术驱动下的加工流程更为集约、制作方式更为高效。近年来，各大媒体相继推出“中央厨房”，进行集约化的新闻生产，《人民日报》的“中央厨房”是典型代表之一。在这里，技术部门、设计部门与报社的编辑部、新媒体中心等部门统筹到一起，打破了不同部门之间的“无形壁垒”，汇集视频剪辑师、图像设计师、程序员等众多技术人员的技术团队和数

① 笔者访谈资料，访谈对象为人民日报媒体技术股份有限公司 IT 技术人员。

据与可视化团队，与传统编辑人员在同一空间内同时进行内容的写作、编辑、视觉设计、视频制作、H5 制作等，对新闻素材进行深度、全面、多样加工。据《人民日报》“中央厨房”的编辑介绍，在重大报道活动中会启动“1＋N”的报道模式，即每一名记者后方都对应着 N 名编辑和技术人员，记者发现任何有用线索都可以迅速联系后方编辑，直接转化到生产环节，由后方编辑和技术人员提供支援，只需要记者在现场完成一次采集，后方就能生产出直播、视频、图解、H5、VR 等多种形态的报道[①]。同时，人工智能的发展也使得机器写作进入新闻生产的内容加工环节，创新了新闻编写方式，能够对输入或收集的数据自动进行加工处理，再套用系统中预先设置的模板，分秒之中就可以自动生成一篇新闻稿件，内容加工的速度大幅度提升、种类大幅度增加、规模大幅度扩大。

在产品分发环节，技术的发展为传播方式的即时性、传播渠道的多元性以及传播内容的精准性提供了可能。强有力的技术支撑推动传播渠道的重构和优化，使之向规模化、矩阵化发展，改变了传统媒体单向的传播模式，在保持自身优势的前提下，统筹扩展新渠道，按照大数据时代用户的需求去构建矩阵模式，形成多渠道传播的立体化矩阵。不仅如此，“聪明”的算法也开始逐渐发力，逐步搭建起产品推送的个性化数据通路，为实现内容的精准分发助力。有别于过去传统的“千人一面”分发模式，大数据和算法能够在保证用户流量的基础上，对用户的相关行为数据，如浏览数据、点击频率数据等，进行跟踪、收集、处理和分析，从而掌握用户偏好，建立起新闻产品通往用户的“直通车”式的数据通路，为实现用户与信息的精准定向匹配打下基础，进而实现“千人千面”的精准新闻分发，重塑媒体与用户之间的关系和生态。

三、技术运用不当的负面效应

一是“技术秀”沦为媒体追逐“流量经济”的一种手段。媒介技术的进步改变了社会的信息传播模式，时空局限逐渐被解除，人们通过各种媒介连接在一起，令人愉悦的新鲜感也随之而来。人们在这些新技术的感官刺激下，对不断创新的报道技术产生迷恋，进入一种“技术迷思”的状态。为了满足人们对新技术的期待和需求，通过“技术秀”抓取受众眼球成为当下媒体追逐“流量经济”的一种手段。例如近年来传统媒体看到了 VR 技术所带来的新鲜感和其对大众的广泛吸引力，将其从生活和商业领域引入传播领域，与

---

① 笔者访谈资料，访谈对象为《人民日报》“中央厨房”编辑。

新闻报道相结合。VR 新闻产品带给人们的最突出的体验是其“沉浸感”，观众被 360 度全覆盖的收视场域所带来的刺激包围和吸引，而新闻产品本身承载的信息退居次要地位。在近年两会等大型会议报道中，媒体也将报道作为技术表演的舞台，VR 视频、VR 直播的身影随处可见，但是并没有真正发挥技术辅助新闻报道的作用与价值。360 度全景式的拍摄反而使得关键信息不突出，几乎完全以技术本身为焦点，对内容的挖掘和呈现退居其次，技术的噱头在一定程度上大于实际的新闻价值。

这是媒体身处“注意力经济”时代的一种营销举措。媒体能够借助新颖的产品在最短的时间内赢得关注度，并将这种关注度转化为流量，进而为媒体创收，成为其生存发展的有力支撑。而在过去传统的新闻价值判断标准下的许多严肃新闻，在吸引受众的注意力方面远不如生动、活泼的新产品有效，形式越新颖、体验感参与感越好的产品越能带来流量和点击量的攀升。从某种程度上来说，技术不再仅仅是一种生产工具，而是沦为媒体逐利的工具，新闻生产工作不再更多基于新闻事件自身的重要性和显著性，而更多考虑事件具有多大被关注和被分享的潜能，通过牺牲一定的严肃性和公共性在竞争中取胜。

二是技术至上动摇原有的新闻生产规范的权威性。前沿技术为新闻生产提供了新的方式和路径，使得各种新型的新闻产品如雨后春笋般涌现，但是这些产品大多呈现出感官化的倾向，以吸引眼球为目标。这一趋势不可避免地导致原有的新闻生产规范的权威性受到动摇，在与之相匹配的新规范尚未确立的情况下，可能会因为缺乏制约和管理机制而产生行业失范。

语言文字和新闻写作在新闻生产中逐渐边缘化，各类诉诸受众视听感官的技术的发展和应用，以及面积远远小于传统电视终端和报纸版面的手机屏幕，使得视频图片等元素日益成为新闻产品中最重要的构成要素，而其中的文字则愈发简洁，甚至仅仅依靠数字就可以成就一条新闻。相应地，这些新闻产品中的文字内容也很难再遵循传统的新闻写作规范，比如过去新闻采写课堂上最先传授的倒金字塔结构的消息写作方式，如今在新技术产品的生产过程中很难实现，新闻写作的空间被高度压缩，新闻的编辑也变为在狭小的手机界面进行花哨的排版。

新闻的逻辑存在着被技术收编的可能，如果各种产品以技术为主导而忽略新闻报道的逻辑，那么新闻内容就可能沦为技术产品的背景材料，失去其本身的专业价值。目前媒体推出的很多涉及专业技术的新闻产品，仍然需要外包给专业的技术公司去做，这些公司在技术上占有绝对优势，而新闻机构在专业技术上并没有很强的话语权。那么在这类新闻生产的过程中，外包或技术公司的介入看似是“开放”和“协同”的，但是技术方与内容方之间

“协商”的空间和程度有多大，技术公司能否准确把握新闻机构的内容生产要求、是否会在加工过程中改造新闻，最终是否会消融新闻业的边界，这都充满着变数和风险。

三是技术运用背后存在伦理隐患。当前，以算法和大数据为基础的技术革新的确拓宽了信息采集的渠道，改变了新闻传播的方式，但是技术公司通过挖掘收集大量用户数据为后续的智能分析与个性化分发提供线索，不断窥探着用户的生活，让用户在互联网中的生活陷入被过度收集与分析的危险，严重威胁公民的隐私权。而我国目前在这一方面的法律仍有空白，对隐私数据加以保护的制度不够完善，数据所有权与使用权的界定模糊，使得互联网用户存在个人数据泄露的被侵权的风险。

除了数据泄露、个人隐私被侵犯的隐患，越来越“聪明”的人工智能也逐渐挑战人类的主动权。目前人工智能与机器人仍然通过人工设定程序，对数据进行反复学习，并经过多次反馈加深认识程度，提高后续工作的精准性。然而，在智媒化的趋势当中，机器人经过反复学习与训练，“智力”水平正在逐渐攀升，能够通过用户的点击、浏览等最简单的互联网行为挖掘其背后的喜好、情绪及价值观，使得新闻的生产与传播更加智能，而主体与客体的关系正在悄然发生倒转。当机器人发展到足够“智能”的阶段，当其能够自主地判断并设定新闻传播的标准时，就可能发展为整个新闻生产流程的主导者，人的主体性将被无限削弱。

四、专业新闻工作者的技术理性

新技术具备鲜明的“一体两面性”：它确实驱动了新闻生产的变革，赋予了传统媒体新的生机和更强的竞争力，但是也为新闻传播带来了新的困扰。技术进入新闻行业的初衷，并非破坏或取代传统新闻业，相反，它帮助传统媒体打破了固有的模式，突破了长期存在的局限性。所以，我们既不能因当前存在的问题而简单地抵制“技术入侵”，也不能因“技术红利”而对其盲目崇拜。未来是更好还是更坏，都掌握在媒体人手中，专业新闻工作者应正确处理技术与内容的关系，拥抱新技术，与技术互补共赢，但不能成为技术的奴隶，要始终秉持正确的价值观和技术理性，力争在未来的新闻生产中发挥出新技术的最大价值。

首先，要正确把握技术与内容的边界。技术原本是一种内容生产工具或内容承载方式，与新闻并无直接关联；但是通过被改造和利用并融入新闻生产的过程当中，技术成为传播体系的一部分。所以，对于新闻的生产来说，新技术只是一个载体，解决的是传统媒体所面临的现实挑战中的技术难题，而不能够完全取代内容本身，新闻生产的发展终究要回归到新闻价值的母题，即新闻内容的选择、把关和呈现。

专业新闻工作者应做好技术与内容的平衡和把关。新闻生产的包容性越来越强，新闻业边界不断扩张，但也要注意人工智能、算法、游戏等非新闻元素渗入新闻产品，有可能使新闻报道的专业内容和专业特性开始消解，新闻存在着越来越不像新闻的风险。要做好技术与内容的平衡，使得新闻内容保持自身的独立性和优质性，不为技术所束缚和支配，确保技术不会损害新闻真实、客观、公正的内核，避免在技术的使用或新闻产品的包装中带有倾向性，确保事实的准确，利用新技术更好地讲述新闻内容。

要针对新闻选题和内容，谨慎确定技术和内容谁占主导地位。在以娱乐和调剂为主的新闻产品比如各类新闻游戏中，技术可以作为核心力量。但是，在其他大部分以“消息的传播”为主要目的的新闻生产中，如果技术超越了内容占据主导地位，那么技术的逻辑可能会使得内容沦为背景性材料，进而抹去新闻报道的专业价值。因此，在特定的新闻报道中，技术和内容谁占主导地位，还是要根据新闻的选题、内容和价值进行谨慎判断，既不能盲目“炫技”，也不能全盘否定技术的价值。

优质内容是新闻传播的原点。过去媒体信奉“内容为王”，今天“渠道为王”“技术为王”的呼声却不绝于耳。诚然，在技术冲击下，优质内容必须通过技术和渠道的支撑才能到达目标用户。但是，如果没有优质内容作为保证，那么不管技术如何强大、渠道如何便捷，靠“炫技”都只能在短时间内抓住受众，无法带来长久的生命力。真正抵达受众、影响受众的新闻产品，还是那些本质上有优质、有价值的内容的产品。重提“内容为王”，并不是简单的内容回归，而是重新审视媒体的价值属性。虽然在新技术驱动下，新闻的生产发生了根本性变革，但是新闻作为内容产品的本质并没有变。现在的“内容为王”，强调的是一切技术和资源为优质内容生产服务，技术的不断更迭是为内容赋能的，而不是取而代之。

其次，要秉持正确的价值观和技术理性。媒体的把关是一个复杂的环节，为了使新闻产品最终实现其传播价值，如今不仅需要对内容进行把关，对技术也要进行理性的把握和控制。

面对技术革新所带来的种种行业失范现象和伦理隐患，媒体从业人员应当树立正确的价值观，坚守道德和伦理层面的底线。在隐私泄露时有发生、数据伦理问题突出的今天，该如何确定对用户数据的收集与使用的边界？如何在大数据使用与隐私保护之间实现平衡？是否应当赋予用户一定的可选择的“隐身权”？这些都是媒体需要把握好的“度”。同时，媒体也需要理性对待智能化和个性化。目前，人工智能等技术的应用主要是为了提高新闻的生产效率，但是生产效率并不是新闻业的唯一目的，在这一过程中，人的判断力与掌控力应始终处于主导地位。英国标准协会（BSI）曾于2016年发布一套广泛性原则，其中提出的“人类是负责任的主体，而不是机器人；要确保找出某个机器人的行为负责人的可能性”值得我们借鉴思考。在未来，“人机博弈”将更加普遍，媒体人需要在博弈中进一步提高价值判断能力，坚守技术伦理的底线。

媒体从业人员还需要警惕对于技术的滥用和误用，避免自身被技术裹挟。各种新技术的引进，不应该仅仅是对新闻产品形态的创新，更应当针对不同报道题材和报道对象进行内容与形式合理化的结合。一方面，技术的选择要适合相应的新闻题材。时政类新闻并不需要过于“沉浸”，严肃的战争议题、死亡议题不适合以娱乐游戏的形式再现，刺激和血腥的场景也不适合通过VR等形式“真实”地呈现，否则会给受众带来伤害，而娱乐类、奇观类等题材则比较适合积极借助新技术增强互动性和趣味性来优化用户体验。另一方面，技术的选择要适合选题的叙事性。故事性较强的题材更适合运用虚拟现实技术进行加工，以给受众带来更强的代入感和引导感；对于不具备较强故事性的时政类新闻事件，通过虚拟现实技术进行叙事反而影响信息的传达，这种较为枯燥的以提供重要信息为主的事件，更适合采用交互式H5、动画等简洁、生动的形式，来帮助受众理解和接受原本晦涩的内容。

当然，对价值观和技术理性的坚守同样离不开外部规范的约束。在新技术环境下需要新的规范，业界应当充分评估技术利弊，尽快制订新的技术应用规范，并明确其适用范围，让媒体人有规可循，加强对技术利用的把控。同时也应制订惩戒措施，对产生负面影响的不规范使用技术的行为进行警示或惩罚，避免技术成为传播虚假新闻、赚取噱头、误导受众的工具。任何技术都有两面性，要想让新技术真正为我们所用，必须未雨绸缪，对其进行严格规范。只有约束和惩戒并行，为技术的发展缚上“缰绳”，才能更好地应对未来可能面临的挑战。

参考文献

[1] 常江，何仁亿．技术冲击下的新闻生产失范现象．青年记者，2017（28）．

[2] 陈建栋．技术驱动媒体融合快速发展：从光明日报两会报道看媒体融合建设成果．中国报业，2016（7）．

[3] 李轲．沉浸式新闻：虚拟现实技术对新闻生产的重塑．新闻传播，2018（6）．

［4］刘义昆．大数据时代的数据新闻生产：现状、影响与反思．现代传播，2014（11）．

［5］彭兰．移动化、智能化技术趋势下新闻生产的再定义．新闻记者，2016（1）．

［6］叶蓁蓁．“中央厨房”的数据化采编与传播体系构建：人民日报全媒体生产机制探索．传媒评论，2017（7）．

媒介融合的逻辑起点、实质及可能归宿

赵云泽

互联网刚刚出现之时，并未在媒体界引起多大波澜，承载粗鄙、简陋信息的互联网媒介还一度遭到精耕细作的报纸、广播和电视媒介新闻从业者的轻视。尽管如此，在我国，早期门户网站转载传统媒体新闻的行为还是为传统媒体新闻从业者所接纳的，因为网络帮他们传播了新闻、提升了媒体名气，名气的提升反过来为传统媒体本身引流，增加其销售量、收听率、收视率。这与广播媒介出现之时，广播与报纸两者之间的关系何其相似。广播媒介刚刚出现之时，报纸是认可广播播报报纸新闻的行为的，认为这一方面可以提升新闻被采用的媒体的名气，另一方面这种名气的提升可以反过来为报纸媒体引流，提高报纸的发行量。不过，这种“蜜月期”是短暂的。历史上，随着广播的发展，广播媒介的影响力逐渐提升，甚至到了与报纸媒介抢夺市场份额、给报纸媒介市场带来冲击的地步，这时广播对报纸新闻的随意采用开始引发报纸新闻从业者的不满，经过冲突与调和，它们最终重新划分了新闻信息的市场份额。互联网媒介（或称数字媒介）与传统媒介（报纸、广播、电视）之间的关系与历史上“报纸-广播”之间关系的不同之处是，互联网媒介包含了更多的可能性，除了互联网媒介本身的优势外，还兼具传统媒介的几乎所有功能，它将之前不同媒介的细分市场全部收归麾下，来势汹涌地参与当下的媒介竞争。

现实的情况是，诉诸单一细分市场与只具有某一媒介特长的传统媒介招架不住“全能型”互联网媒介的冲击。从发行量、收听率、收视率指标来看，除广播凭借交通台还能维持在一定水平之外，其余都呈“断崖式”下滑态势；从媒体收入来看，传统媒介带来的收益与其“黄金时代”相比更是不可同日而语，而获得大众认可的互联网媒介却在不断生产财富；从人员流动来看，曾经誓死坚守传统媒介的人在发表完悲情感言后，纷纷走进互联网媒介体制，情怀明显被现实击败。除此之外还有很多方面，在此不一一赘述。

新闻业将走向何方？前方是“黄昏”还是“黎明”？经过业界和学界在实

践与学理层面的探讨，我们认为，新媒介对旧媒介的确会造成冲击，但“改变也意味着机遇”[①]，媒介融合重构了媒介生态场域，它不仅赋予更多人表达、参与的权利，也给专业新闻从业者带来更多的可能。事实也证明，国内外的媒介融合实践确实给新闻业带来了诸多生机。

本文将就媒介融合这一命题进行初步探讨。首先从现实情境考察“融合”的逻辑起点；其次探讨形态融合背后媒介演变、兴衰替代之实质；再次在理清融合缘起及本质的基础上，回顾全球视野下的媒介融合尝试；最后对媒介融合的最终可能归宿——智媒生态圈——做一初步的预测与阐释。

一、媒介融合逻辑起点探究：技术、市场和政治的三重驱动

媒介融合的逻辑起点，也可以说是“融合”发生的背景或“融合”推进的动因。这无疑首先要追溯技术的作用，因为当下融合主要“源于通信行业以及媒体内容生产和传播的所有阶段向通用数字技术的转移”[②]；主要内容即“互联网＋”，它使得过去主要依靠传统媒介进行新闻生产实践的媒体融入互联网媒介，转换新闻实践主战场，并适应其运行逻辑。蒂姆·德怀尔（Tim Dwyer）认为，融合是媒体公司采用和适应新技术的过程，这决定了媒体行业及其实践[③]。新媒介公司对新技术的采用和推广，一方面引领着新形势的媒介实践，另一方面也通过对“用户”市场的竞争和挤压倒逼传统媒体积极引进技术、融入技术。

这就引出了推动媒介融合的第二大因素：“市场”。媒体本身除了具有公共事业属性外，还具有商业属性，如在美国“美联社全国劳动关系委员会案”中，联邦最高法院就于1937年做出了“美联社的商业运作不能因其是新闻机构而不受约束”的决议[④]。既然是商业，就既要追求影响力，又要追求商业利益。对于媒体这一特殊行业而言，其商业利益主要来自其影响力，没有影响力，无论是发行、广告还是周边产品的开发都无从谈起。互联网媒介从与传统媒介争夺影响力开始，然后进一步将影响力转化为市场效益，市场效益反过来又推进互联网媒介的做大做强，最终形成与传统媒介的利益争夺。从这个意义上讲，受到“影响力”和“市场”双重打击的依靠传统媒介的媒体也不得不主动进行融合。从媒体组织架构来讲，融合不仅是为获得影响力和

---

① PICARD R. Twilight or new dawn of journalism?. Journalism studies，2016，15（1）.

② DOYLE G. Understanding media economics. 2nd ed. London：Sage，2013.

③ DWYER T. Media convergence. Berkshire：Open University Press，2010.

④ 赵云泽，赵国宁．“理想”和“技术”哪个更让新闻业负责任?：兼论中国新闻实践中对美国“社会责任论”的批判借鉴．新闻界，2018（9）.

市场做出的努力，同时也“影响着媒体工作以及媒体公司的运营和结构”[①]，毕竟互联网以无限的容量为媒介经营模式多样化的发展提供了可能空间，但传统广告模式依然存在；且内容也能直接实现变现，如依靠独家数据提供专业报告以及相关政策建议等，在这一方面，舆情分析比较突出；还有依靠内容影响力开展周边服务，通过服务获取利益，也是当下诸多媒体尝试盈利生存的方式之一，如联合商业公司卖产品、延伸产业链发展文化产业等等。

除了技术和市场这两个全球通行的媒介融合动因外，在我国，具有我们本土特色的政府的顶层推动也是一个动因。在传统媒介影响式微，主流媒体又不能完全适应新媒介发展及其运行逻辑的情况下，政府若想继续掌握舆论的引导权，继续让媒介服务于国家体系建设，那么以政府为主导、推动媒介融合也就成了必然。事实也正是如此，近几年国家层面每年都有关于媒介融合的新政策、新指示，以国家为主导的推动媒介融合的步伐从未停止，大部制整合、县级融媒体建设等无不体现政府的重视。

以上我们主要从宏观层面，探讨了技术、市场和政治三大驱动力，除此以外，宏观层面还包括人文、社会等其他方面的影响因素。至于中观和微观层面，还有更多可探讨的影响因素，比如互联网媒介勾连了老年群体与青年一代，让代沟得到弥合等，在这里我们就不一一探究了。总而言之，这场媒介融合以技术为发端，当用户信息接收与传递主场转移后，市场和政治力量紧随其后，加入了互联网媒介场域的一次媒介格局再调整。

二、媒介融合的实质：“新旧媒介”交替融合的“过渡”

我们认为，当下媒介融合的实质，就是“新旧媒介”交替融合的“过渡”，或者进一步说，是“新媒介”对“旧媒介”的逐步统合。“媒介”不同于“媒体”，“媒介”单纯指的是通信的“工具形式”，而“媒体”则既包括通信工具在内，还包括专门从事新闻实践的人的一套完整的组织架构。这里所说的“新媒介”对“旧媒介”的统合并不意味着“新媒体”实体对“传统媒体”实体的收编，媒体机构或媒体公司之间的整合还涉及更多经济、政策等方面的问题。也就是说，目前主要依靠“旧媒介”发挥影响力的主流媒体，在“过渡期”完成新旧媒介的交替融合之后，依然能够在互联网媒介大潮中恢复其影响力，进而发挥其应有的功能。

---

① ERDAL I J. Researching media convergence and crossmedia news production. Nordicom review，2007，28 (2).

至于做出这一判断的理由，笔者拟从以下两个角度来阐述。首先是表层的媒介外显特征角度。在传统时代，报纸、广播、电视等不同媒介各有其特征，且相互之间是互为补充而非相互取代的关系，如报纸以深度取胜、电视以声光电结合的动态视频取胜等，因此，传统媒介之间的内容、用户、市场既存在重合，也存在差异，它们通过分别诉诸用户不同的媒介需求，最终达成一种平衡。但是，互联网媒介的出现则打破了这种平衡，旧媒介所具有的特征和能够提供的服务，互联网媒介都可以实现和满足。除此之外，互联网媒介还实现了不同媒介形态的“跨界组合”，如一篇文字报道在报纸媒介上只能配静止图片，而在互联网媒介上则可以配动态图、音频及视频等，文字也动了起来。因此，从这个意义上讲，任何一种传统媒介，无论是报纸、广播还是电视，都不太可能实现对互联网媒介的收编。旧媒介涵盖范围的局限性决定了其必然被互联网媒介整合重组。对照现实也是如此，报纸推出网络版，广播开始搭建互联网媒介上的新平台，电视内容或完整或被拆解地放置于互联网媒介终端。从旧媒介角度来看，它们在“融合”互联网媒介，将其纳入自己的领地之内；但从互联网媒介角度来看，则恰恰相反，互联网媒介的触角已经深入几乎所有的旧媒介当中，并进一步在旧媒介中内容的哺育下茁壮成长。除此之外，互联网媒介还发展了比旧媒介更丰富多彩的传播形式、传播手段。

其次是从深层次的权力关系转变角度来审视。媒介的变迁不仅是传播和承载信息的工具的改变，而且是附加于媒介上的权力的转移。当下互联网媒介上所发生的，正是媒介参与权从垄断精英到普罗大众的一次下放和转移。传统媒介（旧媒介）形态的特征决定了它被掌握在少数人手中，普罗大众处于信息接收的末端，对上游的传播过程几乎无法参与，用户的需要不由自己决定，而由编辑决定，把关人依照其“专业”的判断来决定用户“需要什么”，媒介对于用户来说，是高高在上的存在。尽管旧媒介的新闻从业人员也强调要关注所有用户，但事实证明，美好的情怀对媒介环境状态的改善是十分有限的。到了互联网媒介阶段，问题则被大大改善。第一，从不同主体之间的关系来讲，等级的差异被降低，无论是专业新闻从业者的信息内容，还是个体的信息内容，彼此之间并无明确的高低划分，每个主体都是互联网媒介上的一个信息节点，并且只要这个节点能与其他节点产生连接，其影响力就会被发挥扩散出去。第二，从传播链条来讲，“数字化改变了新闻的产生、消费和传播方式”①，每个传播环节也一改以往的纵向形态，在互联网媒介下

① LATAR N L. The robot journalist in the age of social physics：the end of human journalism? . The New World of Transitioned Media，Springer International Publishing，2015：65－80.

被摊平，每个环节都能够实现用户的参与、反馈和交互，并通过一个个小的链条，最终织成一张覆盖整个信息领域的复杂网络。第三，用户的信息接收内容也不再被决定，用户可以主动选择、接受及生产。因此，在互联网媒介赋权视域下看，广大民众对互联网媒介的选择也是必然的。当然，与此同时，旧媒介对于通过整合互联网媒介进而加强其垄断权和控制权的期待也必然落空，互联网媒介对旧媒介的整合、替代和重组也就成了一种自然而然的趋势。

三、当下中西方的媒介融合尝试

当下世界范围内进行的媒介融合尝试颇多，虽然其中不乏失败的案例，但需要肯定的是这些媒介融合尝试都取得过一定成就。然而尽管如此，取得完全的成功，在各个方面都适应互联网媒介，重新整合媒体内各媒介的相互关系，并且可供其他媒体进行媒介融合借鉴的案例似乎还未曾出现。我们看到的更多的是直接以互联网媒介起家的媒体的繁荣发展。究其根本，就是停留于“合”的表面，却并没有真正“融”进互联网场域，没有掌握互联网逻辑。

首先，最初级也是最基本的“媒介融合”，就是采用“新技术”。传统媒介纷纷推出自己的网站和网络版，将传统媒介的内容搬到互联网媒介上，基本不考虑媒介差异带来的用户对新闻产品期待的差异，期望以此维持住自我媒介的影响力，却没有想到，网站和网络版的分流非但没有将用户导流回旧媒介，反而加剧了旧媒介用户的流失。从更宏观的层面来看，虽然依托旧媒介的媒体网站不属于某一家门户网站或新媒体公司，但是互联网媒介本身吸收了更多的内容，造成了用户对互联网媒介的愈加依赖和对传统媒介形式的逐渐摒弃。究其实质，就是企图以小吞大却终究不能成功，所有旧媒介的整合尝试都被划归为互联网媒介吸纳旧媒介的一部分。而依托网络建立起来的付费墙，也没能在媒介融合方面取得突破性进展，《泰晤士报》《华尔街日报》《卫报》等实施付费墙（包括中国传统媒介实施付费墙）之后，反响平平，其盈利数量级和影响力数量级都没有达到让这些传统媒介加入其中就能再次辉煌的地步。

其次，媒体合并重组，是希望通过不同媒体及旗下媒介的优势互补，形成新的强势力量。比如，既有广播台和电视台的合并，也有报纸和网站的并购，等等。这种组合无非是想达到“1+1>2”的效果，但这种物理组合到底能不能引起内部的化合反应，达到相融交织？美国在线（AOL）曾经收购了时代华纳（Time Warner），如今人们普遍认为，那是在追求融合方面的一次错误尝试。加拿大最大的媒介公司贝尔（Bell Canada Enterprises，BCE）拥有加拿大贝尔公司（加拿大最大的电话公司）、加拿大最大的私人电视网络CTV、加拿大最大的互联网服务提供商Sympatico、加拿大发行量最大的全国性新闻报纸《环球邮报》、ExpressVu卫星电视服务和一些有线电视频道。在2001年11月的《贝尔新闻》中，BCE的首席执行官吉恩·蒙蒂（Jean Monty）解释了BCE所认为的融合的含义：融合描述了内容是如何分发到几种媒体上的。比如说，从TSN到SympaticoLycos到《环球邮报》。广告客户现在可以使用更多平台——网站、电子邮件、电视和印刷品——来接触特定的受众。BCE的所有“融合举措”都包括通过其他BCE公司拥有的多个媒体渠道销售一些BCE公司生产的内容。将其称为“融合”可能会让它听起来既新奇又令人兴奋，但这只是垂直整合——这是媒体公司几十年来一直在做的事情。而这样的融合并没有阻止社交媒体的冲击所带来的衰落。

最后，传统媒体主动入驻当下互联网媒介平台，并致力于新闻产品的改造升级，使之更加符合互联网情境下的用户接受习惯，如脸谱网（Facebook）、推特（Twitter）上的媒体账号，微信、微博、今日头条上的媒体公号，等等。新闻产品形式也更加多元，出现了H5、数据新闻、动漫新闻、游戏新闻、VR/AR新闻等各种形式。但实践下来看，以上尝试也存在诸多问题，如入驻互联网媒介平台，充实了互联网媒介内容，却对媒体本身的反哺有限；花样翻新的新闻形式得到用户追捧，并时常能够引爆热点，但制作周期相对较长，难以实现常规生产，只能在事件面前“火”一下，然后就又归于平淡。在这种淡化内容生产主体名望、每一个信息源都作为一个节点的互联网媒介情境下，传统媒体期待的拥有持续影响力的希望也愈加渺茫。

归结以上旧媒介融合尝试不温不火的原因，即目前所进行的媒介融合尝试都停留在物理层面，没有深刻理解物理整合层面背后的融合运行规律。一方面抱有只要搭上互联网媒介的边，目前所面临的困境就能迎刃而解的侥幸心理；另一方面总舍不得像新生的互联网媒介一样下放手中的权力，支持用户在新媒介场域下的欢闹，反而坚持媒体本位的路线，总是希望以教化引领的姿态出现在互联网媒介场景中。

若是能转换视野，认识到“＋互联网”不等于“互联网＋”，同时重新进行自我定位，以支持、鼓励用户的媒介参与、媒介表达，先下放权力，通过媒体所特有的媒介场域聚合起诸多用户，在此基础上再发挥其影响力，结果可能会理想得多。简言之，就是一个与旧媒介思维相逆的过程，以权力的下放获取更大的权力。反观互联网媒介对旧媒介的成功整合，就可以发现这一规律的适用性和可行性，因此媒介融合的最终归宿应该是走向“智媒”时代。

四、媒介融合的可能归宿：智媒生态圈的构建

实际上，我们目前的媒介生态已完全建立在数据的基础之上。我们生活在一个社会系统复杂性呈指数级增长的时代，存储在数据仓库中的人类数字数据每 40 个月翻一番，这就是大数据时代①。大数据贯穿互联网媒介传播链条的始终，从内容生产到个性化推送，再到用户反馈，以及媒体实现从影响力到利润的转化。“内容融合生产”“内容分发”“盈利”这几个关键的节点始终是媒体生存和发展中最为重要的，同时也是在以往的媒介融合进程中始终没有解决的问题，而以数据为核心的智能媒体或将是解决问题的终极突破口。

在数据获取方面，从目前来看，大致有两类：一类是互联网媒介平台的搭建，它通过用户对平台的使用来收集数据，无论是具有较强社交性质的脸谱网、推特、微信、抖音等，还是具有较强资讯性质的今日头条、一点资讯等；另一类是致力于推送系统开发建设的移动大数据服务商，如“个推”“极光”等，虽然这类服务商没有平台，但是通过帮助各大 App 实现精准推送，它们可获得这些移动 App 使用者的个人数据，且相较于平台“只知自己而不知他人”，它们可以实现跨平台的数据收集，因此数据量级更大。值得注意的是，这些数据并非相互独立、零散不成体系的，而是每一组数据都可以落实到一个具体的人上，且彼此之间通过人际关系或主题等连接产生联系，通过这些数据，我们不仅能知道用户群体喜欢什么，还能知道单个用户喜欢什么及他的惯常行为和微小关系网络，甚至能知道他为什么喜欢。“剑桥分析事件”虽然是负面的案例，但是很好地诠释了这一问题。从这一角度来看，当下传统媒体所进行的融合都还没有上升到“智媒”的阶段。传统媒体通过互联网收集起来的数据基本只能够回答用户群体喜欢什么的问题，至于单个用户喜欢什么、为什么喜欢则不得而知。这也是旧媒介整合新媒介难以实现，但新的互联网媒介整合旧媒介却能较好服务于用户的原因之一。

有人说，一种新的科学——“社会物理学”——即将出现，它将利用人工智能算法，自动分析通过我们的移动设备和其他在线平台持续进行的数十亿微社交活动。这些微社交活动被以数字格式记录并存储在无限的数据筒仓中。记录的数据涵盖了人类活动的所有领域。这种对社会活动的新分析将有助于更好地理解人类的联系，并将在“萌芽”阶段确定新的社会和生态趋

---

① GORDON R. The meanings and implications of convergence//KAWAMATO K. Digital journalism: emerging media and changing horizons of journalism. US: Rowman & Littlefield Publishers, 2003: 57-75.

势。[①] 其实，以上种种归结起来无非就是数据应用的问题。对于媒体来说，大致有三个方面的应用，即内容生产、内容分发以及最终盈利。

在内容生产方面，有“计算新闻或机器人新闻”。一方面，“集中于如何利用计算机进行信息检索和数据挖掘过程，从结构化和非结构化随机数据的数据竖井中发现新知识”[②]；另一方面，人工智能算法正在被合成，它可以在几分之一秒内将数据分析（数据挖掘）从数据竖井中获得的事实和新见解转换成可读的故事。已经有一些商业公司开发了人工智能算法，可以在没有人工参与的情况下撰写大量新闻报道，这些算法可以调整故事的基调和叙事结构，以适应其受众的特点。据估计，在5～10年内，大多数新闻报道将由机器人撰写。伴随着辅助机器人新闻，在数据挖掘方面还有语音助手、叙事学软件开发及自动洞察功能的辅助等。

在内容分发方面，个性化精准推送已经是为大家所熟知的应用。人工智能算法将被用于所有媒体平台内容——文本、视频、音频和图片的自动分析和标签。当然，还有对用户的标签描述，越是精确，就越能够精准满足用户的需求。至此，媒体与用户的关系也发生了改变，媒体给什么，用户就接受什么的时代已经过去，当下是用户需要什么，媒体就提供什么，并且还与用户平等参与信息增值的过程。鉴于此，《纽约时报》出版人阿瑟·苏兹伯格（Arthur Sulzberger）在被问及如果有了“后见之明”，会在数字转型中采取什么不同的行动时，答道会雇用更多的工程师。[③]

在最终盈利方面，人工智能算法将被用于媒体消费语境——社会、地点、消费者情绪和节目情绪的自动分析和标签。它将被用于为消费者创建一个全面的社会DNA，以实现内容的自动行为目标，并基于他们全面的数字资料向他们投放广告。[④] 此外，“就是对产品和服务的生产企业的销售需要和产品特性加以积累、分析，以此掌握企业的营销传播需要，以及其销售需要”[⑤]。

围绕数据获取和数据开发出来的内容及内容的分发还需有终端接收，具有强互联网媒介性质的智能手机等移动终端自不必言，此外还有互联网媒介整合的传统媒介，典型的如智能电视、互联网电视、智能音响等。在形态上，

---

① Reinventing society in the wake of big data，a conversation with Alex（Sandy）Pentland. Edge，2012.

② MEYER P. Precision journalism：a reporter's introductions to social science methods. 4th ed. Oxford：Rowman & Littlefield，2002.

③ DOCTOR K. The newsonomics of “Little Data”，data scientists and conversion specialists. Nieman journalism lab，2013.

④ LEMELSHTRICHLATAR N. Personal psycho-social web-derived DNA & socio-cybernetic decision-making. Burda Center for Innovative Communications Publication，ICA New Orleans paper，2004.

⑤ 宋建武，陈璐颖．如何打造新型主流媒体：我国主流媒体集团的融合转型之路．新闻与写作，2016(9).

它们延续着传统媒介的形式，但在本质上，它们携带的却是互联网络的基因。作为到达用户端的触角，它们完全是在互联网情境下以用户为中心搭建起来的，选择权与参与权都掌握在用户手中。至此，智媒生态圈也就完成了从数据到软件再到硬件的全方位构建。用户快捷、自主享受互联网媒介带来的一切便利，互联网媒介则通过下放权力，服务用户，帮助用户搭建每一个信息节点的微观信息发布、参与的权力场域而聚合其更大的影响力。自然，智媒生态圈也就成了当下媒介融合的最终可能归宿。

媒介融合趋势下传媒社会责任的实现路径

高　钢

一、引发信息革命和社会变革的四大技术呈现

今天，影响信息传播方式和社会运行方式的四个重要技术已经同时呈现。

一是移动互联网的发展拓展了信息传播的自由时空，使人类之间的信息交流可以在任何时间、任何地点得以实现。中国互联网络信息中心（CNNIC）第44次《中国互联网络发展状况统计报告》显示，截至2019年6月，中国网民规模达8.54亿，手机网民规模达8.47亿，网民使用手机上网的比例达99.1%。根据工信部公布的数据，截至2018年年底，全国移动电话总数达到15.7亿户。中国的通信结构和信息传播结构已经完全置于移动网络的体系之中。

二是智能便携终端的发展，提供了网络信息技术多元社会应用的个人平台，从学习到娱乐，从商业购物到社会交往，人类纷繁复杂的社会需求已经可以通过各种智能便携终端日益广泛地得以实现。

三是人工智能的发展，全面扩展着人类本体生命的效能，使人类文明的创造方式发生结构性变革，人类文明的演进过程完全突破以往的时空边界。

四是宏观数据分析，以大数据和云计算为结合特征的宏观数据分析正在极大地推进着社会的信息、资源、服务和设施共享，在满足多元人类的多元社会需求的同时，提高着整个社会的运行效率甚至每个人生命的运行效率。

这四大技术在日益融合的过程中创造出千姿百态的技术应用，不仅改变了信息传播的基础结构和传统模式，而且建构起全新的社会运行环境，改变着人们传统的生活方式，塑造出全新的社会运行形态。

二、媒介融合趋势下网络媒体发展的新特征

在此番由信息传播革命引发的社会变革中，传统媒体的基础架构在风化，

传播方式在失效，经营模式在解体，媒体行业向互联网平台的战略转移已经成为不可回避的时代选择，成为媒体脱胎换骨谋求新生的大趋势。

1999 年夏，20 多家开始尝试进行网络传播的中国新闻机构的从业者们聚集在杭州。研讨会在一个空间局促的宾馆会议室中举行，没有座次安排，没有会议议程，甚至没有指定的主体发言者，大家讲探索，说体会，提问题，诉困惑，就像是在开一个随意的恳谈会。

而如今，中国网络媒体的阵列已经蔚为壮观。各级各类网络媒体已经遍布各个区域、各个行业，各种新技术、新应用已经千姿百态地呈现在网络新闻传播的实践之中，网络媒体已经成为提供新闻信息的主要媒体，互联网已经成为传播新闻信息和提供信息服务的主体平台。

三大融合性趋势已经日益清晰地呈现：一是各种网络数字技术的融合，促进着新闻传播活动中各种新技术应用的创造，扩大着新闻传播的影响范围，拓展着新闻传播的影响深度；二是各类媒体机构的融合，推动着媒体行业的重组，挖掘着媒体新闻传播的新能量，催生着媒体运营的新形态；三是新闻传播与社会服务的融合，重新定义着传媒机构的社会责任与本体价值，重塑着新闻媒体的社会责任形象和传播影响力。

互联网已经把新闻媒体置于全新的工作环境之中。面对互联网支撑的新世界，传媒从业者面对的是全新知识体系的建构、思维方式的更新、方法工具的掌握和管理模式的改革。

三、新闻媒体需要加强的四个能力建设

在这样的变局之中，新闻传播担负的社会责任有其恒定意义。那就是向公众告知他们生存环境发生的重要变化，为他们的生活决策提供坚实的信息参考；向公众提供各个领域的专业知识，为他们的理性行动提供智慧认知；向公众提供有实用价值的信息服务；为提高公众的生活质量、满足公众的生活需求提供方法和工具；向公众传递文明的观念和健康的文化，以提升他们走向文明与进步的公民素质；与敌视人类良知和道德准则、毒化人类生存环境的行为做坚决的斗争，优化公众生存的环境。

在今天发生巨大改变的技术与社会环境中，媒体要想实现自身担负的社会责任，需要面对尖锐的挑战，破解复杂的问题。媒体需要加强四个方面的能力建设。

一是解读新闻的能力。随着公民媒体时代的到来，对环境变化的观察视野已经向全民拓展，同时带来的问题是各种海量的碎片信息、情绪信息、变形信息、失真信息充斥网络。此时，媒体对环境变化的解读能力，对人们准

确认识生存环境的变化、深刻了解环境变动的影响有特别重要的意义。

二是提供服务的能力。新闻信息传播永远有不可替代的社会效用，但是要提高媒体的深度影响力，加强媒体与公众关联的紧密度，拓展媒体运行的商业空间，就需要增强媒体的社会服务功能。

今天的互联网技术提供了全面、深入、细致地了解媒体核心用户群体行为特征和生活需求的全部可能性。媒体可以在精准掌握核心用户群体需求的基础上，架设起各种社会资源与民众需求之间的有效连接通道，在切实有效地为人民服务的过程中定义媒体价值，塑造传播威望，赢得公信力。

三是沟通民众的能力。互联网已经在现实空间的社会关联之外建造起一个“虚拟空间”的社会关联，这个“虚拟空间”的社会关联比现实空间的社会关联更广泛、更复杂、更深刻。其不是对现实空间社会关联的存储、复制和备份，而是有着特定的运行特点、规律和能量。

媒体在互联网平台上进行的传播活动和经营活动，已经融入社会关联结构的运行体系之中。媒体在信息传播和服务提供的过程中，已经加入了新的社会运行结构的建造。今天的新闻媒体需要在网络社会空间搭建起媒体与公众之间的信息交互通道、个性沟通通道、能量交换通道，从而深入了解民众的需要与诉求，明了社会运行的理想和目标，知晓社会变革的趋势与规律，在扩张媒体传播能量的过程中，推动网络空间与现实空间的环境优化，建造起有利于人民福祉和社会进步的新型社会关联结构。

四是有效传播的能力。尽管传统媒体在衰落，但是脱胎于传统媒体的各种新型媒体正在互联网平台上衍生出多元媒体形态，在这个媒体变革的转型期，多元媒体形态覆盖整个社会将是公共信息传播的常态。

新闻媒体需要通过科学工具与专业方法支撑调查研究，深入细致地了解公众的构成，了解公众的习性，了解公众的需求，了解公众的心理方式和行为方式，了解公众的存在现状和发展趋向，精准判断以什么样的媒体形态，承载什么样的信息和服务，以什么样的传播方式，覆盖什么样的人群，达到什么样的传播效果与服务效应。

四、履行推动社会进步的职责使命

从中国社会的运行实践来看，随着互联网传播技术的日益普及应用，信息传播对社会进步的推动作用表现在：

公众知情范围不断扩大。互联网信息传播技术的发展，为各种信息的社会传播与全民通达提供了技术上的可能性。

公众表达空间不断拓展。互联网为公众意见的表达提供了多领域、多层次、多种类的平台。公众监督权利不断加强。在互联网推动下，公众的监督范围在不断扩大，途径在不断增多，效力在不断加强。全领域、全天候、全进程的公众监督已经在中国的社会生活中初见端倪。

公众参与机会不断增多。在互联网技术的支撑下，人民依照维护自身利益的原则，正在参与所在生存环境中的经济建设、文化建设、政治建设和社会建设的全过程。

公众协商机制开始呈现。今天，凡是引起公众质疑和困惑的事情，都可能在互联网平台上得到讨论、争辩以及各种形式的公共协商。这种公共协商在交织着各式冲突的当代社会的运行过程中，作为保证现代社会良性运行的基础机制变得日益重要。

互联网在中国的应用与在其他国家的应用的不同之处在于，这个技术的应用恰恰与中华民族谋求复兴的历史进程重叠在一个时空之内。因此，身处这个时空的中国新闻媒体不仅可以目睹互联网的技术景观，而且能够为推动此番历史变迁勇担自身的责任。

视频化生存：移动时代日常生活的媒介化

彭　兰

当普通人拥有了视频记录权、创作权，有了更多表达方式、现身机会和存在感后，他们逐渐形成了一种新的视频化生存方式。这样一种生存方式，既体现着日常生活的媒介化，也是媒介化后的日常生活。视频成为一种粘连生活与媒介的界面，同时影响着人们的现实生存与媒介表达。

一、从文字化生存到视频化生存

虽然从传播角度看，网络视频是一种新的传播手段，但是，对于普通用户来说，生活在视频世界，其意义不仅仅在于内容的生产与传播，更在于获得一种新生存方式。数字时代带来了数字化生存的普及，但是，在不同发展阶段，人们数字化生存所倚重的手段有所不同，或者说，生存形式有所不同。

在 PC 互联网发展阶段，由于产品、技术等因素的限制，人们的数字化生存主要是以“文字化”方式存在的。文字化生存的空间，一是私人化的交流空间，如即时通信平台；二是公共化的空间，如论坛、博客、微博等。虽然在私人化的交流空间中，人们的文字交流是平等的，但在公共化的空间里，人们的文字化生存能力会有很多差异。文字化生存，比拼的不仅是文字表达水平，而且是人的阅历、见识、知识、思想等。因此，能够在其中胜出的人寥寥无几。虚拟空间的文字化生存很多时候也是隔绝或回避现实生活的。

而视频化生存，直接取材于现实生活，即使是缺乏文字表达能力的普通人，也容易凭借视频产生存在感。视频使人们“现身”的机会大大增加，虚拟的 ID 变成了活生生的人，存在感来得快速直接，人们有更多机会被他人看见、关注，进入他人的生活，甚至对他人产生影响。视频化生存，不仅意味着人们以视频这样一种符号方式存在与互动，也意味着人们日常生活的媒介化。

媒介化研究是传播学的一个重要研究领域，媒介化主要是面向文化与社会的媒介化，一个核心出发点是：媒介日益融入其他社会制度与文化领域的运作中，同时自身也成为社会制度。社会互动——在不同制度内、制度之间以及社会整体中——越来越多地通过媒介得以实现[①]。而参照这样一种视角，我们可以看到，日常生活的媒介化，也意味着媒介化行为与日常生活的相互渗透与融合，媒介化行为成为主要的生活方式之一，人与人的互动也更多地依赖公共媒介。人们谋求自己的生活在公共化的媒介世界里曝光，以此追逐公共媒介里的话语权。人们常常会以如何进行媒介化表达来审视自己的生活，甚至会为了媒介化表达而调整生活。如同“为赋新词强说愁”一样，为了获得在媒介世界里的表达素材，人们会在某些时候制造一些行动与情绪。而视频或许是将人们的现实生活媒介化的最好手段之一。

虽然也有学者批评媒介化的概念构想了一个以媒体技术特性为基础的单一的、线性的历史演变机制，而中介化的概念则更加开放，能令我们想象媒体介入社会生活的多种形态[②]，但是，从视频化生存角度看，媒介化这一概念或许更适用。视频化生存，有两种基本素材。

一是视觉化素材。人们基于文字手段实现的数字化生存，具有很大的虚拟成分，尽管这些虚拟化生存背后也有很多现实动因，但人们的表达在很多方面可以超脱物理世界的羁绊，更多是精神性的。同时，个体只能躲在文字背后，个体的形象与存在感是由他们生产的文字勾勒出来的，有时候，这种勾勒是非常模糊的。

而视频则直接地映射了现实生活和物质世界，它需要现实影像作为其素材，不管这些素材是直接来源于现实生活，还是对现实生活的再加工。它并非信马由缰地神游，而是会受限于现实世界。因此，视频化生存具有更多“物质性”的成分。素材的易得性可能成为一些用户拿起手机拍摄的基本动因，素材的独特性会使视频拍摄者脱颖而出，新的素材会给人们带来新的灵感，而素材的不足与枯竭也可能成为另一些人放弃视频化生存的理由。

人们的视频化生存，是一个不断寻找、发现和创造视觉化素材的过程。他们会随时审视周遭环境以及自身的活动与行为是否适合拍视频，拍出来的视频能否吸引他人的关注。他们也有可能为了拍视频而改变或规划自己的行为。就像人们为了拍出美食照片而去做美食并精心摆盘一样，很多人为了拍视频而去制造某些活动、打卡某些地点。视频既是一种手段，有时也变成一

① 夏瓦．文化与社会的媒介化．刘君，李鑫，漆俊邑，译．上海：复旦大学出版社，2018：21.

② 潘忠党．“玩转我的 iPhone，搞掂我的世界!”：探讨新传媒技术应用中的“中介化”和“驯化”．苏州大学学报（哲学社会科学版），2014（4）.

种目的，或者成为人们生活的导向。

二是视频化的空间。视频化的空间是对现实空间的再现或再加工。当然，屏幕的窄域与现实空间的广域之间必然有冲突，因此，即使视频生产者认为自己在对现实空间进行直接拍摄，没有进行任何后期处理，也不可能完全真正“还原”现实空间。

相比传统媒体的视频内容，海量用户提供的海量视频，大大提高了影像对现实空间的覆盖程度，碎片化的视频最终可能会拼贴出接近现实物理空间的视频空间。海量、碎片化视频所呈现的空间，在一定程度上可以满足人们“世界那么大，我想去看看”的探索欲。

而从个体角度看，他们在拍摄的视频中对空间的选择与呈现方式，一方面与视频生产者的自我表演策略有关，另一方面与视频世界里用户间的相互感染相关。并且，后者的影响表现得越来越突出，例如，网红地点会影响人们在视频生产中的空间选择。但人们去网红地点打卡，不仅是为了蹭热度、跟风，也是为了在视频世界与现实世界之间建立一种联系。人们不愿意仅仅生活在视频世界中，也需要时时回到现实世界，打卡成为一种对现实空间的引流手段，打卡这个行为具有一种“用脚投票”的意义。当然，在现实空间里去打卡时，人们可能会发现那些地方并没有那么美好，打卡过程也可能是虚拟空间幻象的破灭过程。

无论如何，人们在虚拟空间的生产与传播，赋予不同的空间不同的醒目度，有些空间成为网红并带来不断的打卡效应，因而变得更加醒目。这些空间也扮演起一种连接的角色，将原本没有关系的人连接在一起——这既可能是在现实空间的共同打卡，也可能是在虚拟空间里的基于同一地点的内容汇聚。

有研究者认为，“短视频生产对地理空间有着更显著的依赖，并反过来不断赋予空间新的属性，甚至覆盖了原有空间的各层指涉”①。除了短视频外，直播等其他网络视频应用也有可能实现同样的效果。视频空间与现实的物理空间相互叠加、渲染，共同制造出新的空间“幻象”。

视频空间也是一个公私界限更加模糊的世界，它比文字更多地展示了私人化的空间，人们以私人空间的部分开放换取在公共空间的关注度。一旦获得足够多的他人的关注，人们的私人空间就会进一步“公共化”。观看者也因此获得一种俯视并进入他人私人空间的机会。因此，视频化生存，也是在公域与私域的混合空间中的生存。

保罗·亚当斯（Paul Adams）在《媒介与传播地理学》一书里指出，

---

① 王建磊．空间再生产：网络短视频的一种价值阐释．现代传播，2019（7）．

媒介与空间或地方之间就是这种关系：传播既发生在地方之中，又创造着地方①。社交平台上视频对空间的传播，更是将这种创造推向了新的高潮。

二、以视频粘连的现实生活与滤镜化生活

在视频社交平台中，人们一方面想展示他们的现实生活，另一方面又或多或少通过视频对自己的生活进行修饰，形成一种滤镜化效果，现实生活与视频生活之间的界限也变得模糊。

（一）现实生活的展示：在更大的世界里重新发现自我

对多数短视频生产者和视频直播者来说，在进入视频平台之初，他们没有创作意识与能力，只能从自己的生活中寻找素材。因此，他们的视频记录与分享大多会呈现简单、朴素的生活质感，有时就是生活的原样展示。但对看惯了电视、电影的戏剧化表现及套路化创作的人们来说，在视频平台骤然涌现的“生活的原生态”，反而带来了新鲜感，一些人也会受到鼓舞，开始模仿他人展示自己的生活。

很多用户在视频中呈现出的生活，在他人眼里是陌生的、新鲜的，但在他们自己眼里，或许只是一种寻常生活。以往他们被这些平凡的生活消磨，而视频平台上他人的围观让他们意识到了自己寻常的生活对他人的意义，他们也开始用他人的眼光重新打量自己的生活与自我价值。过去日复一日的单调甚至孤独的生活，因为有了旁观者而多了不同的光泽和意义，这也给了他们与外界往来的期待。

快手与抖音这两大视频分享平台，虽然目前定位不同、吸引的人群不同（前者更乡土化，后者则更具都市色彩），使用者在两个平台的视频呈现的风格也不尽相同，两个平台的文化也有鲜明差异，但是它们的共通之处是，让曾经人微言轻的个体，找到了自己平凡生活中那些可以分享、值得被关注的不平凡之处，在一个更广阔的世界里重新发现和认识了自我。

观看者也因他人的短视频或直播，而了解了很多不同于自己的社会群体及其生活方式。在现实社会中，由于“圈”与“层”的约束，人们了解自己群体之外的其他群体的机会有限。网络中某些社交平台门槛太高，在这些平台有话语权、有存在感的只是少数人，网络的一些互动空间也会加重圈层的

---

① 袁艳．当地理学家谈论媒介与传播时，他们谈论什么？：兼评保罗·亚当斯的《媒介与传播地理学》．国际新闻界，2019（7）．

分化与束缚。因此，很多时候，我们在网络中看到的仍然只是世界的一个角落，而低门槛、“广谱”的视频平台有可能让我们看到世界的多样性，特别是那些在微博、微信公众号等平台存在感较低的人群及他们的活法，即使有些人的活法并不为多数人所理解和接受。

在视频平台上流动的无数的视频，成为社会的“毛细血管”，它们让社会的“末端”彼此相连，并构成自己的“微循环”。

虽然可能在有些人眼里，视频世界里展示的生活是无聊的，观看这样的视频打发时间是对生命的无意义消耗，但是对于沉浸在其中的一些人来说，这就是生活和生命。

人们在展现自己的生活、寻找自己的存在感时，也不免会展现出社会的一些阴暗面，例如出位的表演与直播等，因此也有很多人批评视频平台的乱象。但是，也应该看到，很多社会乱象并非由直播或短视频本身创造出来的，它们早已存在，只是视频平台将原本隐藏着的或不为人所知的这些社会角落揭露了出来。因此，视频平台需要充分意识到某些内容所带来的不良的示范效应及后果，适当的管理仍是十分必要的。

虽然理论上视频平台可以展现世界的多样性，但很多时候，在算法推荐下，人们还是容易局限于某一类型、某一类群体的视频。当然，算法带来的问题，也可以通过对算法的改进来解决，未来视频平台的算法需要在满足用户偏好与帮助人们看到更大的世界这两者间实现更好的平衡。

另一个值得关注的现象是，视频世界的丰富性可能有助于改变人们对一些群体的偏见，但人们也有可能因为视频中的表演与表现而对一些群体形成刻板印象。进一步值得注意的是，一些曾经边缘的人群，在获得视频表达权利后，可能会有机会获得他人的关注，但也因此，一些人会为了有更多被关注的机会而扭曲自己的活法，或者为了迎合他人对自己群体的刻板印象而将自己在视频中的展示圈定在一些套路中。这样，虽然看上去这些人的话语权与存在感增强了，但其实他们还是在做出某种退让。

（二）滤镜化生活：视频世界里的真人秀

不管有意还是无意，人们用视频展现自己的生活，也是一种自我建构的方式。自我建构的概念最早由黑泽尔·马库斯（Hazel Markus）和北山忍（Shinobu Kitayama）于1991年提出，指的是个体在认识自我时，会将自我放在某种参照体系中进行认知的一种倾向。玛莉琳·布鲁尔（Marilynn Brewer）等认为，每个个体的自我建构都包含三个组成部分：从自身独特性定义自我、从自己和他人的亲密关系中定义自我、从自己和所从属团体的关系中定义自我。他们将这三种建构倾向分别命名为个体自我、关系自我和集体自我，也称自我的三重建构。①

就像自拍一样，不少用户的视频化生存也是三重自我相互影响、相互博弈的过程。人们首先通过自己拍摄的视频来建构个体自我，然后在社交平台中，通过视频分享来获得对关系自我或集体自我的认知，并通过反馈来进行对展示策略的调整，在这个“展示—获得反馈—自我调节”的过程中，个体在不断地试图调和三重自我的关系。

尽管很多时候视频中呈现的对象是他人、景物、社会，但人们选取什么对象、用什么角度去呈现这些对象，也或多或少折射出他们的自我建构需求与倾向。

基于视频的自我建构，处于一个开放的空间中，这意味着，每个人都有可能变成一个“公众人物”。面对着实在的以及潜在的围观者，为了展现自己心目中的理想自我，也为了在关系自我和集体自我层面得到更积极的反馈，即使是以现实生活为基础的视频化生存，也会具有一定的“真人秀”特征。对很多普通人来说，视频化生存一开始“真人”成分较多，但当围观者越来越多时，“秀”的成分会不断增加，会出现越来越多的修饰、美化和设计，这种“真人秀”的色彩，也使得视频化生存越来越走向滤镜化。

由于技术的因素，“上镜”后的人与真实的人是有一定差距的，而在普通人的视频化呈现中，更好的上镜效果往往可以通过滤镜一键搞定。就像自拍一样，滤镜化的短视频或视频直播，使人们可以更大限度地表演出他们认为“更美”的自我形象，这也可能会给他们带来更多粉丝。

同时，人们对呈现在视频中的日常生活的选择与再构，也具有一种类似滤镜的效果，这也是作为表演的视频化生存所需要的。例如，一些人会更乐意展示生活中那些美好的场景、事件，也会为了更好的视觉效果和心理效果而对这些场景进行人为的修饰。还有一些人虽不将“美”作为修饰的标准，但也会突出、夸大视频中的自己或场景的某些特征，以强化表演效果。

（三）现实生活与视频化生活界限的模糊

视频作为一个界面，粘连起了现实与虚拟世界，它的一边是现实生活，另一边是视频中的生活，当然，两边的生活是相互影响、相向流动的。现实生活可以作为灵感源泉与素材转化为视频，而人们在视频中制造的戏剧性或幻象，也可能最终变成现实。

现实生活与视频中呈现的生活，两者互为映照，视频生活既是对现实生活的“拟态”反映，也是对现实的物质世界的再现与重构，这类似于媒体所

---

① 刘艳．自我建构研究的现状与展望．心理科学进展，2011（3）．

构建的“拟态环境”。而视频则可以赋予现实生活新的意义。对于那些视频的重度使用者来说，视频中的生活也会逐渐与现实生活融合，构成一种既非完全现实也非完全虚拟的生活状态。

在媒介化的研究中，有学者指出：“媒介化使现实与媒介对现实的表征之间、事实与虚构之间的差异复杂化和模糊化。”① 在人们的视频化生存中，同样如此。在视频世界里获得的存在感，有时也会转化为现实世界里的存在感，甚至可以以一些方式变现。

视频平台中的用户也共同制造了一些流行的文化和生活方式。从视频的桥段、流行的舞蹈到网红景点、网红食品，这些由视频平台创造的流行元素反过来成为现实生活的一部分，这也是视频化生活与现实生活相融合的一种体现。

三、视频化互动：既远又近的陪伴

网络视频不仅是一种记录与展现方式，也是一种社交方式，基于视频的相互陪伴，也成为视频化生存中的一个重要部分。

视频直播对于视频化陪伴而言尤为重要。社交性的视频直播有很多是无事件、无主题的，主播只是靠不停地说话以及与观看者互动来维持直播，但是，这种直播很多时候仍会让人乐此不疲。虽然直播者与观看者之间有空间上的距离，但是直播这种形式容易在心理上拉近人们的距离，让双方都感觉自己进入了对方的生活空间。从社交角度看，物理空间距离会影响人们心理上的距离感，而直播时，手机摄像头与主播的距离很近，观看者在视觉上感觉主播离自己很近，这就容易转化为心理上的接近感。直播的场景往往也是生活化的空间，这更容易让观看者产生“进入”感与“在场”感。在这样的距离与空间下的日常聊天，也就更容易带来陪伴的效果。人们还可以随时进出各种不同的直播间，在各种直播间跳转，就像在不同的聚会上现身，与各种不同的人相遇、对话。

除了聊天式的直播，“吃播”的流行，也说明了视频直播的陪伴功能。独自吃饭是孤独的典型表现之一，吃饭时的陪伴就显得格外重要。另外，吃饭这种最日常甚至在一定意义上属于私人空间的行为，在向某些对象公开甚至邀请其加入时，也就成为拉近彼此距离的一种方式。在现实中，吃饭也是一种润滑感情的社交行为，“吃播”在空间上延展了这种原本属于小范围的社交。当然，“吃播”也正在从简单的陪伴向多重功用方向发展。除了吃饭，逛

① 夏瓦．文化与社会的媒介化．刘君，李鑫，漆俊邑，译．上海：复旦大学出版社，2018：19.

街、学习等很多日常活动的直播或视频记录，也都能带来陪伴效果。

直播和其他视频分享之所以能带来陪伴效果，一个重要原因是私人空间与私人活动的开放，虽然只是由视频生产者向观看者的单向开放。以往电视、电影这样的视频媒体不能提供这种开放性，文字表达也难以营造这样直接的近距离氛围。在微信等强关系社交平台，虽然人们也会在朋友圈展示自己的私人空间和活动，但强关系下人们顾忌较多，有时这种展示的修饰成分会更强，熟人之间的相互比较也使得这种展示变成一种暗中的比赛，很多时候人们处于较量而非陪伴的关系。而在视频平台中，人们更多地观看的是陌生人，视频带来的是陌生人之间的相遇与相互陪伴，是一种虚拟的或想象的亲密关系。虽然这样的关系基本不能带来实际的社会资源，但是在心理上，随机的相遇和陪伴，会让人更放松，它既能帮助人在一定程度上减轻孤独感，又不会给人带来心理上的负担。

而值得注意的是，一方面，人们依靠不在身边的交流对象的直播创造一种在场感和陪伴感；另一方面，人们可能又会忽略、疏离身边的陪伴者——在一定程度上还是基于社交成本和回报的考虑。

相同或相似的人群也可能借视频发现彼此的存在，并形成自己的圈子，使个体生活汇聚为一种集体性生活。例如，跑长途运输的卡车司机是视频分享的重要群体之一。生活的流动性，为他们带来了源源不断的视频素材；而流动生活中的孤独，也使他们更需要他人的关注与陪伴。他们记录沿途的见闻、各地的风物，甚至在快手上形成了线上线下水乳交融的社交生态，真正达到了“天下卡车司机是一家”的境界①。这样一种集体性陪伴，对于个体的情感支持和社会支持更强大，更持久。

四、视频直播：制造属于个体的媒介事件

在各种视频化生存的手段中，直播最极致地说明了生活的媒介化过程。相对短视频而言，视频直播展现的不是生活的碎片，而是一个完整的段落，甚至会不断延续下去。它也进一步模糊了生活与视频之间的界限。视频直播也可以被视作属于个体的媒介事件。

在电视时代，一些重大政治、体育活动等事件的直播，被戴扬（Daniel Dayan）和卡茨（Elihu Katz）等研究者视为一种媒介事件、一种电视仪式或

① 没有什么能阻止社会学家刷快手了.（2019-04-10）[2021-03-10]. https://mp.weixin.qq.com/s/5mrw9LjF4s1Ov LojysRRmw.

文化表演[①]。这种媒介事件是从日常性的节目中分离出来的本身具有“神圣的”仪式色彩的电视节目。戴扬和卡茨将电视的媒介事件的脚本分为“竞赛”“征服”和“加冕”三大类型，对应着“合理性”“超凡魅力”和“传统”[②]。传统电视的媒介事件的价值，包括情感凝聚、维持和强化现有秩序、社会整合、文化认同等。这些对于电视的媒介事件特征的描述，在个人的直播中多数是不成立的。简单套用电视的媒介事件概念来解释个人直播，显然是不恰当的。

但媒介事件有两个重要特征：仪式性和表演性。对于个体来说，将日常生活暴露在公共视野之下，当被他人围观时，日常生活也会具有仪式性和表演性，对于直播者本人来说，日常生活甚至也会具有某种神圣性。从这个角度看，直播也具有一定的媒介事件的特征，即使它并不具备电视媒介事件的公共价值。

个体直播中的仪式，更多的是主播与观看者之间的一种互动仪式。按照柯林斯（Randall Collins）的观点，互动仪式的基本条件之一，是两个或两个以上的人聚集在同一场所，无论他们是否特别有意识地关注对方，都会因为其身体在场而相互影响[③]。当然，网络中的仪式的所谓在场，更多的不是实体身体的在场，而是虚拟性的在场，直播同样如此。但视频方式会使得双方的身体在场感都有所增强。

他人的在场使个体的日常化生活公开化。这种公开化在一定意义上意味着个体的生活不再仅属于他个人，也成为别人生活的一部分。虽然直播展现的活动看似生活化，但随着观看者的增加，一些直播活动会被从日常生活中分离出来，加工和表演成分越来越大，逐渐变成公开的仪式。个体也会开始从观看者或公共的视角来审视个人事件或生活的意义，并有可能参照观看者的视角来设计直播的内容。

传统的电视媒体直播形成的媒介事件，都有一套自己的基本框架，这种框架也会反过来影响后续的类似活动。同样，作为个人化媒介事件的直播，通常也是一种程式化表演，也具有相对稳定的框架与模式——包括时间、直播主题与方式等。对个体直播来说，相对稳定的框架既有助于形成个人化的风格与标签，也有助于使观看者形成持续的预期或互动模式。

电视制造的媒介事件，需要生产者与观看者的共同行动，观看者的行为是媒介事件的一个组成部分，“仪式的存在就在于观众与演员的互动之中。观

① 戴扬，卡茨．媒介事件．麻争旗，译．北京：北京广播学院出版社，2000：1.

② 同①30.

③ 柯林斯．互动仪式链．林聚任，王鹏，宋丽君，译．北京：商务印书馆，2012：79-81.

众的反应是仪式的重要特性之一。离开了反应，仪式就是空的”[①]。在这个方面，个人直播也是类似的。如果只有主播而没有观看者，就无法构成个人化的媒介事件，并且观看者与主播之间的互动，也应具有一定的仪式性套路，一些忠实的观看者也会形成自己相对稳定的角色。

但在个人的视频直播中，观看者的角色不只是反应或配合演出，他们会对直播的进展起到更直接的干预作用。甚至当主播想停止直播时，也未必完全能如愿，因为他可能会受到观看者的挽留。如果个体直播延续时间足够长（这既可以指单次直播，也可以指一段时期内的直播），那么直播者与观看者之间，也可能会形成小的群落，有熟人的亲近感，相互期待，在某些方面会达成共识与默契。当然，这种群落内部也可能形成“差序格局”。虽然直播间一直是开放的，人们可以自由流动，但是早期加入者与后期加入者之间会有差异，长期收看直播的人与临时性进入的人之间也会有差异。直播观看者之间会形成如柯林斯所说的一种“地位群体”[②]，也就是存在着地位及与直播者的关系强度等方面的差异。

直播既可以是一次性的，也可以是长期的，但如果要成为个人的媒介事件，那么往往需要持续地坚持。其中的一些仪式性套路，也是在长期的坚持中逐步形成的。视频直播可能会促使个人的媒介化生存持久化。

五、艺术创作：视频化生存的进阶

多数人早期进行视频直播或拍摄短视频时，都是用它们来直接反映、还原生活场景，短视频与视频直播早期的主要卖点是生活化质感，但是过于日常化的呈现也容易使观看者产生审美疲劳，仅仅是日常化的生活直播或短视频，难以产生持续的吸引力和维系力。于是，在新一轮的用户生产视频中，出现了越来越多的艺术创作成分。

视频中的表演，不再仅仅是社交性表演和才艺表演，而是真正向戏剧性表演或戏剧化创作发展。一些用户也开始自编、自导、自演，创作自己的微剧。目前用户创作的微剧，还做不到像专业生产的电影、电视剧那样精耕细作，也不一定遵循专业程式，它们更多还是来自直觉、灵感与模仿，在这里面能脱颖而出的作品并不太多。但网络视频的土壤，有可能促进艺术创作的发展，甚至孕育视频艺术的新样态。从各种艺术的发展逻辑，特别是从网络文学的发展中，我们也可以推断网络视频艺术创作的未来前景。

---

① 戴扬，卡茨．媒介事件．麻争旗，译．北京：北京广播学院出版社，2000：108.

② 柯林斯．互动仪式链．林聚任，王鹏，宋丽君，译．北京：商务印书馆，2012：169.

同时，像 papi 酱这样的拥有中央戏剧学院导演专业背景的用户，在这方面的创作优势便被凸显出来。既有专业的经验与技术，又找到了表达的新形式，加之对现实生活的犀利观察，papi 酱以戏剧性的方式再现与调侃了生活，这也是她赢得关注的重要原因。未来还可能会有越来越多类似她这样的具有专业背景的视频生产者，把网络视频平台而非传统的影视平台作为自己的职业发展空间。

除了内容上的戏剧性创作外，在表现形式方面，Vlog 等的出现，也推动了用户生产视频艺术标准的提高。除了对画面质量的要求外，还有了视觉效果、影像语言等更多专业化的要求。可以预见的另一个趋势是，未来的网络视频平台还会推动纪录片这样的艺术创作的繁荣。

在日常生活的媒介化之后，视频的艺术创作也可能成为一些人的生活方式，甚至是谋生手段。这代表了视频化生存的一种进阶，尽管不是所有视频生产者都能走到这一阶段。

人生如戏，戏如人生。视频化生存更深入地诠释了这句话，并赋予其新的含义。视频平台既汇集了人们的平常人生与日常场景，又闪烁着星星点点的表演性和戏剧性。走向多样化的视频，也逐渐模糊了人生记录与戏剧表达、艺术创作的界限。

未来媒体视域下媒体融合空间转向与产业重构

李　彪

一、新闻生产的传播格局转向

（一）接力传播：传统媒体的社会功能和角色发生根本变化

以往的新闻生产均由传统媒体一家进行内容生产和渠道分发，在一个组织内部完成信息的生产与分发，内容和渠道“二位一体”。而随着自媒体技术的不断发展，信息传播格局从宏观角度进入了接力传播的时代，新闻传播的路径转变为：社交媒体爆料→网络意见领袖转发热点化→新闻媒体跟进报道→新闻资讯 App 转发→社会大众。通过不同平台“接力”，新闻最终到达社会民众。如果说以前的新闻传播是 400 米长跑，从起点到终点都由传统媒体一家完成，那么现在的新闻传播变成了 4×100 米接力跑，传统媒体在信息传播链条中只承担一个环节，其在整个链条中的角色和功能在不断地被“后置化”和“单向化”，由原来的信息第一落点和社会解读者到现在的只承担社会意义建构和仪式赋予的角色。据中国人民大学舆论研究所 2009—2016 年的社会舆情监测报告，以微信群、朋友圈和微博等为代表的自媒体平台（37.3%）已经超过都市报、广播、电视等传统新闻媒体（20.4%）成为社会热点事件的第一落点。①

信息生产和分发方式也从组织化转化为社会大分工，这符合马克思的社会分工论，技术的发展会使得社会分工越来越精细化。如果把以往媒介组织的生产比作自给自足的自然经济范式，即典型的粗放型新闻生产，那么自媒体时代的新闻生产必然是更高级别的集约化生产，即社会分工细化，不同主体各司其职，完成信息生产的每个环节。从这个意义上说，目前所有的媒体融合的“初心”都是希望“旧梦重温”——试图重新将内容生产与分发捏合在一起控制在自己手里。

---

① 喻国明．当前新闻传播“需求侧”与“供给侧”的现状分析．新闻与写作，2017（5）．

（二）关系传播：人际关系网取代媒体成为民众获知信息的第一渠道

博客刚出现时，台湾地区将其译为“部落格”则更为形象，社交网络的崛起使得人类社会得以重新部落化、网络化和关系化。人类社会最初的状态是以血缘、地缘等纽带勾连起来的“人际部落”，工业文明在将整个世界联系起来的同时破坏了社会个体所依存的基本关系网，社交网络则使得人类基于血缘（如家族群）、地缘（如老乡群）、学缘（如班级群）、业缘（如记者群）和趣缘（如驴友群）在虚拟社会空间得以重新部落化、圈群化。

随着社群的崛起，人们越来越依靠人际关系网来获取信息，“关系”本身成为一种媒介。据中国人民大学舆论研究所 2004 年和 2015 年对北京地区居民的信息源结构的调查，新闻媒体在其中的占比已由 2004 年的 76%左右下降到 2015 年的 29.4%左右，以微信群、朋友圈为代表的人际关系网成为民众获取信息的第一大渠道（占比 42.8%左右）[①]。这在一定程度上说明传统的“一对多”的粗放型信息分发模式（大众传播）逐渐式微，以人际传播、群体传播为代表的社群传播崛起。“无社交，不新闻”，成为新闻生产行业的铁律。

（三）情感传播：信息消费从追求客观真实到情感沟通与共鸣

著名市场营销学权威菲利普·科特勒（Philip Kotler）曾将人的社会消费行为划分为三个不同的阶段，分别为量的营销、质的营销、情的营销。在情的营销阶段，商品的数量与质量已不再是人们消费时追求的主要目标，人们追求的是在购买与使用中，该商品的附加价值与自己的关系，以及该商品在多大程度上能够满足自己在情感上的需求。而人们对新闻的消费也经历了以上三个阶段：第一个阶段是量的传播，在信息渠道相对匮乏时期，无论生产出来什么样的信息都有人阅读和观看，这一阶段渠道为王，如 20 世纪 80 年代的读者可以将党报从报头读到报尾；第二个阶段是质的传播，在信息渠道丰足的阶段，民众获取信息的成本在下降，民众选择内容质量高的信息来阅读，这一阶段内容为王，如 20 世纪 90 年代的晚报和都市报的“一纸风行”；第三个阶段是感性或情感的传播，民众关注的不是信息的渠道多权威、内容质量多优质，而是是否与我有关、是否能满足我的情感需求，民众追求的不再是媒体设置的“宏大叙事”，而是与自己日常生活密切相关的“小确幸”（微小而确实的幸福），尤其是“95 后”的群体，追求的是感性的信息刺激而不愿意阅读那些深度理性的长信息。

在感性的满足阶段，新闻的界限越来越模糊，微信公众号的大量“10 万+”的文章都不是按照新闻专业主义的客观中立规则生产出来的，很多文章杂以

① 喻国明．当前新闻传播“需求侧”与“供给侧”的现状分析．新闻与写作，2017（5）．

表情包、戏谑调侃或耸人听闻的标题，价值判断明确，社会情绪鲜明，和传统意义上媒体必须秉承客观公正之要求已相去甚远。大多数新生代网民不再关注某个信息是否是新闻、是否符合新闻专业主义，只要它刺激好玩或能打动他们，并满足他们对于信息的需求，就是好内容。新闻与非新闻的界限越来越模糊，新闻专业主义的操作手法越来越成为传统媒体孤芳自赏的"古董"。因此，未来的传播要从"新闻产品"的窠臼中跳出，上升到大内容生产的角度，主动打破樊篱，从用户的情感需求结构和情绪依赖入手，以满足用户的情感需求和价值共鸣为大内容生产的标尺。

二、自媒体时代的新闻生产、分发和消费：社会大分工、解构"权威"

（一）内容生产的四类主体：UGC、PGC、OGC和MGC

在传统媒体时代，信息内容的生产与分发都是由传媒组织一家来完成的，是两位一体的社会角色扮演和功能设定。但随着移动互联网时代来临，信息生产主体越来越多元，社会分工更加细化，自媒体时代的新闻生产主体主要有以下四类（见图1）：一是网民主体，即UGC（User-generated Content，用户生产内容），生产主体主要是网民，理论上讲有多少个网民就有多少个自媒体，他们在微信、微博和直播等平台，通过阅读、点赞、转发、评论等行为时时刻刻生产着信息内容；二是专业化组织，即PGC（Professionally-generated Content，专业生产内容），如以谣言粉碎机、科学松鼠会等为代表的科普类组织，这些组织生产的信息内容具有相对较高的门槛和专业性；三是媒体组织，即OGC（Occupationally-generated Content，职业生产内容），他们基于职业行为而产生信息生产行为；四是机器算法，即MGC（Machine-generated Content，机器生产内容），由机器智能生产新闻。这四者均是当前传播格局中主要的信息生产主体。从结构上讲，传统媒体组织让位于网民，不再扮演信息的第一落点，而更多的是对新闻事实的澄清、修补与再诠释；专业化组织贡献的信息相对比例不高，但随着知识生产的细化，未来会有一个井喷的时期；机器生产新闻由于目前算法的局限，还是以体育、金融和灾难性等领域的新闻报道为主，未来随着机器算法的精进，会成为信息生产的主流方式之一。

（二）内容分发的三种模式：算法、热点和人工

自媒体时代变化最大的是信息分发格局，以往由传统媒体组织单一负责内容的分发（如发行、转播等）的模式转变为更多的信息分发模式，概括起来主要有三种（见图1）：一是依靠电脑算法的个性化信息推荐，背后的逻辑

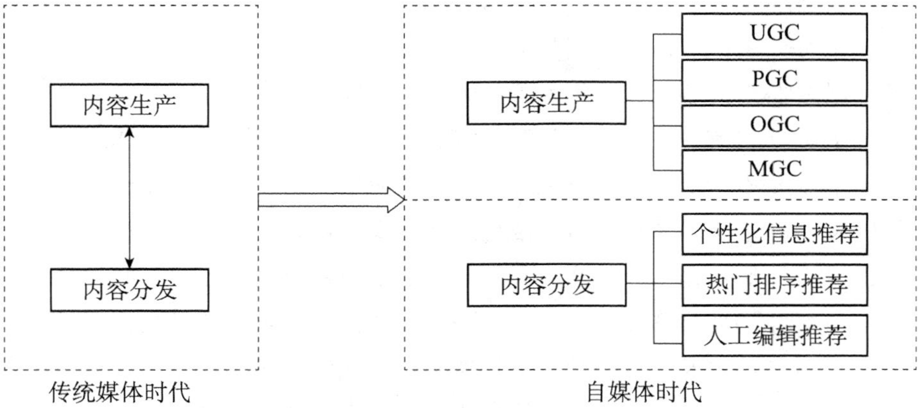

图 1　传统媒体时代与自媒体时代的内容生产与内容分发

是“用户喜欢看什么就推荐什么”，最具代表性的是今日头条；二是热门排序推荐，背后的逻辑是“别人喜欢看什么就推荐什么”，主要依靠话题的热度（转发和评论等）进行推荐；三是人工编辑推荐，背后的逻辑是“编辑猜你喜欢看什么就推荐什么”，主要以传统新闻媒体的 App 为主，由人工编辑承担“把关人”的角色进行议题设置和推送。

这三种分发模式无所谓好与坏，但由于机器算法的出现挑战了传统新闻编辑“把关人”的社会分工，出现了很多的争议和讨论。按照祝建华的观点，目前对依据机器算法进行内容分发的模式的争论大致可以概括为三种观点：一是技术产品派，认为推荐系统只是一种技术，帮助用户在纷繁的信息中找到自己喜欢的信息，进行个性化消费，大大降低了信息消费的成本；二是道德规范派，认为算法等个性化信息消费会使得信息日益狭隘，造成“信息茧房”，进而引起社会不同阶层之间的对立和社群极化；三是科学实验派，认为推荐是个新东西，目前并不知道它是好还是坏，需要用科学的方法做评估。

以上三种分发模式不论哪种都可以脱离新闻生产环节而独立存在，传统媒体在信息分发方面的渠道优势不再，信息分发越来越呈现出社会化的趋势。

（三）信息消费的三种变化：界面、界限和场景

传统媒体生产出来的新闻主要通过纸质、电视屏幕等来获取，是单向度的。随着自媒体时代的来临，信息消费也出现了以下三种变化：一是消费界面的变化，从单一的介质向“万物皆媒”转变，除智能手机外，媒体终端日趋多样化，从一屏（电视）到三屏（电视、平板和手机），甚至可穿戴设备中也可植入媒介，每个媒介介质带来的都是全新的信息消费界面，苹果公司从 4.7 英寸屏到 15.4 英寸屏，都向消费者提供。根据麦克卢汉（Marshall Mcluhan）的“冷热媒介”的论断，不同的屏幕会带给消费者不同的界面感受，进而会

影响其信息获取的偏好和个体思维方式①。二是新闻的界限在不断地消融和瓦解，新生代网民喜闻乐见的“新闻”在某种意义上已经不再是新闻——夸张的标题、各类表情包和感叹号的大量应用、夹叙夹议的修辞结构……这些都是非传统意义的“新闻”，客观性、公正性和新闻专业主义在新生代网民的信息消费视域中已无影无踪，甚至新闻生产的主体在新生代信息消费者眼中也无足轻重，他们不再问信息是传统媒体还是自媒体个人账号生产的，只要满足“感性需求”就喜欢阅读。三是消费场景越来越多元化，以往的信息消费场景主要集中在单位、上班路上和家里等有限的阅读场景，随着手机等移动终端的普及，信息消费场景越来越多元化，甚至“床上”也成了深度阅读的场景。场景的改变会对信息消费者的时间和空间概念产生深远影响，这些都不断重塑信息消费的全新“惯习”和个体认知结构。

三、名与利：当前媒体融合的冷思考

（一）新闻生产的主流趋势是分工细化而非融合一体

全社会范围内的信息生产与分发的总体趋势是日趋细化和分化。传统媒体的新闻生产与分发集于一体的粗放型方式代表着一种落后的生产方式，而自媒体时代的生产与分发分工协作的集约化方式则代表着一种先进的模式，两者之间好比农业文明对抗工业文明，必然是分工细化、协调合作的方式更能胜出。从这个意义上说，媒体融合的提法在一定程度上与信息生产社会大分工的趋势是相左的，无论是在生产环节、分发环节还是在消费环节，以往“一纸风行大江南北”的历史不可能重现。

（二）媒体融合的逆火效应须警惕

“逆火效应”来自英文“back fire”，最早是内燃机术语，引申义即“适得其反，事与愿违”。媒体融合的提出是为了解决新媒体环境下传统媒体如何做的命题，但它恰恰在一定程度上造成了传统媒体转型的战略性偏差。从传统媒体的数字化转型的提法到后来的媒体融合的流行，目的都是解决传统媒体如何应对新媒体的挑战这一问题。传统媒体面临的问题不同、基因不同，道路自然也不尽相同，媒体融合在一定程度上使得传统媒体走向了唯一一条道路——融合，不是“条条大路通罗马”而是“华山一条路”。我们可以看看近年来的媒体实践：微博出现了，传统媒体就一窝蜂地开设官方微博账号；微信流行了，传统

① 彭兰．万物皆媒：新一轮技术驱动的泛媒化趋势．编辑之友，2016（3）．

媒体就竞相开设微信公众号；新闻 App 客户端搞起来了，大家就纷纷上马新闻客户端，出现了东有澎湃，北有无界，南有并读，西有上游、封面、红星，中有九派、猛犸的新闻客户端格局……这种一哄而上、缺乏区别和量身定做的做法，造成同质化和定位重叠，最终哪一个都不能独领风骚，这就是媒体融合的逆火效应。

（三）媒体融合本质上是盈利模式问题

众所周知的《雪崩》是《纽约时报》在 2012 年推出的一个多媒体长篇报道，是基于约翰·布兰奇（John Branch）对滑雪场高死亡率现象的关注而产生的选题。报道融合了采访的视频、音频、3D 动画建模等多元媒体表达手段，展现了六个独立的引人入胜的故事，引起了读者的关注。该报道也获得了当年的普利策新闻奖，被很多传统媒体视为“媒体发展的未来与标杆”，更被认为重新定义了“新闻生产”。但这个耗资 25 万美金的项目真正得到的收益又有多少却没有相关报道，虽然后来在亚马逊上可以被 kindle 用户付费订阅，但订阅者寥寥，“叫好”不“叫座”，好比过年放了个大礼花，大家都不过跟着乐呵乐呵。纵观近 20 年来传统媒体的媒体融合之路，基本上都是“赔钱赚吆喝”，最关键的是钱烧没了，转型的信心也烧没了，“玩票”的结果是大家总是在“玩票”。[①] 媒体融合的本质是盈利模式问题，即传统媒体如何赚钱生存下去的问题，媒体融合最早的出发点就是继续抓住受众以生存下去，而现在很多媒体已经背离了“初心”，追求的是“政绩”和“短暂的眼球关注”，最终的结果是一直在“摸着石头过河”而过不去。

自 1833 年本杰明·戴（Benjamin Day）创办的《纽约太阳报》开创了现代报业的运营模式——用发行市场来补贴新闻生产这种内容间接变现的盈利模式后，传统媒体主要向社会提供信息服务和广告服务“两种产品”，在发行市场和新闻市场“两个市场”运营。但随着知识付费、直播等新技术平台的出现，内容直接变现模式开始凸显，并已成为新经济形态。这说明，新技术的发展为传统媒体提供了无限的可能，内容间接变现的盈利模式从来都不是传统媒体的唯一选项。但由于路径依赖和思维惯性，传统媒体始终在内容间接变现模式上“打转转”，只在业务层面不断尝试突破，忽视了对经济支撑的革新与探索，最终进行了很多“赔钱赚吆喝”的尝试。

四、未来媒体视角下媒体融合的社会空间转向

（一）从“空间中的生产”到“空间的生产”

法国著名学者亨利·列斐伏尔（Henri Lefebvre）认为世界上同时存在

---

① 李彪．“互联网＋”时代传统媒体融合转型的做点．编辑之友，2015（11）．

着三个空间：第一个空间是物质空间，即社会实践的空间，也被称为空间的实践（spatial practice）；第二个空间是精神空间，即感觉现象所占有的空间，也被称为空间的表征（representations space）；第三个空间是社会空间，即逻辑-认识论的空间，也被称为再现性空间（spaces representation）。以往的研究认为，社会空间是物质空间与精神空间简单融合的空间，但实际上，社会空间应该是物质空间和精神空间总体的解构和尝试性重构，从而产生一个新的开放性选择，这个选择与物质空间和精神空间既是类似的又是不同的。[①]通过引入“社会空间”概念，媒体融合可划分为三个阶段：第一个阶段是物质空间的融合，即媒介介质的整合，不论是手机报、数字报纸、二维码还是3D报、4D报和读报器，甚至2011年以来传统媒体纷纷上马的官方微博、微信公众号和新闻App的尝试，都可以被视作物质空间的融合，即对传统媒体进行物质空间的叠加和嫁接；第二个阶段是目前正在进行的以“中央厨房”为代表的精神空间的融合，这种融合是一种业务融合，笔者认为这种融合更多的是一种想象的融合，是一种空间的表征，还不足以实现真正的融合；第三个阶段则是以“社会空间再生产”为代表的未来媒体阶段，未来媒体不再是媒体，或者说不再是一种介质[②]，而是一种体验、一种全新的空间，在这个社会空间中，信息自我生产、自我分发，同时进行着意义的再生产，即未来的融合从“物质空间中的生产”（production in space）转变为“社会空间的再生产”（production of space）。

（二）从新闻业到大内容产业

在党的十九大报告中，习近平总书记特别提出要“加强互联网内容建设，建立网络综合治理体系，营造清朗的网络空间”[③]。从主流意识形态来看，内容建设而不是“新闻”抑或是“新闻内容”建设是未来的重点，说明我们党已充分认识到新生代网民的信息消费诉求，不论是黑猫白猫，只要是对意识形态安全有利的内容，就都要倡导、加强建设，来满足新生代网民的信息需求。在这种时代背景和政治要求下，新闻业这种只生产一种产品（即新闻服务）的产业必然不适应，未来“新闻”与“非新闻”的界限会进一步消弭，大内容产业呼之欲出。这里所说的大内容产业中的“内容”不是内容为王时代的“内容”，那时的内容更多的是适应全部人的信息，而自媒体时代“内容”的内涵与外延发生了本质变化，内容被打上了“场景”“社群”“情感”

---

① 包亚明．现代性与空间的生产．上海：上海教育出版社，2003：62.

② 徐轶瑛，郭媛媛．未来媒体视阈下的传播变革．现代传播，2017（6）.

③ 习近平．习近平谈治国理政：第3卷．北京：外文出版社，2020：33.

等社会属性的标签。

（三）从媒体融合到媒体基因再造

基因是一个物种区别于另一个物种的本质的特征和秘密。媒体融合试图在传统媒体上嫁接新媒体的做法很难成功，因为两个介质属于两个不同“物种”，从底层技术架构上讲，传统媒体是“广播式”的散点状传播结构，而网络媒体则是网型的拓扑结构，即两者底层的基因都不相同。传统媒体转型不顺在很大程度上是由自身的基因与新媒体的基因不兼容造成的，互联网基因并不是传统媒体所能简单嫁接来的，除非另起炉灶。如浙江日报报业集团的传媒梦工场一开始就区别于传统媒体常用的体制内发展方式，采用体制外孵化方式，大多数工作人员来自传统媒体以外，如果浙江日报报业集团内部的人员想进入传媒梦工场，就必须放弃体制内的身份。正是这种和浙江日报报业集团的传统业务相对独立、相互区隔的做法，才使得传媒梦工场有了新媒体的基因，对创新工场、虎嗅网、知微、点触科技、微拍、优微等十几个项目的投资均获得了一定的成功。

传统媒体长期躲在体制保护内部，对员工的思维和工作基因也产生了深远影响，正如沃伦·布里德（Warren Breed）的新闻编辑室“潜网”理论所描述的，任何新进入传统媒体的记者都很容易被传统媒体编辑部那张潜移默化、不易察觉的“网”，即社会顺从同化，有了传统媒体的基因，不再去尝试改变。笔者曾听上海某著名都市报一部门负责人讲过：该报一位资深记者上午十点多参加完某新闻发布会，迟迟未发新闻稿，后经电话确认方知，其入职十几年养成一个习惯——每天必须吃完晚饭遛会儿弯儿才能“文思泉涌”，写出新闻稿。这就是传统媒体根深蒂固的基因。而其他媒体的官方微博早在新闻发布会刚结束就推出了相关报道。

媒体融合看上去很诱人，兼顾了传统媒体和新媒体两个技术平台的用户和市场，但很容易造成“两手准备两手空”，因为两个技术的基因不同。如果传统媒体不改变底层的基因，那么所有的融合和改变都是“沙上建塔”。

（四）从用户个体到社群

传统媒体以往面临的用户群是个体的存在，个体与个体之间没有交流互动，是原子点般的存在，媒体只需要提供能够引起尽量多人兴趣的内容即可。随着关系传播时代的来临，民众从以往依靠传统媒体转变为依靠人际关系网络，依靠所处的社群来观察外部环境。社群就像隔离在传统媒体与用户个体之间的“保护网”，传统媒体只有嵌入人际关系网、进入社群，才能将内容传达给用户。传统媒体的消费人群从用户个体转变为一个个具有不同价值取向、兴趣多元的社群，社群成为关系传播时代的消费单元，传统媒体要想生存下去，就必须找到核心的内容消费个体所处的社群，进行情感沟通、价值辐射和关系嵌入，才能真正进入“圈子”，直达用户个体。

从用户个体到社群圈子的转变带来的最大变化是信息的情感沟通和价值共鸣的作用超过了信息内容本身。只要让受众对信息生产主体产生情感依赖和价值共鸣，那么不论传播者传播什么内容，他们都会无条件地喜爱。感情通了，诸事皆通；感情不通，诸事不通，吆喝的声音再响也没人应和。如微信公众号“罗辑思维”创办人罗振宇“故弄玄虚”地搞了个神秘图书“大礼包”，故意不告诉人们有哪些书，8 本书 500 元（远高于市场图书价格），结果引起粉丝的竞相购买。传统媒体的新闻生产和分发还停留在卡拉 OK 式的自嗨模式，生产的信息只注重内容价值而忽略情感价值和共鸣效应，因此无法进入核心圈子。

结 语

综上所述，未来媒体并不是“媒体”，或者说并不是简单的“介质”，其更多的是对当前媒体融合现状的一种解构式想象。媒体融合的概念更多是从传统媒体的此岸出发，希望摸着石头过河到达彼岸；而未来媒体的概念则是脱离此岸，直接想象彼岸的一切可能性，这样才能真正到达彼岸。未来媒体不是向大家展现未来的媒体应该是什么样的，而是对传统传播思维方式的颠覆和变革，算法思维、智能思维、动态思维和情感思维将成为未来媒体中的核心内容，随着人工智能和智慧媒体的嵌入，“分工传播”“关系传播”“沉浸传播”和“场景传播”将成为未来媒体的主流传播方式。

参考文献

［1］喻国明．当前新闻传播“需求侧”与“供给侧”的现状分析．新闻与写作，2017（5）.

［2］彭兰．万物皆媒：新一轮技术驱动的泛媒化趋势．编辑之友，2016（3）.

［3］李彪．“互联网＋”时代传统媒体融合转型的做点．编辑之友，2015（11）.

［4］包亚明．现代性与空间的生产．上海：上海教育出版社，2003：62.

［5］徐轶瑛，郭嫒嫒，沈菁，等．未来媒体视阈下的传播变革．现代传播，2017（6）.

平台型媒体、“中央厨房”与深度融合*

——兼论《赫芬顿邮报》的衰变

王君超　刘婧婷

所谓“平台型媒体”，是指既拥有媒体的专业编辑权威性，又拥有面向用户平台所特有的开放性的数字内容实体①。但这个来自美国硅谷的复合词实在是一个宽泛的概念。卢西亚·摩西（Lucia Moses）认为：“这些日子每个人都在用这个词，却很难让人在什么是‘平台型媒体’上达成一致。从社交媒体到在线购物网站再到数字出版，都称自己是‘平台型媒体’，以将自己包装为科技前沿。”②

喻国明认为，这种平台型媒介不是单靠自己的力量做内容和传播，而是打造一个良性的平台，平台上有各种规则、服务和平衡的力量，并且向所有的内容提供者、服务提供者开放，无论是大机构还是个人，其各自的独到价值都能够在上面尽情地发挥③。宋建武也提出过一个类似的概念，他认为所谓“平台型（平台化）媒体”有两层意思，一是这种媒体是提供公共信息及其他信息的传播、交流、互动的平台，二是指它将在一个更大的互联网生态系统中存在④。在笔者看来，平台型媒体首先是一个网络平台，其次是一个产出内容的平台。这一平台与其他信息平台的不同之处在于，它有一定的规则和把关行为。

“平台型媒体”的提法源自对英文合成词“platisher”的引进和翻译，由平台商“platform”和出版商“publisher”二词复合而成。因其反映了后Web 2.0时代的媒介环境与媒体业实践的变化趋势，该词自2014年一经提出便在国内外得到广泛传播，并被列入“2015年中国新闻传播学研究的十个新

---

* 本文系国家社科基金重点项目“‘新新媒介’环境下的报纸发展趋势及转型研究”(14AXW003)成果。

① 喻国明，焦建，张鑫．“平台型媒体”的缘起、理论与操作关键．中国人民大学学报，2015 (6).

② MOSES L. The many definitions publishers use for “platform”. (2014-12-05) [2021-03-10]. https://digiday.com/media/many.definitions.term.platform/.

③ 同①.

④ 宋建武．未来媒体将是平台型媒体．光明日报，2016-11-05 (6).

鲜话题”[①]。对这一概念进行重点研究和阐释的喻国明教授认为，“平台型媒体是‘互联网＋’时代媒体转型融合发展的一个主流模式”，并提出了建设平台型媒体的诸多操作要点[②]。

然而，platisher 概念提出至今 7 年有余，被称为“第一个平台型媒体”的《赫芬顿邮报》却折戟沉沙。这不禁使人质疑：以上结论是否依然成立？平台型媒体究竟能否成为报业转型和媒体融合发展的主流模式呢？

一、何谓“理想的平台型媒体”？

2014 年 2 月 7 日，乔纳森·格里克（Jonathan Glick）在科技新闻媒体 Re/code 上发表了《平台型媒体的崛起》（Rise of the Platishers）一文，正式提出了“平台型媒体”（platisher）这一概念，引发了业界和学界的广泛关注。在与《纽约时报》创始人、哥伦比亚大学新闻学院教授马丁·尼森霍兹（Martin Nisenholtz）的讨论中，乔纳森·格里克进一步明确了平台型媒体的两种形态：一种是内容出版商开放自己的内容出版系统，允许用户平等、自由地直接生产内容；另一种是已有的开放性平台雇用或资助编辑、写手、作家等内容生产者为其平台提供内容。[③]

最早将格里克的平台型媒体这一概念引入国内的，是知名媒体人和互联网研究者孙坚华（笔名“杰罗姆”）。在早期的文章中，他主要介绍了 platisher 这一新兴热词以及国外平台型媒体的实践，并认为其代表了未来媒体的发展方向[④]。他在 2016 年的一篇博客中，系统梳理了有关平台型媒体的几个关键问题。他认为：“平台型媒体是依托热门互联网应用或海量用户基数，拥有开放内容生产体系（UGC），专业编辑机制与算法推荐机制相结合的数字内容生产、聚合、分发体系。”[⑤]

根据以上定义，国外的社会化媒体脸谱网、推特、谷歌（包括谷歌＋和谷歌地图）、Medium 等都可以被称为平台型媒体。我国的平台型媒体则有今日头条、一点资讯、微博、微信、百度、快手、抖音等，涉及资讯、社交、搜索、短视频等多种形式的平台。其中，曾宣称自己拥有 2.4 亿日活跃用

---

① 陈力丹，费杨生．2015 年中国新闻传播学研究的十个新鲜话题．当代传播，2016（1）．

② 喻国明，焦建，张鑫．“平台型媒体”的缘起、理论与操作关键．中国人民大学学报，2015（6）．

③ GLICK J. Rise of the platishers.（2014－02－07）［2021－03－10］. http://recode.net/2014/02/07/rise-of-the-platishers/.

④ 杰罗姆．平台型新媒体（Platisher）是有效的商业模式吗．中国传媒科技，2014（Z1）．

⑤ 杰罗姆．中外互联网巨头重新定义“平台型媒体”．（2016－05－12）［2021－03－10］. http://blog.sina.com.cn/s/blog_13cc08ec70102xo7o.html．

户[1]的资讯类平台今日头条就是其中的典型代表。自 2012 年创办起，今日头条一直声称其“不做新闻生产，只做新闻搬运工”，强调自己的算法技术和信息聚合能力，这与脸谱网创始人扎克伯格（Mark Zuckerberg）在多种场合一再宣称其“科技公司”的定位如出一辙。其“头条号”平台允许用户自由注册并贡献内容，吸引了大量的自媒体、企业和政府机构。截至 2017 年 10 月，“头条号”总数已超过 120 万个，平均每天发布 50 万条内容[2]。

基于对不同主体进行媒体融合实践的观察和对其发展趋势的预判，格里克提出了“理想的”平台型媒体的概念。他认为，理想的平台型媒体应该是将传统内容出版商和开放性平台的优势相结合的一种新型互联网平台，其核心是新闻内容生产和互联网新技术的融合。[3] 格里克认为，与传统媒体形式相比，平台型媒体的内容生产和分发速度更快、市场价值更高；与科技平台相比，平台型媒体的编辑把关基因使其拥有更加独特的内容、富有洞察力的策展和差异化的品牌。相较之下，孙坚华对于理想的平台型媒体的论述则更为具体，并提出其五大核心要素：“1. 成熟的技术应用（操作平台、超级 App）；2. 海量的用户导入；3. 开放的内容供给；4. 专业的采编准则；5. 自由的算法裁量（筛选、推荐机制）。”[4] 喻国明认为，平台型媒体有三个特征：资源整合型平台、功能型平台、生态型平台。他眼中的“良性的”平台型媒体的操作要点是：“打造一个吸引和掌握着海量流量的开放平台”，“构建新型的信息节点及节点集群”，并且政府的角色“应从传播机构的管理者转变为社会传播生态的共建者”[5]。由此，他基于个人的研究和对世界范围内媒体实践的观察，提出了一个预测性结论，即“平台型媒体”将是未来媒介融合和传统媒体转型发展的一个主流模式。

哥伦比亚大学新闻学院托尔数字新闻中心（Tow Center for Digital Journalism）于 2017 年和 2018 年连续两年发布了关于平台型媒体（platform press）的研究报告，即 2017 年 3 月发布的《平台型媒体：硅谷如何重塑新闻业》（The Platform Press：How Silicon Valley Reengineered Journalism）[6]，以及 2018 年 6 月发布的《朋友和劲敌：处于新闻业核心的平台型媒体》（Friend

---

① 毕舸．多事之秋今日头条：2.4 亿日活用户今何在？．新京报，2018－05－09.

② 彭兰．2017 年中国新媒体内容产业发展报告//崔保国，杭敏，周逵．中国传媒产业发展报告（2018）．北京：社会科学文献出版社，2018：141.

③ GLICK J. Rise of the platishers.（2014－02－07）［2021－03－10］. http://recode.net/2014/02/07/rise-of-the-platishers/.

④ 杰罗姆．中外互联网巨头重新定义“平台型媒体”．（2016－05－12）［2021－03－10］. http://blog.sina.com.cn/s/blog_13cc08ec70102xo7o.html.

⑤ 喻国明，焦建，张鑫．“平台型媒体”的缘起、理论与操作关键．中国人民大学学报，2015（6）.

⑥ BELL E，OWEN T，BROWN P. The platform press：how Silicon Valley reengineered journalism. Tow Center for Digital Journalism，Columbia Journalism School，2017.

and Foe：The Platform Press at the Heart of Journalism)[①]。这两份报告认为，来自硅谷的科技发展重塑了新闻业，使得基于开放性网络平台（面向所有用户）、运用编辑把关机制（算法机制和专业编辑）、发布公民或专业新闻（强调内容的新闻性而非娱乐性）的平台型媒体，在当下传统媒体转型和未来新闻业融合发展的过程中处于新闻业的核心地位（at the heart of journalism）。平台型媒体的实践主要涉及两大主体：一是新闻内容生产者（publisher，以专业媒体为代表），高品质的新闻内容是其核心竞争力；二是科技平台（platform，如脸谱网、推特等科技公司开发的平台），海量用户和极强的商业能力是其核心优势。报告认为，虽然在当下的实践过程中，新闻内容生产者和科技平台的地位并不平等，但若要建设理想的、拥有可持续发展未来（have a sustainable future）的平台型媒体与新闻业，那么这两大主体在实践中必须共议规则。

早期的《赫芬顿邮报》就被视为一种理想的平台型媒体[②]。在创办初期，它作为博客自媒体新闻平台直接开放内容管理系统（Content Management System）给用户，赋予每个用户创建内容并发布的权力。网站还在首页左侧开辟出单独的空间刊登博客作家的供稿，其作者除一些社会知名人士外，也不乏大量的普通用户。这种开放性平台用户贡献内容（User Generated Content）的模式，与当时的报纸、电视等传统媒体相比，在理念上无疑是先进的。因此，《赫芬顿邮报》一经创建便迅速积累了大量用户与关注，并大获成功。与此同时，它还拥有：一个编辑团队，负责对新闻内容进行价值判断、事实核查并向读者推荐；一支专业的多媒体记者团队，负责进行新闻内容的生产与整合。2012年，巅峰时期的《赫芬顿邮报》甚至夺得了数字原生媒体的第一个普利策新闻奖，让《纽约时报》等一众老牌精英媒体为之侧目。

然而，时移世易，随着社交媒体的兴起，《赫芬顿邮报》的发展步入困局，包括阿里安娜·赫芬顿（Arianna Huffington）在内的几位创始人先后离职。在社交媒体和传统媒体的双重夹击之下，一直找不到合适商业模式的《赫芬顿邮报》，在2018年1月宣布正式关闭其开放的博客撰稿平台（图1和图2提供了2005年和2019年《赫芬顿邮报》首页的截图）。至此，《赫芬顿邮报》转型为与传统媒体在运营和商业模式上没有实质区别的封闭性内容生产者。一些有关《赫芬顿邮报》的研究，如前文所述哥伦比亚大学的两份研究报告，甚至将其纳入新闻内容出版媒体（publisher）一类。

---

① RASHIDIAN N，BROWN P，HANSEN E. Friend and foe：the platform press at the heart of journalism. Tow Center for Digital Journalism，Columbia Journalism School，2018.

② OWENS S. How medium is using the mullet strategy to attract new users.（2014-11-07）[2021-03-10]. https://medium.com/@simonowens/how-medium-is-using-the-mullet-strategy-to-attract-new-users-c51f6d76e122.

图 1　2005 年 5 月 9 日创刊时期的《赫芬顿邮报》首页

图 2　2019 年 10 月 18 日的《赫芬顿邮报》首页

二、作为平台型媒体的《赫芬顿邮报》为何舍弃“平台”？

（一）平台型媒体的悖论：《赫芬顿邮报》的困境

内容和传播渠道构成了媒体（media）的最核心要素，对内容和传播的不同倚重，也构成了两种平台型媒体的分野：一种是在“内容为王”的理念下积极开发分发渠道（内容出版型媒体的发展路径）；另一种是将拥有海量用户的渠道做强，然后再吸纳新闻内容入驻（科技平台的发展路径）。然而，《赫芬顿邮报》在将内容与平台渠道二者并重付诸实践时，却越来越陷入困境。

在 2005 年创办之初，“平台＋内容”这种在当时异常先进的理念让《赫芬顿邮报》很快大获成功。在平台建设方面，《赫芬顿邮报》抓住 Web 2.0 时代用户的巨大能动性，积极建设了一个由用户自由贡献内容的开放的博客平台，迅速积累了大量用户，让仍由编辑、记者主导内容生产的传统媒体望尘莫及。在内容生产方面，《赫芬顿邮报》以提供优质内容为卖点，从传统主流媒体引进大量专业的记者和编辑从事新闻报道和新闻整合，收获甚丰。2012 年 4 月，《赫芬顿邮报》对阿富汗和伊拉克战争退伍军人的系列报道"战场之外"（Beyond the Battlefield）更是一举夺得当年的普利策国内报道奖，这也是数字原生媒体获得的第一个普利策新闻奖。一时间，《赫芬顿邮报》风光无两，其上升势头甚至引发了《纽约时报》等名报的危机感。2011 年，《赫芬顿邮报》的用户月访问量突破 2 500 万，超过了《纽约时报》网站；2012 年，这一数字更是上升至历史顶峰的 4 500 万。[①] 至此，《赫芬顿邮报》成为首屈一指的平台型媒体。

然而，仅仅几年后，面对科技平台的冲击，曾经的对手《纽约时报》依然坚挺，《赫芬顿邮报》却呈现一片颓势。

《赫芬顿邮报》遭遇的困境源于两个方面：一方面，其手中资源不足以维系它内容与平台并重的策略——两线作战带来的不是双重优势，而是在平台（与科技公司相比）和内容（与传统内容出版型媒体相比）两个领域内的比较性劣势，缺乏自身的核心竞争力；另一方面，传统媒体在转型过程中通过内容付费模式的引入，实现了对自身的超越，而《赫芬顿邮报》却难以找到类似突破点。缺乏核心竞争力和自身突破点这两点，最终导致其陷入了始终找不到适宜盈利模式的生存危机。

在平台技术方面，随着博客的衰落、SNS 社交媒体的兴起，以及智能手机、移动互联网的应用和普及，与诸多以新技术为主导的互联网科技公司相比，《赫芬顿邮报》从技术手段到产品理念都被全面碾压，以大数据、算法、人工智能等新技术为代表的互联网科技公司在攫取用户、流量和市场方面的优势无可比拟。随着用户和流量的极速流失，《赫芬顿邮报》的市场影响力迅速下降，其传统的以广告为主要收入的盈利模式濒临崩溃。

在内容生产方面，传统媒体逐渐开始尝试从面向大规模无差异化的用户到针对忠诚且有回报的特定人群进行新闻服务的受众定位转变。在逐渐认识到高品质的新闻内容是其安身立命的根基后，传统的内容出版型媒体纷纷主打并深耕自己的优质内容，并在此基础之上积极尝试多种内容付费模式，由此收获了一批忠实用户，也巩固了自己长期积累下来的品牌优势。与此同时，这些媒体还积极与第三方平台合作，利用其巨大的流量进一步扩大品牌知晓度，并尝试将阅读发布在平台上的免费内容的用户导流到自家网站的付费区域。

---

① 陆益峰．《赫芬顿邮报》"死"于"传统媒体化"．文汇报，2018－01－23（7）．

就对内容付费模式的探索而言，在我国，财新传媒成为首家全平台实施全面收费的媒体，其他的媒体如《人民日报》《新京报》等也有相关尝试，但总体来说尚处于探索的初级阶段；从国际媒体来看，《纽约时报》《华盛顿邮报》《华尔街日报》等国外媒体的理念及实践一直处于领先地位，并在不同程度上取得了效果。当前，美国几家主要媒体利用科技平台发布内容及其中用户付费项目的统计参见表 1。

表 1　美国几家主要媒体的平台使用及内容付费情况统计

	数字原生媒体				报纸						广播电视	
科技平台	HuffPost	BuzzFeed	BuzzFeed News	Vox	The New York Times	The Wall Street Journal	The Washington Post	Chicago Tribune	Los Angeles Times	NY Daily News	CNN	Fox News
Amazon Alexa	•		•	•	•	•	•				•	•
Apple News	•	•	•	•	•	P	P	P	P	P	•	•
Facebook	•	•	•	•	P	P	P	P	P	•	•	•
Facebook Instant Articles	•		•	×	×	×	×		×	•	•	•
Flipboard	•	•		•	P	P	P	P	P		•	•
Google AMP	•	•	•	•	•	P	P	•	•	•	•	•
Google Play Newsstand	•		•	•	P	P	P	•	P	•	•	
Instagram	•	•	•	•	•	•	•	•	•	•	•	•
Homepage	•	•	•	•	P	P	P	P	P	P	•	•
Linkedin	•	•		•	P	P	P	•	—	×	•	•
Medium	—	—	—		P	—	P		—		P	
Mobile app	•	•	•		P	P	P	P	P	P	•	•
Snapchat Discover		•		×	•	•	•				×	
Twitter	•	•	•	•	P	P	P	P	P	P	•	•
YouTube	•	•	•	•	•	•	•	•	•	•	•	•

注：“•”表示账号在平台上更新活跃且免费；“—”表示账号在平台上暂停更新；“P”表示账号在平台上更新活跃且包含付费内容；“×”表示账号已退出该平台。

由表 1 中的统计内容可以看出，当前美国几家主要纸媒，无论是全国性的还是地方性的，基本都在经营付费内容；广播电视类媒体在平台上投放的付费内容非常有限，它们的主要收入还是依赖于有线电视的视听费；但以

《赫芬顿邮报》、BuzzFeed 和 Vox 为代表的数字原生媒体，在各大平台上呈现的却几乎全部是免费内容，反映了其商业模式上的短板。

当然，内容付费模式难以推行，归根结底是由于以《赫芬顿邮报》为代表的数字原生媒体，其新闻内容的质量和价值在竞争中并不占优势，因而尚不具备通过贩卖这些新闻内容直接进行盈利的能力。一方面，这与这些数字原生媒体专业化、细分化和知识化的内容较为缺乏有关，新闻内容的不可替代性较弱，且开放的内容贡献方式也在一定程度上影响了其内容的可信度，难以对付费用户形成吸引力。另一方面，与《纽约时报》等老牌精英媒体相比，这些数字原生媒体的品牌历史积淀不够，因而在用户选择付费内容时获得的优先级较低。因此，对《赫芬顿邮报》等数字原生媒体而言，大量免费内容的背后，是其新闻内容缺乏竞争力和直接盈利能力的辛酸，这一现状也极大地制约了数字原生媒体的生存和发展。

《赫芬顿邮报》内容和平台渠道齐头并进的做法，成为限制其发展的枷锁——在新闻内容方面比不过传统的内容出版型媒体，在平台建设上也被科技平台远远抛在身后。缺乏核心竞争力和突破能力的背后，是难以找到合适的商业模式的终极隐患。于是，生存危机也就不期而至。

短短几年之内，包括阿里安娜·赫芬顿女士在内的三位创始人——肯尼斯·勒利尔（Kennth Lerer）、乔纳·佩雷蒂（Jonah Peretti）和阿里安娜·赫芬顿——先后离开，曾经为人所称道的一批优秀记者也纷纷离职，其中包括普利策新闻奖获得者大卫·伍德（David Wood）及其华盛顿分社社长瑞安·格雷姆（Ryan Grim）。2018 年 1 月，《赫芬顿邮报》宣布关闭开放的博客撰稿平台，转而推出两个由编辑主导的封闭内容产品。至此，《赫芬顿邮报》由曾经的平台型媒体完全转型为传统的新闻内容供应商，只能靠与第三方平台的分账勉强维持生计，料想也再难以取得突破。其他数字原生媒体，如 BuzzFeed 和 Business Insider 等，也大都不同程度地遭遇了类似的困境。而提出 platisher 概念的前《纽约时报》数字媒体员工格里克自己创办的平台型媒体 Sulia，也早在 2014 年破产关停。由此看来，试图让内容与平台二者齐头并进，依靠自身实现高度融合的路径设计过于理想化，这也是平台型媒体实践过程中的一个悖论。

（二）从 platisher 到 platform：平台型媒体的发展趋势

从平台型媒体的发展趋势来看，《赫芬顿邮报》的遭遇似乎并非偶然。在过去的 20 多年中，新闻业在分发和商业模式上经历了三次明显的变革阶段，即从模拟到数字模式、Web 2.0 技术的广泛应用，以及以手机为代表的移动互联网对日常生活的统治。在第一阶段，新闻机构纷纷尝试将印刷产品迁移到互联网上；在第二阶段，宽带和 Web 2.0 技术的广泛应用催生了多媒体出版形式，新闻的互动性大为增强，《赫芬顿邮报》和 BuzzFeed 等一大批数字原生媒体兴起，以脸谱网、推特为代表的社交媒体也开始崭露头角；在当下第三阶段中，手机对日常生活的巨大影响力让脸谱网、谷歌、微博、微信等科技公司运营的互联网平台迅速抢占了受众和广告市场，新闻消费开始从大规模向个性化的方向发展，传统新闻机构不得不重新思考自己的生产流程和组织结构等问题以谋求生存。

许多针对新闻业和互联网平台的研究报告都用数据揭示了科技平台当前的这种垄断地位。美国皮尤研究中心 2018 年发布的报告显示：68%的美国人通过社交媒体平台获取新闻，其中，43%的美国人使用脸谱网获取新闻，其次是 YouTube（21%）和推特（12%）。尽管其中 57%的人认为社交媒体上的新闻大部分可能是不准确的，但与内容相比，使用的便捷性是他们选择继续使用社交媒体获取新闻的首要原因（21%）。① 作为新闻机构对这一现象的回应，哥伦比亚大学新闻学院托尔数字新闻中心于 2018 年发布的关于平台型媒体的研究报告显示，在参与调查的 1 025 名来自美国和加拿大的媒体记者中，83%的记者认为他们就职的新闻机构已经采取各种措施去适应社交媒体化的新闻生产环境，包括持续在社交媒体平台上发布大量内容。其中，被各类新闻机构使用最多的平台是苹果新闻（Apple News）、脸谱网和推特。②

然而，这种科技平台一家独大的发展现状，与之前格里克对平台型媒体发展趋势的预判有所出入。如前文所述，格里克等人认为，建设平台型媒体从实践主体上看，主要有内容出版型媒体（publisher）建设开放平台和开放性科技平台（platform）提供新闻内容两条路径可走，并希望有一个理想的内容出版型媒体和平台二者相向而行的方案，在充分发挥二者各自优势的前提下，实现新闻内容生产和互联网新技术的融合。但现实情况是：一方面，以传统纸媒为代表的内容出版型媒体因技术壁垒、组织方式、用户习惯等原因很难自建拥有海量用户的真正意义上的开放平台；另一方面，虽然科技平台公司在实际操作中与内容出版型媒体进行大规模的合作，但是不平等的地位让二者始终貌合神离，甚至渐行渐远。

其中一个比较典型的例子就是脸谱网与内容出版型媒体合作打造的平台新闻资讯项目 Instant Articles 的失败。在项目设立之初，脸谱网负责 Instant Articles 项目的产品经理迈克尔·雷克豪尔（Michael Reckhow）声称，通过

① MATSA K E，SHEARER E. News use across social media platforms 2018.（2018 - 09 - 10）[2021 - 03 - 10]. https://www.journalism.org/2018/09/10/news-use-across-social-media-platforms-2018/.

② RASHIDIAN N，BROWN P，HANSEN E. Friend and foe：the platform press at the heart of journalism. Tow Center for Digital Journalism，Columbia Journalism School，2018：5.

让众多媒体入驻并直接在上面发布新闻内容，一方面让受众拥有不需要转回原媒体平台即可阅读新闻内容的极速体验，另一方面也让内容出版型媒体可以掌控它们的新闻内容、进行品牌推广并拥有盈利分成的模式①。该项目在2015年创建之初就吸引了《纽约时报》、《华盛顿邮报》、BBC新闻（BBC News）和《卫报》等一系列以高品质新闻内容著称的精英媒体。《纽约时报》的首席执行官马克·汤普森（Mark Thompson）认为，虽然会有一定风险（risk），但不加入则会有危险（danger）。②《华盛顿邮报》也表示将把100%的新闻内容上传至Instant Articles，让读者可以通过脸谱网的手机App自由地阅读、分享和点评③。然而，好景不长，2016年年底，《纽约时报》正式退出Instant Articles，专心经营自己基于高品质新闻内容的付费墙（paywall）。2017年8月，《华盛顿邮报》也抛弃了Instant Articles，并将自己在脸谱网上99%的新闻内容链接到自己的网站。截至2018年1月，早期Instant Articles的72个媒体合作伙伴④中有38个已停止了内容更新；脸谱网上约2/3的新闻内容都被通过链接将读者导流回了媒体自己的主页，不再保留Instant Articles的原生形式。⑤ 至此，脸谱网的Instant Articles项目已然名存实亡。参与项目的媒体对于Instant Articles的诟病主要是商业收益低于预期、用户数据获取受限、品牌影响力减弱等。⑥

越来越多的媒体在与平台合作的过程中逐渐意识到，过分依赖平台、盲目将自己高品质的优势内容在这些平台上免费呈现，可能不是一个可持续的发展方式。因此，内容出版型媒体纷纷尝试基于自家媒体内容的付费制度，探索会员制和订阅制等多种盈利模式，并尝试利用大流量平台将用户导流回自家主页以实现收益。这种从大规模拥抱融合到撤出部分资源深耕高品质内容的做法，看似是某种历史"倒退"，实际上是寻求更多自主性并巩固自己的出版商地位的求生之举。

---

① RECKHOW M. Introducing instant articles. (2015-05-12) [2021-03-10]. https://media.fb.com/2015/05/12/instantarticles.

② 宋黎，葛岩．从"报网互动"到Instant Articles："新媒体与新媒体合作"取代"传统媒体与新媒体融合"．西南民族大学学报（人文社科版），2018（6）．

③ WashPostPR. The Washington post launches instant articles on Facebook. (2015-09-22) [2021-03-10). https://www.washingtonpost.com/pr/wp/2015/09/22/the-Washington-post-launches-instant-articles-on-facebook/?noredirect=on&utm_term=.04997b9ce591.

④ RECKHOW M. Instant articles launches to everyone on iPhone, with thousands of new articles published daily. (2015-10-20) [2021-03-10]. https://media.fb.com/2015/10/20/instant-articles-for-iphone.

⑤ RASHIDIAN N, BROWN P, HANSEN E. Friend and foe: the platform press at the heart of journalism. Tow Center for Digital Journalism, Columbia Journalism School, 2018: 57-58.

⑥ SOUTHERN L. It doesn't negate the negatives: Facebook's instant articles update ignores revenue issues. (2017-05-30) [2021-03-10]. https://digiday.com/media/doesnt-negate-negatives-facebooks-instant-articles-update-ignoresrevenue-issues.

基于上述平台型媒体实践中的种种变化，越来越多的国外学者在探讨平台型媒体的相关问题时直接用“platform”（科技平台）一词指涉平台型媒体。如前文提到的哥伦比亚大学新闻学院托尔数字新闻中心报告中就认为，传统的内容出版媒体和科技平台在相互适应、共议规则的过程中形成了“尴尬联盟”（uncomfortable union）。因为从根本上讲，二者在权力平衡中的地位是不对等的——科技平台公司在产品形式、编辑策略、新闻分发、受众数据、广告收益等一系列出版流程中占据核心地位，而传统的内容导向型媒体则不得不放弃自己的部分出版功能和品牌价值，渐趋边缘和衰落。其结果就是“科技平台成为内容出版商”（platforms become publishers），我们将进入一个“平台权力”（platform power）的时代。[①] 报告认为，从这个角度而言，科技平台即当前意义上的平台型媒体。这种观点实质上是将格里克平台型媒体（platisher）的概念狭义化和进一步清晰化了。有意思的是，2017 年 1 月，将 platisher 这一概念引入国内的孙坚华对平台型媒体的概念也做了类似修正[②]。

综上所述，虽然平台型媒体的中文表述和研究议题依然如故，但从 platisher 到 platform，平台型媒体这一概念的内涵和外延是有了明显变化的，反映了七年来国内外平台型媒体的实践走向——科技平台占据了垄断地位并将其平台优势不断扩大，传统内容出版型媒体为谋求生存和独立只能不断深耕高品质内容，publisher 和 platform 在不断融合的过程中，又呈现出一种关系的疏离与“倒退”。厘清这些变化，便能更好地理解《赫芬顿邮报》的衰落之谜。

三、“中央厨房”如何成为“理想的平台型媒体”？

当前，“推动媒体融合发展、建设全媒体成为我们面临的一项紧迫课题”[③]。宋建武认为，建设新型主流媒体，推动传统媒体与新兴媒体融合发展就是实现传统媒体的互联网化，主要趋势就是建设生态级媒体平台。这个平台要拥有强大的用户吸附能力和用户黏性，能够建立与外界的全面连接，可以使公众在这个平台上进行充分的信息交流。[④]

---

① RASHIDIAN N，BROWN P，HANSEN E. Friend and foe：The platform press at the heart of journalism. Tow Center for Digital Journalism，Columbia Journalism School，2018.

② 杰罗姆．从内容生产、内容平台再到算法，一文看清新媒体“食物链”．（2017－01－15）［2021－03－10］．https://www.tmtpost.com/2557508.html.

③ 习近平：推动媒体融合向纵深发展，巩固全党全国人民共同思想基础．（2019－01－25）［2021－03－10］．http://www.xinhuanet.com//politics/leaders/2019－01/25/c_1124044208.htm.

④ 宋建武．未来媒体将是平台型媒体．光明日报，2016－11－05（6）．

所谓“生态级媒体”，是指可以孕育出完整媒体生态系统的媒体平台。也就是“顶层设计”要求的那种能够“实现各种媒介资源、生产要素有效整合，实现信息内容、技术应用、平台终端、管理手段共融互通，催化融合质变，放大一体效能”，“具有强大影响力、竞争力的新型主流媒体”①。出自中国最高领导人的这些阐释，实际上是对一种理想的平台型媒体提出的综合要求：

(1) 平台功能：“实现信息内容、技术应用、平台终端、管理手段共融互通。”

(2) 建设目标：“推动媒体融合发展”，“催化融合质变，放大一体效能，打造一批具有强大影响力、竞争力的新型主流媒体”②。

(3) 建设途径：“要坚持一体化发展方向，通过流程优化、平台再造，实现各种媒介资源、生产要素有效整合”③。

被习近平总书记点赞的《人民日报》“中央厨房”，基本上是循着以上目标和途径建设的。“中央厨房”(the Media Hub，简称 the Hub)，又称“全媒体新闻平台”，被视为“人民日报社推进媒体融合发展的核心平台”④。以“中央厨房”为范本，打造具有自身特色的融合模式，不仅获得了习近平总书记的点赞，而且获得了宣传主管部门的大力支持与推广。“推进媒体深度融合，要重点突破采编发流程再造这个关键环节，以‘中央厨房’即融媒体中心建设为龙头，创新媒体内部组织结构，构建新型采编发网络。”⑤ 事实上，中共中央机关报《人民日报》也正是以“中央厨房”作为实现媒介融合的路径的(“中央厨房”组织架构图见图 3)。“包括人民日报社在内的许多中央和地方新闻单位都在加紧建设‘中央厨房’；这是传统主流媒体立足深度融合、推动自我革命的龙头工程。全面创新、深度融合，需要切实用好‘中央厨房’这个机制，真正把创新的活力转化为发展的动力。”⑥

从内容方面来看，《人民日报》作为主流媒体，无疑在提供高品质新闻内容上具有相对优势。但在内容生产过程中，“中央厨房”的采编资源等仍局限于向主流媒体机构开放，包括人民日报社下辖的各子媒体，以及与人民日报

---

① 习近平：推动媒体融合向纵深发展，巩固全党全国人民共同思想基础．(2019-01-25) [2021-03-10]. http://www.xinhuanet.com//politics/leaders/2019-01/25/c_1124044208.htm.

② 同①.

③ 同①.

④ 叶蓁蓁．人民日报“中央厨房”的诞生与探索．(2018-05-15) [2021-03-10]. https://mp.weixin.qq.com/s/icQ8M6AC6i0Yj7IvWklxdg.

⑤ 刘奇葆出席推进媒体深度融合工作座谈会强调：坚定不移推进媒体深度融合．(2017-01-06) [2021-03-10]. http://www.xinhuanet.com/mrdx/2017-01/06/c_135960116.htm.

⑥ 王一彪．增强传播自信 推进深度融合：人民日报社推进深度融合的新思路新举措．(2017-04-10) [2021-03-10]. http://media.people.com.cn/n1/2017/0410/c192349-29200242.html.

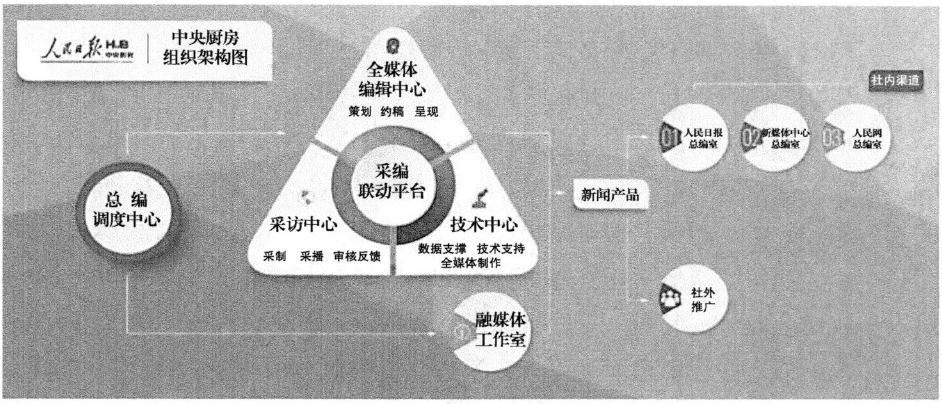

图 3 《人民日报》“中央厨房”组织架构图

资料来源：人民日报“中央厨房”何以爆款频出？来听幕后“大厨”怎么说．（2018－06－25）［2021－03－10］．https://www.sohu.com/a/237680582_181884.

社进行版权和技术合作的一些地方主流媒体，如《河南日报》、《四川日报》、上海报业集团、《深圳特区报》等。

从平台性方面来看，依托《人民日报》客户端重点打造的“人民号”（全国移动新媒体聚合平台）的推出是一个创新性尝试。该报副总编卢新宁宣称，“人民号的关键词是‘平台’”，“提供移动端内容生产和分发全流程服务”，“用优质平台凝聚‘众人之智’与‘众人之力’”①。这种对新闻内容出口渠道客户端进行平台化改造的尝试，不仅仅是对中央精神的落实，更是对推进媒体转型和深度融合的探索。值得注意的是，能够入驻“人民号”的不仅有媒体、企业、政府等实体，还有优质自媒体和个人，且无论是组织还是个人，申请后通过审核即可入驻，因而“人民号”具有明显的开放性平台特征。

但是，在提交注册申请时，个人申请者的创作如在新闻领域则必须提供互联网新闻信息服务许可证，即使在其他领域也需要提供本人专栏或在其他媒体平台如百家号、微信公众号、头条号、一点号、微博等运营内容的证明。目前，“人民号”的个人注册仍以定向邀请为主，运营者多为名人和其他平台的知名自媒体号。因此，与微博、今日头条等平台相比，“人民号”注册流程相对烦琐、入驻门槛较高——为仅对部分“达标”群体开放的平台，其开放性和用户流量都受到极大制约。可见，虽然“人民号”为个人向“中央厨房”逆向输送内容提供了可能性，彰显了鲜明的平台化理念，但其现阶段表现出的开放性较“理想的平台型媒体”尚有距离。

与此类似的还有“人民网”主管的“人民智作”。该平台声称，“将联动

① 卢新宁．构建主流价值引领的新媒体内容生态//卢新宁：人民日报为什么要办“人民号”．（2018－06－12）［2021－03－10］．http://media.people.com.cn/n1/2018/0612/c40606-30051403.html.

社会创作力量与党政、媒体、渠道、产业、行业等，驱动社会创作力量创作精品，助力国家净网强网，助力终端内容提质，助力产业行业发展，助力全民共享内容红利，共建价值内容生态圈”[①]。但是，其不菲的认证费阻碍了其成为真正的开放性平台媒体和理想的生态型媒体。

《赫芬顿邮报》的平台型媒体实践及其由盛而衰的历程，也许能为“中央厨房”成为理想的平台型媒体提供前车之鉴。首先，传统媒体要坚持新闻内容上的核心竞争力，发挥主流舆论场的优势，并将舆论引导和互联网技术有机结合起来。其次，应积极探索免费准入的开放性平台，吸纳海量互联网用户，将“中央厨房”真正打造为一个开放而有活力的生态型平台型媒体。最后，应寻求在内容定制、设计制作、版权交易等盈利模式上的突破，实现经济效益和社会效益的统一，以回应“中央厨房”是“景观工程”和“要钱工程”[②] 的质疑，使“中央厨房”的发展模式更具有可持续性与可推广性。

① 人民智作平台介绍．(2019-09-06)[2021-03-10]. http://scitech.people.com.cn/n1/2019/0906/c429459-31341324.html.

② 人民日报“中央厨房”何以爆款频出？来听幕后“大厨”怎么说．(2018-06-25)[2021-03-10]. https://www.sohu.com/a/237680582_181884.

融合生态、价值共创与深度赋能
——未来媒体发展的核心逻辑

严三九

一、未来媒体发展的核心逻辑

（一）VUCA时代媒体的运行规则变革

2016年，《纽约时报》关于两位美国总统候选人竞选的预测与最终的结果大相径庭，美国网民为该报立了一块名为“RIP Mainstream Media”的虚拟墓碑①。“总编死了”② 的背后，是主流媒体所信奉的把握事实真相的基础——理性原则和基于经验性数据的演绎推理逻辑③——的坍塌。坍塌缘于技术驱动的社会变革所带来的传播生态和媒体运行逻辑的改变，而坍塌直接导致了主流媒体的“把关弱化”和媒体权力转移。

自从第四次工业革命浪潮袭来，技术驱动的社会变革愈发强烈，传统行业和市场的边界与规则不断被打破、被颠覆，人类社会进入VUCA时代——这个时代充满了易变性（volatility）、不确定性（uncertainty）、复杂性（complexity）和模糊性（ambiguity），也对媒体行业带来了前所未有的冲击。为了适应这种不确定的趋势，媒体行业做了许多有益的探索，虚拟现实、机器人写作、大数据挖掘、算法推送等技术不断推动媒介的生产、传播和消费向多元化发展。但是，这些应用都只是传播变革的具体形态，是媒体向智能化方向发展的阶段性产物，对它们进行单一分析不利于我们对媒体的发展格局有宏观的审视。

---

① RIP Mainstream Media.（2016-11-09）[2021-03-10]. https://pal29501.wordpress.com/2016/11/09/rip-mainstream-media.

② 丁时照．“总编死了”．新闻与写作，2016（10）.

③ 彭兰．假象、算法囚徒与权利让渡：数据与算法时代的新风险．西北师范大学学报，2018（7）.

VUCA 时代是一个技术爆炸的时代，预言家库兹韦尔（Ray Kurzweil）将这种情形命名为加速回报定律，即技术进步是以指数、非线性方式发展的，在这样的时代预测媒介形态的发展是很难的。“人类既是技术元素的主宰者，也是它的奴隶，我们的命运将是保持这种令人不快的双重角色。”[①] 在令许多媒体人“不快”的互联网焦虑中，传媒生态迎来了一轮又一轮的重构，互联网进入发展的“下半场”[②]，它意味着媒体运行的规则正在发生改变：

一是以流量输送为核心的规模化发展模式已经结束，传媒业更需要进行流量深耕。在经历了互联网和社交网络的普及发展后，线下用户的余量已经殆尽，网络化生存已经成为人们最为日常化的生活方式，简单的流量输送不足以成为用户使用媒体的理由。以多维度需求、场景精准匹配、用户自助服务为代表的共享经济崛起，媒体也从流量红利时代向存量深耕时代转型，例如通过大数据分析节省营销和到达成本，通过沉浸体验实现更好的信息消费。

二是渠道驱动转化为技术和用户驱动，传媒生态亟待重构。互联网发展的上半场，解决的是用户获取渠道从线下转移到线上的问题，通过简单、便捷的平台连接，实现了媒体和用户之间的高效对接。这只是改变了用户的信息获取渠道，并没有改变传媒行业本身。如今的互联网不再是媒介工具，也不只是简单的信息分发和关系建构的平台，而是“整个社会的操作系统”[③]，传媒业借助互联网的去中间化来提升效率的方式再也难以真正打动用户，它需要深刻感知用户需求，进行商业模式创新、产品创新和服务创新，重构媒介融合生态。

三是以人工智能、算法推送为基础的媒介技术遭遇信息茧房等传播伦理问题的困扰。大数据分析和人工智能的使用可以对用户的兴趣、行为进行深度分析，在此基础上向用户提供其感兴趣的内容，以增加用户黏性。久而久之，用户在单调甚至低俗化的信息环境中陷入信息茧房、尖叫效应的桎梏，容易形成舆论生态的“劣币驱逐良币”。技术中性不代表价值中立，工具理性也不能代替价值理性，未来的媒体应当坚持以人为本的价值方向，将媒介技术发展与人的价值进行同构。

（二）把握未来媒体发展逻辑的关键

每一种媒介都有自己的核心逻辑：聚合平台的逻辑是信息整合和分发；

---

① 凯利．科技想要什么．熊祥，译．北京：中信出版社，2011：188.

② 喻国明．互联网发展下半场：“聚变”业态下的行动路线．新闻与写作，2017（10）.

③ 胡百精．不丢根本，不断尝试前沿，成为技术层面的行动派．(2017-10-30)[2021-03-10]. http://www.sohu.com/a/201242864_113042.

搜索引擎的逻辑是影响媒体内容和流量的走向；社交媒体的逻辑是渠道分流，通过用户联结影响内容分发；垂直服务平台的逻辑是算法、基于用户画像的智能化推荐和场景化信息服务；对于微视频平台，UGC 的信息生产和话语权的降维表达，使其真正成为流量的超级入口。梅罗维茨（Joshua Meyrowitz）的社会情境论认为，媒介的变化必然导致社会情境的变化，而社会情境决定了人们的行为。[①] 媒介逻辑会对社会情境和人们的行为产生同构作用。那么，在多变、复杂的 VUCA 时代，如何从宏观上去把握未来媒体的发展逻辑？本文将从生态系统理论的视角去研究这一问题。截至 2017 年年底，A 股上市的 138 家传媒企业总市值 1.94 万亿，而腾讯和阿里巴巴的市值均超过了 3 万亿。也就是说，整个 A 股上市传媒企业市值加起来不及腾讯或阿里巴巴一家网络巨头。原因在于，腾讯和阿里巴巴都是基于内生需求不断扩张的融合型生态企业，生态内的产品和平台彼此关联度高，相互支撑、互联互通，由此带来高度的用户黏性和价值开发深度。相比之下，生态相对单一的传媒企业，其内容产品与用户之间的联结度较弱，条块分割的传媒管理体制和垂直细分的产业组织模式，导致内外部产业链中的价值流通产生障碍，难以形成协同性商业价值闭环和安全边际较高的持续性产出回报周期。[②]

本文将“媒体赋能—价值共创—媒介融合生态系统的建构”作为研究逻辑，具体探讨以下问题：媒介融合生态具有什么特点？利益相关主体之间的价值共创怎样形成？如何通过媒体赋能，促进媒介融合生态的整体协作和良性循环？可以说，在媒介发展的不同阶段，我们在观念上经历了从受众到用户、从节目到产品、从内容到关系再到场景的转变，这些都是生态观的初步体现。媒介融合生态系统的建构，需要实现多元维度的价值共创，从而实现生态系统内部的资源、能力和创新整合，最终达到媒介生产和分发的最优配置。具体而言，它需要做到以下三点：一是以技术赋能为切入点，强化新技术对传媒行业内在流程和运行逻辑的改造；二是以市场和用户需求为终点，进行经济赋能和人性化赋能，深度介入媒介生产和分发；三是打破媒介间的壁垒和边界，实现价值流通的最大化，重塑传媒生态。

二、价值共创机制下的媒介融合生态

当前多数媒体尤其是传统媒体对媒介融合的理解还有很大偏差，过于注

---

① 张咏华．媒介分析：传播技术神话的解读．上海：复旦大学出版社，2002：136.

② 陈端．区块链与文化传媒产业变革暨 2018—2019 传媒投融资研究报告．(2018-07-24)[2021-03-10]. http://www.sohu.com/a/243042354_644338.

重两端的融合，把重心放在了“中央厨房”和“两微一端”的建设之上，忽略了价值流动和用户需求这两个重要维度。融合是系统思维的产物，应当充分保证信息和价值的自由流通，以满足用户需求、促进人的社会行动的自由度为目标，创建融合生态。融合生态的核心是价值创新，即通过连接形成多渠道、多内容、多元价值之间的交叉与重叠，创造全新的资源配置方式和价值形成模式。

（一）媒介融合生态与价值共创

媒介生态是指围绕信息活动展开的，个人、媒介组织、社会以及其他利益相关者之间进行互动融合和价值交换的系统。在 VUCA 时代，媒介生态的系统规模越来越大，功能和结构也趋向复杂融合，逐渐衍变为复杂系统的架构。不确定性是复杂系统的固有特性，基于互动的适应性、单一价值向整体价值的涌现是复杂系统演化的动力①。参照复杂系统理论，媒介融合生态具有以下特点：

第一，主体多元，互动复杂。融合生态的规模庞大，具有层次性结构特点，用户平台、内容生产和分发平台、终端等构成主体（节点）的类型和数量众多、结构复杂，往往以用户为中心并具有智能性元素；主体间的关联众多，多为强弱不等的互动关系，这种互动常常是非线性和时变的，使得融合生态具有环境的动态适应性。

第二，系统开放，边界消融。融合生态是一个开放系统，与媒介环境、经济环境、政治环境、技术环境之间有信息、价值的交换。系统的开放带来的是边界的消融：首先是传媒业专业生产的边界消融，海量的用户和 UGC 内容进入传媒生产领域；其次是行业间的边界融合，传媒业与通信行业、计算机行业、金融业之间融合交叉；最后是内容与技术边界的消融，包括硬件制造商、数据服务商、中介平台在内的技术力量进入内容生产领域。

第三，技术赋能。边界的消融是建立在人工智能、大数据等技术赋能基础上的，这一现象也将伴随未来很长时间内媒体的演变过程。以大数据为例，数据信息交换始终伴随着人们的媒介使用和互动过程，也遍布在日常生活的角角落落，大量可获取的数据为研究用户、媒体乃至社会注入了直接信息来源，也是促进媒介融合生态走向持续和深入的原始动力。

第四，价值共创。在媒介融合生态下，主体间的互动关系常伴随价值流动，通过追溯价值流动的因果关系链，往往能发现因果关系多形成环形，即输出的结果又返回作为原因，使得媒介生态尤为复杂。价值共创就是在这种

① 董家奇．复杂系统中的相变与临界现象．兰州：兰州大学，2017.

环形的流动中实现的，它突破了媒介组织原有的封闭运作，开放组织边界，通过利益相关的主体间不同层次的互动形成共生关系①。此时，用户也被纳入价值共创环节②，媒体通过与用户的深度交流向用户提供个性化、精确化的产品和服务。以用户为中心，价值的创造和获取需要生态系统中更多的主体参与。因此，不应只关注媒体与用户的二元互动层面，应当面向更为广泛的服务系统和所有的利益相关者。③

（二）媒介融合生态的两个维度

1. 人与媒介的融合

“我们正在迅速地逼近人类延伸的最后一个阶段——从技术上模拟意识阶段。进化不再是千万年来生物学意义上的延伸，而是过去几十年那种信息环境的延伸。”④ 社交网络与全民传播时代的到来，推动我们进入麦克卢汉所说的人体延伸的最后阶段，将人与媒介的融合提升到了一个新的高度。虽然这一过程总是充满了争议，不可避免地伴随着人与技术的同构和异化过程，但是媒介向人性化发展的方向一直没有变。就如同莱文森（Paul Levinson）所言，一方面，“技术发展的趋势是越来越像人，技术在模仿、复制人体的感知迷失和认知模式”；另一方面，“媒介的演化服从人的理性”，“越来越人性化，越来越合理，越来越完美，人总有办法扬其长避其短”⑤。

万物皆媒、人机合一加速了人与媒介的融合，有学者将这一进程理解为人的媒介化和媒介的个人化，即“当人借助媒介技术物延伸自身的感官功能时，媒介技术物也将发挥人的认知能动性作为其技术创新的方向，进而促进和加速人与媒介的融合，形成人与技术物的功能复合”⑥。一方面，媒介的个人化趋势加速发展，表现为各种自媒体的传播形态，其核心在于用户具有信息分享的空间，使得传播内容、传播方式都具有了个性化风格，这也打破了既有的以媒介组织化为中心的传播生态平衡；另一方面，人的媒介化更加凸显，用户可以随时随地获取信息，充分地与他人沟通、互动、分享，这种跨

---

① KOHLI R，GROVER V. Business value of IT：an essay on expanding research directions to keep up with the times. Journal of the association for information systems，2008，9 (1).

② SARKER S，SARKER S，SAHAYM A，et al. Exploring value cocreation in relationships between an ERP vendor and its partners：a revelatory case study. Mis quarterly，2012，36 (1).

③ 简兆权，令狐克睿，李雷．价值共创研究的演进与展望：从“顾客体验”到“服务生态系统”视角．外国经济与管理，2016 (9).

④ 麦克卢汉．理解媒介：论人的延伸．何道宽，译．南京：译林出版社，2011：序言．

⑤ 莱文森．软利器：信息革命的自然历史与未来．何道宽，译．上海：复旦大学出版社，2011：3.

⑥ 曹劲松．现代传播中的人与媒介融合．南京社会科学，2014 (8).

时空的交流和强烈的主观体验成为个人媒介化的内在动力。在这个过程中，用户及其个性化的需求也就成为各种传播通道的核心，成为信息传播链条的重要发起者和归宿。依据数据分析和算法推送技术，个体数据画像不仅成为人的媒介化的客观呈现，也成为虚拟环境和现实环境的有机叠加形态。

在未来的传播格局中，各种媒介越来越多地将自身建立在与用户的关系中，人与媒介的一体化，也将促进人人平台、人物平台的有效融通，对既有的信息生产格局和传播秩序带来革命性的影响，并以此重构社会关系。

2. 内容与关系的融合

移动化和社交化将创造新的商业模式，使未来的媒体内涵更加丰富，表现形态更加多样，在主体结构、运营方式、传播模式和产业布局等方面表现出更强的开放性、互动性和无处不在的渗透性。媒体应当主动适应用户对社会交往的新需求，认识到关系建设对媒体运营的重要价值。

在传统媒体不断陷入生存危机、新媒体层出不穷的时代，已经走过 20 多个年头的腾讯 QQ 为什么依然吸引年轻人？在 2018 腾讯全球合作伙伴大会上，腾讯公司给出了答案："内容与平台相融合、兴趣和社交相融合、科技和文化相融合是 QQ 能够保持年轻的三大法宝。"[①] 通过"内容＋平台"的模式，QQ 将优质内容与平台巨大的流量优势相结合。以 QQ 看点为例，它将兴趣作为内容生态的指向标，基于 QQ 平台海量用户和关系链，有效实现了游戏、二次元动漫、明星、极限运动、时尚美妆、黑科技等年轻用户最喜爱的内容与用户兴趣的精准匹配。在 QQ 看点超过 1 亿的日活跃用户中，"95 后"用户接近 70%。这种内容社交的玩法，让 QQ 看点中的内容既有用户选择又有算法推荐，最重要的是还有社交关系，它们都在关注流里承载。QQ 看点还在兴趣的基础上引入了社交关系链，消息通知互动、评论互动、话题互动等互动行为让用户获取内容的体验更加多元化，进一步提升了内容的价值。这也是 QQ 从单一的即时通信产品走向大的融合生态的逻辑。

可见，社交化是未来媒体发展的重要方向，它要求在内容产品中设计更多的社交元素和关系黏性，使得关系成为内容生产和传播的新动力[②]。但对传统媒体的转型来说，要在自己的产品里实现内容与社交的深层融合，还有很多障碍，问题的核心在于社会资本的缺失。社会资本是行动主体通过社会联系摄取稀缺资源的能力[③]，从本质上说，内容与关系的融合是媒体社会资

---

① 李文瑶．腾讯 QQ 布局年轻内容生态 让内容与社交彼此赋能．(2018-11-03) [2021-03-10]. http://tech.gmw.cn/2018—11/03/content_31892594.htm.

② 彭兰．传统媒体转型的三大路径：移动化、社交化、智能化．新闻界，2018 (1).

③ 边燕杰，丘海雄．企业的社会资本及其功效．中国社会科学，2000 (2).

本的建立和经营。一方面，社会资本的扩张会产生网络效应，降低媒体建立和维护社会关系的成本，降低用户寻找和使用媒体的“费力程度”。正如克莱·舍基（Clay Shirky）在《人人时代：无组织的组织力量》中所说：“我们已经被戏剧性地联系在一起。我们显露出来的自身信息极大地增加了社会可见度，使我们更容易找到彼此。”[①] 另一方面，社交化使得媒体可以获得更具市场价值的优质社会资本，在用户中形成具有共同兴趣、行为特征和价值观的虚拟社区，即滕尼斯（Ferdinand Tönnies）所说的“生活共同体”[②]，促进“注意力经济”向更为精准、用户黏度更高的“粉丝经济”发展。“粉丝经济”为碎片化后的电视观众提供了重新聚合的可能，媒体和广告主也可以据此进行更为精准的受众细分。

三、深度赋能——价值共创与融合生态的保障

赋能的原意是指个体或者组织对客观环境与条件拥有更强的控制能力以取代无力感的过程[③]，人们可以通过正式或非正式的组织实践活动来提升自我效能[④]。在互联网经济时代，赋能成为互联网企业发展的新名词，阿里巴巴提出自己“不是电商公司，而是赋能中小企业”，腾讯提出“链接一切，赋能个人”，京东提出“零售赋能”新战略……在这里，赋能指的是去中心化的主动离心发展，即利用互联网扁平化的特点，打破垂直管理的局限，通过资金、技术、市场、管理、渠道、人力、知识产权等维度的赋能，建立联结，激发用户潜能，关注长尾市场，延展企业的产品和市场体系。

赋能的最终目标是构建完善的生态系统，它将通过人与媒介的融合、内容与关系的融合深度嵌套市场和生活，从而形成以价值共创为目标的融合生态。本文认为，要持续地推动媒体的价值创新，单一的赋能手段难以实现，必须从技术、经济、人性化等不同的维度进行整体安排，促进媒介融合生态内部形成整体性协作和良性循环。

（一）技术赋能：对媒体内在流程和逻辑的改造

20 多年前，尼葛洛庞帝（Nicholas Negroponte）把人们对网络内容的自

① 舍基．人人时代：无组织的组织力量．胡泳，等译．北京：中国人民大学出版社，2012：2.

② FUKUYAMA F. Social capital and civil society.（1999-11-10）[2021-03-10]. http://www.imf.org/extenal/pubs/ft/seminar/1999/reforms/fukuyama.htm#I.

③ PERKINS D D，ZIMMERMAN M A. Enablement theory，research，and application. American journal of community psychology，1995，23（5）.

④ CONGER J A，KANUNGO R N. The empowerment process：integrating theory and practice. Academy of management review，1988，13（3）.

由选择称为创办一份“我的日报”[①]。今天，海量的数据资源推动了算法和人工智能进入传播领域，尼葛洛庞帝关于个性化信息推送的想法得以实现，“数字化生存”转变为“计算化生存”。在人工智能领域，未来学家库兹韦尔认为，伴随着基因技术、纳米科技、机器人技术指数级的发展，2045 年之前人工智能就能达到一个临界点。他借用数学家乌拉姆（Stanislaw Ulam）提出的“奇点”来描述这个临界点。库兹韦尔指出，跨越奇点，人工智能将超越人类智慧，超越我们无法想象的人的生物极限。“当这一刻来临，人类的身体、思维、文明都将会面临翻天覆地、无可扭转的剧变。”[②]

随着移动互联网、社交媒体、大数据、云计算等技术的普及应用，人工智能开始大范围进入传媒领域，推动媒体向人机合一、自我进化的方向发展。英国路透社在 2018 年发布的调查报告《新闻媒体的技术趋势和预测》显示，有 71%的媒体管理者表示，他们已经将人工智能看作一种更有效率的创作和发布内容的方式[③]。新华网融媒体未来研究院发布的《智能编辑部发展报告》指出，智能编辑部将成为未来媒体运行的核心引擎。以智能化技术为基石、以人机协作为特征、以提升内容生产传播效率为目标的智能编辑部形态，将成为媒体的发展方向。[④] 报告指出，智能编辑部的引入是媒体的迭代升级，而不是完全代替记者和编辑；它不是媒体工具性的运用，而是媒体运行的底层支持，主要面向媒介融合生态下媒体的资源整合和最大化利用。目前，新华社的快笔小新、腾讯的梦幻写手、今日头条的张小明、《纽约时报》的 Blossom、《泰晤士报》的 Jams 等都初步实现了智能编辑部的功能，它们在底层驱动内容生产者的技术嵌入，实现人机协同生产。从智能编辑部的生产流程来看，人工智能已逐步赋能到媒体的全生产环节——选题策划、信息采集、新闻生产、个性化分发、沉浸体验、效果反馈等，大幅改造了媒体的内在流程和运行逻辑，提升了媒体的生产和传播效能。

首先，人工智能改变了媒体获取内容的方式。人工智能所能识别和处理的数据已经由原先的结构化数据，扩展到包括物联网设备和各类传感器所产生的非结构化数据，这些数据人类无法直接识别和处理，却蕴含着巨大价值[⑤]。通过借助人工智能抓取、分析长时间跨度的数据，媒体甚至可以洞察事物的发展规律，研判其发展趋势，由此超越时空限制，延伸新闻价值。

---

① 尼葛洛庞帝．数字化生存．胡泳，范海燕，译．海口：海南出版社，1997：181.

② 库兹韦尔．奇点临近．董振华，李庆诚，译．北京：机械工业出版社，2016：3.

③ 参见 Nic Newman：Jornalism，Media，and Technology Trend and Predictions（2018）一文。文中涉及的调查是 2017 年 12 月由 194 人完成的一项封闭调查。被选中的参与者在传统或数字出版公司中担任高级职位（编辑、商业或产品），并负责数字战略等方面的工作。

④ 何慧媛，贺俊浩．人工智能时代媒体如何创新转型．中国记者，2017（4）.

⑤ 王成文．人工智能将对媒体业带来哪些变革．中国社会科学报，2018－04－27.

其次，人工智能改进了新闻生产和分发方式。早在 20 世纪 60 年代，基于对新闻报道准确性、客观性的追求，美国学者、记者迈耶（Mayer）就提出了精确新闻理论，主张记者借鉴社会学中的田野调查、内容分析等方法完成新闻报道。人工智能在极大程度上发展了精确新闻的理念，它通过对用户的人口统计学特征、社交关系、不同客户端的使用行为以及消费能力等变量进行分析，将特定信息的内容结构、语言风格进行重新整合和自动匹配，制作成符合用户的兴趣和接受特点的差异化的稿件，实现真正意义上的对象化生产。此外，借助高效的自然语言生成引擎和算法，人工智能还可以以记者数据模型为基础生产带有记者风格烙印的稿件。

最后，人工智能推动新闻事实核查的开展。信息爆炸和自媒体新闻的井喷，不可避免地带来了假新闻的泛滥。企鹅智酷发布的《2017 中国新媒体趋势报告》表明，有 56.1%的用户对自媒体内容的真实性和质量表达了明确的担忧①，社交媒体时代比以往任何时候都更迫切地需要新闻回归事实。由于信息量与信息传播速度大大超出了人工核查的能力范围，因此，基于人工智能和大数据技术的计算机自动事实核查成为近几年媒体发展的热点。目前比较典型的新闻事实核查工具有 Storyful 的 Newswire、《坦帕湾时报》的 PolitiFact、《华盛顿邮报》的 Fact Checker、英国第四频道的 The FactCheck Blog，以及脸谱网的 Fact-checking。它们的事实核查主要包括两部分：一是来源核查，即对信息发布者的地理位置、IP、发布网站的域名等进行识别审核；二是内容核查，即主要通过自然语言处理抓取文章的核心语义，通过核查算法将其与人工智能抓取的其他网站信息进行比对分析，从而判断信息的真实性和有效性。

（二）经济赋能：创新价值共创和价值变现模式

面对 VUCA 时代海量的 UGC 创作、纵横交错的互动关系、复杂多元的价值流通，当前的媒体市场缺乏公正高效的数据交换，缺乏用户的普遍价值认同，信用背书价值高昂。实际上，用户在媒体消费场景中的互动行为和社交圈中的情感蕴含着大量的价值，这些价值具有变现的可能。借助区块链和通证经济，可以将价值数据化、数据资产化、资产证券化，为海量、复杂的媒介互动过程中的价值量化和价值变现提供新的渠道，为媒体的内容消费提供一种新的经济赋能机制。

媒介融合生态中的作品，不论是来自专业媒介组织还是用户个体，也不

① 2017 中国新媒体趋势报告．(2017-11-17)[2021-03-10]. https://www.sohu.com/a/205157697_100019887.

论是微视频、网红直播还是表情包和图片，互动的数量和频率都呈几何级数增长。与之俱来的是媒介消费习惯的变迁——人们更愿意为这些内容付费——这就带来了数字资产的生成、登记、确权、定价，以及运营和变现的问题。而现有的交易平台又存在市场壁垒、变现渠道单一、交易的暗箱操作、隐私泄露问题。区块链的去中心化、开放性、自治性、匿名化和信息不可篡改等特性，则有助于实现作品的数据共享和隐私保护，并可以利用人工智能实现营销和变现策略的优化。区块链在传媒领域的本质应用在于重塑社群生态。未来内容的生产越来越用户化、社交化、资产化，传媒产业生态与外部商业生态和社会生态之间呈现出更加无缝融合的态势。区块链的社群效应强于互联网效应，有助于媒体和个人进行数字资产的上传、确权、存储、分发和追溯交易，帮助作者和投资者更好地实现价值变现。因此，区块链被看作未来媒体价值共创的技术载体，它为融合生态提供了一个稳定的、可以信赖的秩序。

通证经济是指基于区块链加密技术和智能合约等底层支撑，任何个人、组织、机构都可以基于自己的资源和服务能力发行权益证明。也就是说，一个媒体或平台发行的通证，可以出售给它的用户、投资者或广告商，用于打赏作者、购买广告位等业务场景。基于社交媒体时代广泛的使用需求，通证虽然不是官方货币、不上交易所，但依然可以实现一定范围的流通，只要流通就会形成价格。“这恰恰可能成为突破传统媒体内容 IP 与用户之间黏性短板的重要抓手，通过稳定社群生态体系和共享价值平台的打造也可以对冲传媒投资单体项目风险加大的趋势。”① 这就为未来媒体中的互动价值开发和商业模式创新提供了充足的市场潜能，可以保证在高频互动中为社群成员提供更具黏性也更为多元的价值回报、价值共享与价值互换。

（三）人性化赋能：让媒体更安全、更道德

科幻小说家刘慈欣在《诗云》中讲述了一个外星人摧枯拉朽般征服地球的故事，当所有的人类文明在能够进行高维计算的外星文明前不堪一击的时候，为人类保留最后一点尊严的是诗歌。刘慈欣借助诗歌表达了人类对技术时代的恐惧，也寄托了作者内心深处对人类文明传承和发展的情愫。

如同尼葛洛庞帝所言：“计算不再只是和计算机有关，它决定我们的生存。”② 对媒体的技术赋能不仅带来了媒体运行的高效和到达的精准，还会影

---

① 陈端．区块链与文化传媒产业变革暨 2018—2019 传媒投融资研究报告．(2018-07-24)[2021-03-10]．http://www.sohu.com/a/243042354_644338.

② 尼葛洛庞帝．数字化生存．胡泳，范海燕，译．海口：海南出版社，1997：18.

响到人类的生存和发展。例如，伴随着个性化算法的常见话题是信息茧房，桑斯坦（Cass Sunstein）用它来形象地描述传播过程中的选择性心理问题。在他看来，尼葛洛庞帝提出的“我的日报”意味着人们只选择能够愉悦他们的信息①。在一定程度上，信息茧房是算法的原罪，“因为算法，人们以一种幸福的方式被奴役，逃脱算法，可能会失去算法带来的担保以及安全的环境”②。算法的偏见和歧视会强化人们对社会资源和地位的限制，会在数据层面对偏见加以正名，从而固化社会结构。

基于人工智能的分发算法使用户容易陷入信息茧房的困境，基于协同过滤的推荐算法将用户置入选择的黑箱，基于时序流行度的算法又容易加大“黄色新闻潮”复活的风险③。人工智能的结构性缺陷和算法推荐的偏见决定了传播伦理无法通过纯粹的技术问题加以解决，媒介生态的平衡需要以一种人性化赋能的方式加以系统矫正，即要明确人类价值观在技术系统中的原则和尺度，让未来的媒体更安全、更道德。

彭兰认为，要解决个性化算法对人的围困，在进行算法设计时就要深入理解人的行为与需求的矛盾，例如稳定性与流动性、惯性与猎奇、悦耳与刺耳的对立统一。她指出，算法分发的最终目的并不是到达，而是契合用户的心理落点，将内容与用户的深层关联作为传播的动力，找到融合生态下内容与其他产品的关联。④ 既然技术爆炸的时代媒体和社会的变革不可避免，那么人类也没有必要将其看作洪水猛兽，否则就会重蹈当年英国“红旗法案”对于汽车工业的毁灭性打击的覆辙。未来媒体的发展，需要在人类与算法之间寻找一种动态的平衡，它往往表现为复杂和反复协商的过程，以期解决决策过程中的信息“推拉”⑤ 问题。

基于在人类与算法之间寻求平衡的思想，科学家提出了混合智能的概念。因为计算机和算法虽然在搜索、计算、分发等领域非常高效，但是在感知、推理、归纳等高级认知功能上还远不及人脑，人工智能还处于初级智能阶段。混合智能能够以生物智能和机器智能的深度融合和协同工作为目标，通过互联互通机制，建立兼具生物智能体的环境感知、记忆、推理、学习能力和机器智能体的信息融合、搜索、计算能力的新型智能系统。库兹韦尔认为：“融

① 桑斯坦．信息乌托邦：众人如何生产知识．毕竟悦，译．北京：法律出版社，2008：8.

② 齐泽克评脸书泄密门：我们要幸福地被操控吗．(2018－04－03)［2021－03－10］. http://mp.weixin.qq.com/s/4XqYOVKoWCBOjEn8_VYj7A.

③ 陈昌凤．个性化新闻推荐算法的技术解读与价值探讨．中国编辑，2018（10).

④ 彭兰．假象、算法囚徒与权利让渡：数据与算法时代的新风险．西北师范大学学报，2018（7).

⑤ BENNETT L，SEGERBERG A. Yunkang yang：the strength of peripheral networks：negotiating attention and meaning in complex media ecologies. Journal of communication，2018（4).

合生物智能优势与人工智能优势，其力量将极为强大。"[①] 斯坦福大学发布的《2030 年的人工智能与生活》中，将人机相互补偿和增强的智能协同系统列为未来人工智能发展的重要趋势[②]。2017 年，800 多名人工智能和机器人领域的专家在 Beneficial AI 会议上共同签署了《阿西洛马人工智能 23 条原则》，并呼吁全世界在发展人工智能的同时严格遵守这些原则，以保障人类未来的伦理、利益和安全。该原则明确了人工智能的研究目标应该是创造有益于人类而非不受人类控制的智能。[③] 这一事件也反映出人类对于技术的人性化和伦理化发展的期待。

哲学家鲍尔格曼（Albert Borgmann）从"人-技术-世界"这一角度来看待技术，他强调人的主体性和社会的建构性，认为人可以通过经济、政治、文化和社会等实践手段改变和控制技术的可能性[④]。根据鲍尔格曼的观点，在对未来媒体的研究范式中，媒体既不能被概括为对人的绝对统治，也不是之前被认为的一般的物质媒介，而是处在不断地与人类的价值规范进行同构的过程中，是一种生态学视野下的有机整体。

---

① 库兹韦尔．奇点临近．董振华，李庆诚，译．北京：机械工业出版社，2016：13.

② Stanford University：artificial intelligence and life in 2030. ［2021 - 03 - 10］. https://ai100. stanford.edu/sites/default/files/ai _ 100 _ report _ 0831fnl. pdf.

③ 中国科学院．2017 高技术发展报告．北京：科学出版社，2017.

④ BORGMANN A. Technology and the contemporary life，a philosophical inquiry. Chicago & London：University of Chicago Press，1984：104 - 105.

第二部分

融合新闻创新报道案例

新华社“请回答 2018”

一、案例介绍

为纪念改革开放 40 周年，新华社联合今日头条推出“请回答 2018”线上线下互动主题活动。活动以改革开放 40 年来中国人衣、食、住、行的变化为叙事切口，以能够反映时代变迁的特定人物为观察视角，全面展现了我国改革开放 40 年来取得的重大成就、发生的历史性变革。

“请回答 2018”特别策划是新华社第一个线上话题与线下实体店并行的主题活动，在网上网下引起强烈反响。据统计，该活动在今日头条的＃请回答 2018＃话题阅读量达 8 100 万，累计播放 1 300 万，评论数近万条；在抖音的＃请回答 2018＃话题阅读量达 600 万次。在今日头条、抖音上，＃请回答 2018＃话题阅读播放累计超过 1 亿次。在北京西单大悦城的线下活动中，4 天总参与人次超 1 万。

请回答——案例短视频作品 1

请回答——案例短视频作品 2

在“请回答 2018”活动中，新华社全媒编辑中心负责线上线下内容的选取和呈现，今日头条负责线上终端的维护和线下展馆的搭建，活动的传播运营则由双方依托自身报道平台共同负责。

线上活动于 2018 年 12 月 10 日发起，新华社利用自己丰富的照片资源，选取能够体现老百姓 40 年来生活变化的照片制作成短视频，并发布在新华社官方抖音账号中。短视频中所展示的照片选材均围绕着百姓的鲜活日常，包括冬日里的棉袄棉裤（见图 1）、食物的变迁、交通工具的升级等等。与此同时，新华社还邀请了一些抖音达人上传与改革开放 40 周年相关的短视频，并在今日头条系列平台上发起＃请回答 2018＃的讨论主题，号召网民们拍摄相关话题的短视频参与互动。

图 1　抖音短视频

线下活动（见图 2）于 2018 年 12 月 15 日至 12 月 18 日开展，新华社和今日头条在北京西单大悦城设计搭建“请回答 2018”快闪店。活动基于照片的经典程度、还原场景的可行性以及照片背后的历史意义，以 20 张精心挑选的照片为主，搭建了五个主要场景：大学迎新站、1 路公交站牌、照片冲洗暗房、艳丽美发厅、小霸王游戏机。同时，各个场景中还对应展示了凤凰牌自行车、“高压锅烫发设备”、“公交婚车”等富有时代感的老物件。每一个场景站都设有印章打卡点，快闪体验者在打卡完所有场景后，可以将集满印章的明信片邮寄出去。在线下展览的同时，新华社还通过官方客户端、新浪微博等平台对快闪活动进行了现场直播。

图 2　线下活动

在纪念改革开放 40 周年 · “请回答 2018” 主题活动中，新华社通过线上引流线下，线下反哺线上，提升了用户的积极性和参与度，扩大了报道的传播力和影响力，为庆祝改革开放40周年营造了良好的舆论氛围，实现了主流媒体在重大主题宣传报道语态、形态、样态等方面的创新突破。

二、访谈实录[①]

问：请问当时“请回答2018”是在何种背景下策划出来的？怎么会想到运用线上线下同步的方式呢？

答：改革开放40周年是2018年的报道重点。各家媒体都使出了浑身解数，期望在“全程媒体、全息媒体、全员媒体、全效媒体”的全媒体时代发出自己的声音。在这样的背景下，新华社开始思考以何种方式才能在互联网时代有效地传达我们的声音，发挥国家通讯社在舆论引导中的积极作用，助力改革开放40周年宣传报道。

新华社是国家通讯社，积累了大量的、珍贵的、独家的报道资源和资料，是一个宝藏，开发利用好现有资源，势必会吸引无数粉丝来探宝。我们在线上发起了征集活动，一方面将新华社报道中的细节故事重新剪辑放大，持续发布作品，形成话题热度；另一方面吸引粉丝参与，引导他们去发现生活中与改革开放40周年有关的素材，关注新华社的报道。

我们发现，年轻人对线下展览的接受度越来越高，于是我们就借助这种形式，还原了新华社照片和报道中的场景，集中展示给大家，可触摸、可互动，打通线上线下，从而达到“1＋1＞2”的效果。

问：“请回答2018”的主要筹备经过是怎样的？主要负责人和参与人员有哪些？

答：“请回答2018”由新华社全媒编辑中心和今日头条联合主办，新华社全媒编辑中心主要负责线上线下内容的选取和呈现，今日头条负责线上终端的维护和线下展馆的搭建，双方利用自己的报道平台，共同负责活动的传播运营。

问：“请回答2018”在筹备和制作过程中同日常普通报道有什么不一样的地方？这种不一样的地方取得了什么效果？

答：其一，从小切口选材。我们这次所有的选材，都围绕着个人的生活，先将一个个鲜活的生命，从时代的大潮中突显出来，再讲每个人生活的变化。

---

① 受访者为新华社总编室王清颖，采访时间为2019年12月11日，采访方式为电子邮件采访。

这样，消除了年代分裂感，让受众觉得有趣亲切。比如，我们选择了 1977 年的北大迎新站的照片作为第一个场景，恢复高考这一重要历史事件，被轻量化地呈现了出来。

其二，突出新华社元素。新闻报道需要用事实说话，新华社很少出现在大众视野中。这次活动将新华社的品牌打了出去，很多人在参观活动后，会发出“原来这些都是新华社的报道”的感慨，也有很多人会到网上搜索新华社关于改革开放的报道或者“请回答 2018”线上活动来了解更多详情。

问：作为主创人员，您认为“请回答 2018”最大的创新之处是什么，为什么？

答：让新华社的报道、照片和视频变成实物，更加形象地呈现在受众面前。以前做报道，呈现出来的都是文字、图片或者视频，但这一次新华社通过搭建场景，拉近了受众与报道内容的距离，增加了报道的互动性和体验效果。

问：“请回答 2018”中让主创人员印象最深的制作经历是什么？

答：印象最深的是内容生产过程中的报道材料筛选。“请回答 2018”线下活动场景主要基于新华社的老照片，照片的筛选工作量非常巨大。筛选工作主要考虑了三个标准：(1) 照片的经典程度；(2) 还原场景的可行性；(3) 照片背后的历史意义。

我们先是筛选出了近百张经典照片，进行分类，在线上活动中利用“图片可视化”的手段，呈现一部分内容；在线下活动中，又精心挑选了 20 张照片，还原了 5 个主要场景。

问：“请回答 2018”的反响如何？或者收到了哪些重要的反馈或评价呢？

答：在线上线下反响都不错。线上活动的总浏览量超过 1 亿，线下展览的参观人数突破 5 000 余人次。特别是在线下活动中，许多观众对我们这次活动做出了肯定。很多观众表示，国家通讯社能够设计如此接地气的活动，令人耳目一新，他们能从中感受到岁月留下的痕迹，觉得很有趣。

问：在专题报道活动完成之后，有没有媒体在类似的题材中学习借鉴“请回答 2018”的模式呢？您觉得复制这种模式存在怎样的难点？

答：暂时没有看到复制的案例。我觉得我们这种模式，主要还是要从媒体自身的资源优势出发，围绕报道话题对内容进行设计，这样才能让这种线上线下联动的模式富有报道意义。再者就是，要线上线下联动运营，让网上网下形成良好互动，扩大用户的覆盖面。

问：在这篇（系列）报道面世后，作为主创人员，您认为其中最大的遗憾是什么？为什么？

答：我觉得如果有遗憾的话，那就是线下活动的空间有限，容量有限，我们其实还有很多好的报道和照片，难以在有限的时间、空间内展示。另外，我们线下活动的环节设置，如果时间、空间允许，可以设计得更加细致。

三、案例评析：主流媒体重大主题宣传报道的创新与突破

新华社策划的纪念改革开放 40 周年·“请回答 2018”主题活动以精心挑选的内容搭配创意十足的呈现方式，让抽象的宏大主题更具感召力，让厚重的历史变迁更加真实可感，是主流媒体在重大主题宣传模式和样态上的一次创新实践。具体而言，这一新媒体创新案例为主流媒体在全媒体时代做好新闻舆论工作提供了宝贵的经验。

（一）遵循互联网传播规律，创新报道传播模式

在“请回答 2018”主题活动中，新华社适应当前传播格局和舆论生态的变化，创新运用线上线下联动模式，以文字、图片、短视频、直播等形式，展现活动的不同节点、精彩亮点和传播高点，不断造势升温，打破以往稿子发出就结束的传播模式，持续发挥活动的热点效应，在网上网下均取得了良好的传播效果。通过报道模式的创新，新华社将抽象的宏大主题报道以新颖的形式呈现给受众，实现了从一次传播到裂变传播的升级再造。

（二）依托自身优势资源，精心完成内容制作

专业的策划能力和丰富的素材资料，是传统媒体在长期的新闻实践中积累下来的宝贵资源。新华社利用自身照片档案馆中宝贵的独家照片资源，围绕中国人的衣、食、住、行，筛选出具有代表性的照片制作成短视频，并搭建了线下快闪活动体验馆。“请回答 2018”主题活动以个体的鲜活日常作为叙事切口，用轻量化的呈现方式带领受众回忆改革开放 40 年来百姓生活、工作等各方面的变化，让受众在感受时代变迁的过程中提升了获得感和幸福感。

（三）提升报道受众体验，有效凝聚舆论共识

新华社通过邀请网民上传与中国改革开放 40 年变化相关的视频、图片、文字等，参与线上话题＃请回答 2018＃的互动，让老百姓自己讲述自己的故事，在提高受众参与度的同时，也增加了主题活动内容的层次性和真实性。此外，“请回答 2018”的线下活动配合改革开放 40 周年报道热度，将新华社

老照片经典场景与当下流行的抖音、Faceu 科技玩法相结合，戳到了用户的泪点、笑点和燃点，触动了受众对 40 年间变化的真实感受，满足了普通人追溯过往、展望未来的诉求。新华社线上线下的互动环节设计拉近了百姓与主题活动的距离，使受众在互动体验中产生情感共鸣，是一种有效引导舆论的报道方法。

（四）积极开展跨界合作，实现互联网生态共赢

在“请回答 2018”主题活动中，新华社与今日头条合作，从渠道平台、制作团队、展现场景等多方面，整合内外部优势资源，实现了传统媒体与新兴媒体的深度融合。这种跨界合作一方面发挥了新华社在重大主题报道中的创意策划优势，另一方面充分利用了互联网平台的传播优势，扩大了重大主题报道的用户覆盖面，将生产优势与渠道优势相结合，提升了重大主题报道的传播力和影响力。

虽然由于空间的限制，线下体验馆搭建未能将所有精心挑选的照片都还原出来，但新华社在纪念改革开放 40 周年的背景下推出的“请回答 2018”主题活动，以线上线下联动的模式，集互动性、体验性、真实性于一体，为主流媒体做好重大主题报道提供了值得借鉴的范例。

央广网《习声回响》

一、案例介绍

创新时政专栏《习声回响》是中央广播电视总台央广网一档固定的融媒体报道专栏，以习近平总书记重要会议、会见、考察、调研、出访、演讲等权威原声音频为基础，依托PC端、客户端、微信、微博等平台同步全方位、全媒体创新开展报道，形成了包含图解、H5、微视频、数据库、小程序等的全媒体产品矩阵。栏目充分利用好习近平总书记讲话的原声音频，通过精细化剪辑与包装，以声音为主角，以新媒体为呈现平台，主打音频，特色鲜明，定位独特，将国内报道鲜有的习近平总书记讲话原声音频通过新媒体渠道推送，聚焦主题主线，全方位、多层次、多媒体地开展宣传报道。

在融媒体报道产品专栏基础上，《习声回响》栏目创新发力移动传播，不断探索栏目表达形态的可能性，尝试用“图解＋H5＋声漫＋微视频”等新形态，打造“准”“新”“微”“快”新闻精品，逐渐构建起《习声回响》的新媒体产品矩阵。

2018年，《习声回响》专栏将创新的触角延伸到移动端“微”传播、“暖”传播，以小板块、小栏目的形态进行传播。如春节期间推出的《习声回响|温暖聆听》系列H5产品，梳理了习近平总书记历年来最暖心、最动情、情系百姓衣食住行的暖人金句原声，创新解读了习近平总书记的“人民情怀”。在2018年系列重大节点，《习声回响》专栏围绕全国两会、上海合作组织青岛峰会、马克思诞辰200周年纪念日，以及五一国际劳动节、五四青年节、六一儿童节、端午节、建党节、建军节等重大节点节日，推出了一系列主题策划H5产品，这些产品形式多样，主题鲜明，深入浅出、贴近生活地将习近平总书记关于改革发展稳定、内政外交国防、治党治国治军的重要思想传播给广大互联网受众。

与此同时，央广网继续创新报道形式，推出独家特色专栏“CNR 声漫”。“CNR 声漫”作为《习声回响》专栏的一个固定产品形态，在全国两会、博鳌亚洲论坛、首届数字中国建设峰会、上海合作组织青岛峰会、金砖国家领导人会晤等重大主题报道中均应时推出，受到广大网友高度评价。

2018 年 6 月，中央广播电视总台策划的全新音频新闻早听栏目《嗨！七点出发》中设置了子栏目《每日一习话》，每日选取一句习近平总书记在文章、讲话、著作中引用的经典名句，结合引用名句的新闻背景，解读习近平总书记治国理政中的重要讲话、理论和实践。该子栏目创办半年，初级用户即超 1.2 亿，是一次移动优先、传统媒体与新兴媒体深度融合的有益尝试，真正做到了习近平总书记重要思想和风采“天天见、天天新、天天深”。

2018 年，《习声回响》专栏还开创了全新的原声动漫微视频形态，如在庆祝新中国成立 69 周年和庆祝中国改革开放 40 周年报道中，推出了系列原声动漫微视频，用原声手绘动漫微视频的呈现形式，选取习近平总书记金句原声，配以精心设计的动漫微视频场景，每一段字幕、原声话语与视频画面所展现的内容均准确贴近用户欣赏习惯，使时政新闻报道鲜活、生动、具体，让广大网民在轻松愉快中喜闻乐受。

《习声回响》专栏创办至今，各平台累计阅读量超过 5.3 亿，受到中共中央宣传部（中宣部）、中共中央网络安全和信息化委员会办公室（国家网信办）等上级领导部门高度重视。同时，中秋节特别策划《月是故乡明 人是家乡亲》、建党节特别策划《中国共产党人的“精神密码”》和《庆祝改革开放 40 周年系列微视频》等多期产品被学习强国平台、央视网、国际在线、人民网、中国网、中国经济网、中国日报网、中国新闻网、中国青年网、中国军网、中国西藏网、中国台湾网、南方网、中国江苏网、广西新闻网等中央重点新闻网站和地方新闻网站转载推送，今日头条、腾讯、百度、搜狐、网易、新浪等商业网站及新闻客户端纷纷置顶推荐。

以《习声回响》下属子栏目《每日一习话》为例，专栏自 2018 年 6 月 1 日开办以来，在今日头条等平台引发网友强烈反响。截至 2018 年 12 月 31 日，在今日头条上，触达用户超 1 亿 2 000 万人次，总阅读量超 3 400 万，篇均阅读量高达 15.7 万。从点击规律看，重大时间节点期间发布的微头条阅读量较高。如上海合作组织青岛峰会期间发布的习总书记讲话内容“大道之行，天下为公”，用户点击近百万；国庆节、父亲节等节日点击量也均超 50 万；改革开放、脱贫攻坚等重大主题，也备受关注。热心网友评论称：习总书记引用的典故，既有历史渊源，也有现实依据；听习总书记一“习”话，胜读十年书；为人民的好主席点赞；紧密团结在以习近平同志为核心的党中央周围奋勇前进；等等。

二、访谈实录[①]

问：请介绍一下《习声回响》的选题背景。

答：央广网以做音频见长。我们也有声音库的概念。《习声回响》这个品牌最早的时候是关于总书记的报道。中共十八大以前，时政报道的东西都是在传统媒体上做，不管是像报纸、电视还是像广播。但广播从“中国之声”上一次改版之后，开发了很多创新式时政报道的形式。一个典型的特点，就是把总书记在报道里面的原声在广播里面呈现，这些年就一直沿用下来了。后来因为原来的中央人民广播电台依托于广播做了一些创新性的工作——最早的时候是 2015 年的时候，总书记第一次去美国访问时，“中国之声”会在美国录一些数据，包括跟奥巴马访谈的原声——于是我们就把关于总书记在美国的一些报道，包括他当时的演讲的原声，通过新媒体端呈现，当时领导起了名字叫《习声回响》。最早它只是一个微信上的报道的挂栏，后来我们逐渐发现这个市场反响尚佳，我们就把它做了进一步的升级，包括后来这几年的很多的原声的呈现，我们都统一放在了《习声回响》。后来我们做了一个项目，就是建了一个《习声回响》的音频数据库，将总书记自中共十八大以来所有日常报道的音频整个进行了梳理，然后入库、打码、做标签，做了这么一个数据库，进行分类。然后在数据库的基础上，就很容易做一些检索类的工作或分类系统。比如现在要做一期关于习近平谈青年的主题，我们就能直接在数据库里面“抓”出他曾经谈到青年的那些讲话，然后继续对这个东西进行二次的加工和处理。这个就是后来做的《习声回响》的各种各样的新媒体产品，包括一些 H5 和短视频的形态的基础。

问：除了短视频，还有其他的产品形态吗？

答：还有 H5 类的，今年还做了一些短音频和音频类。

问：发布的平台都是央广网吗？

答：全平台，包括微信、微博和学习强国，以及总台的央视频等等。基本上我们从 2018 年开始就重点主打一些重要节点的策划，大多数做短视频，包括像春节、青年节、六一儿童节、七一建党节、八一建军节、十一国庆等这些节点。比如说 2019 年春节期间，总书记的思想不能断，宣传不能乱，于是我们就提前策划了一些东西，然后在春节期间每天推一期。今年的春节应

① 受访者为央广网《习声回响》相关主创人员，应访谈对象要求，匿名处理。采访时间为 2019 年。

该还会接着做，换一个角度，然后继续做这个系列的产品。

问：动漫微视频大概是什么样的？

答：央广网有一个弱势，它是广播媒体。央广网也是从广播媒体起来的，它其实没有那些素材库，所以我们只好原创一些素材来做。因为我们没有权限拿画面的素材，我们没有资源去找这些和去做这些空镜头，也没有这个库，因此我们打算手绘这个场景，做一个漫画。这种漫画的方式，可能更有新媒体的文案特色，创作的空间反而更大。所以最早的时候，这种漫画化的呈现是在 H5 里面开始用的，后来就将它直接移植到视频方面。

问：这个和音频数据库的关系是什么？

答：我们的初衷是在新媒体端宣传，后来有了这些栏目，包括音频的呈现，它可以被梳理和记录并形成一个库。这个库做出来后，我们除了在日常报道中可以用它去查东西之外，也可以将它拿过来做数据处理。

问：除了这个节目之外，数据库后续还有其他的一些应用吗？

答：库建立之后，打通了跟央视网和总台的共享，但是这个库是不对外的，只有总台内部是可以用的。

问：《习声回响》这个项目的团队规模是怎样的？

答：很难做界定。因为最早的时候，它是新闻报道，就是一些编辑类的工作。后来我们做的时候，包括技术人员在内都不是专职做这一个项目的，它只是我们的日常工作之一。这就是一个系列报道，现在日常做这些产品的团队也不是很固定，常规的策划的人可能就是三四个。但它涉及很多方面，包括编辑、分发，包括设计、制作、视频制作等等。我们没有固定的人来专门做这个东西，因为它也不是常态化的，做它的成本很高。做一些视频的成本，比平时做的其他工作的成本还是要高的。

问：视频的更新频率大概是怎样的？

答：2019 年一共做了三十多期视频。H5 去年没怎么做，前年的时候可能也就做了二三十期。

问：现在主要就是微视频吗？前一年主要是 H5？

答：现在也在探索做一些音频类的产品，因为云听也一定会有对这种报道的需求。毕竟央广网还是以做音频为主，因此未来我们会往音频方向做一些探索。

问：我们团队制作的流程是怎样的？除了编辑，以及后期的技术支持，还需要一些什么？

答：它的流程基本上就是策划。先确定选题，比如说我们马上要过春节，我们就定选题——春节期间我们要做什么？去年的主题是温暖聆听，今年的主题可能是奋斗或者其他。然后，会有策划、编辑人员根据选题去库里面找音频资料，然后进行整个产品的设计——要做成什么样的形态、需要什么东西，并对接相关的设计人员画图，再去找做视频的人员进行剪辑，后面再进行分发，各个渠道审核这些工作。整体来说，它仍然是一个纯新媒体端的生产流程——策划、生产和分发。

问：在整个的采写过程和制作中，该项目与其他报道有什么不同之处吗？

答：就新媒体端而言，这是一个很常规的项目，并非我们特意开创的一个工作室。我们从 2015 年开始做这个项目，它不属于突发报道，而是相当于重要节点的报道。我们现在对它的定位是，在现在所有的中央媒体里面，它以对总书记的声音，也就是原声的应用为特色，然后基于这个声音做新媒体呈现。其他的媒体，一是它们没有声音的资源，二是它们有各自的其他特长。比如新华社会在大的宏观梳理上做得很好，《人民日报》在评论解读方面会更有深度一些，央视的特点就在于它的素材更丰富，有各种各样的现场的画面。而我们对声音的挖掘会深一点。本来，同期声在广播里面可能就更重要一些。在解读方面其实也是我们比较权威，因为我们毕竟是中央媒体。其他的外面的媒体即使有声音素材，也不敢去解读，因为这个有导向性的问题，我们这边的专家相对比较专业，这其实也是为什么我们这边能推送。

问：该项目的创新一个是对于原声的应用，另一个是在新媒体端，包括短视频，包括通过动漫呈现。那还有其他一些创新的地方吗？

答：解读也算是，我们有导向性的解读。我认为解读其实通过新媒体端相对好一些，便于受众聆听和理解。

问：能再详细叙述一下我们的新媒体解读与传统媒体解读的差别主要在哪儿吗？只是呈现的方式不同吗？

答：比如说同样是习近平谈青年，可能《人民日报》就会写一篇社评。但在《习声回响》中，我们不会大篇幅地去讲道理，而是会对习近平关于青年的一些讲话做梳理。梳理的过程不是简单的罗列，有一条线穿在里面，包括我们配的动漫的画面，为什么要拿这几句声音来谈青年，以及这里面隐含着总书记对青年的什么样的期望。新媒体的解读并不生硬，受众容易接受，就像春风化雨，润物细无声的感觉，让人不觉得有那种端着的感觉，更轻松，受众更易于接受这种新媒体化的表达方式。

问：整个系列中有没有哪一篇单篇的报道令您印象特别深刻，或者取得的反响特别好？

答：反响大多不错。在制作过程中，我印象比较深刻的，应该算《温暖聆听》。2018 年春节的时候我们推了一组《温暖聆听》的 H5，2019 年春节的时候推了一组微视频。这个系列在我刚才说的这种柔性的范围里面，或者说新媒体的表达给人一种非常软的感觉，受众可以每天打开手机进行浏览。

问：央广网的其他产品有没有类似的？

答：我们平时可能会更关注一些新闻节点，比如说重大的会议、外访或进博会，这时可能要正式一些。如果关注的是新闻事件，就会采用一些比较硬的或者说比较新闻性的表达；但是像春节这种感觉就温暖一些。

问：央广网有没有类似的新媒体端的题材？或在操作流程中有没有借鉴到《习声回响》的成功之处？

答：《习声回响》这个品牌算是央广网新媒体这边最早的时政报道的品牌，在这个基础之上，也是从用总书记的原声这个角度，我们还有一个系列叫声漫。它是一个网络评论产品。它跟《习声回响》的差别在于，《习声回响》大多数是盘点性质的，或者说是总结归纳或梳理。但是声漫是即时化、新闻化的表达。举个例子来说，现在要开上海进博会了，进博会开始之前，我们可能会去做一期《习声回响》，是对总书记关于对外开放，或者说关于进博会的一些东西的一个梳理。而在进博会开会的时候，总书记会发表新的讲话，这个时候我们会用这些新的素材去快速包装生产一期声漫。声漫也是用习总书记的原声，把声音跟场景结合起来，再加上一些评论性的东西，做一期 H5。声漫是 2018 年 1 月份的时候创立的一个品牌。然后，在另一个方向我们还有一个基于《习声回响》的子栏目叫《每日一习话》。《每日一习话》是一个纯音频的产品。2018 年 6 月份的时候，我们有一个新的新闻早听的栏目，叫《嗨！七点出发》，是每天早上央广网新闻推的一个音频的新闻导读。这个栏目前面的内容是关于昨天、今晨发生了哪些新闻的一个轻型化的表达，后面是这么一个子栏目，叫《每日一习话》。现在它的主要表现形式是梳理总书记在讲话里面引用的一些古语、诗词、金句、经典，然后讲一下他是在什么样的场合讲的这句话，表达了什么内容，对这句话进行一个解读。非常短，大概每一期一分多钟。这个产品，我们还把它单独剪辑出来，通过其他的渠道，包括央广网、云听 App、学习强国、头条号等等，也就是全平台单独再发一遍。因为从这个产品的理念上来说，它是时政新闻的一种新媒体的表达方式，包括拿传统文化和经典诗句来解读总书记的治国理政的思想。从 2018 年到现在一年半的时间，我们推了大概五百多期了。

问：我们这里用的总书记的讲话是原声吗？

答：不是，下一步打算改成原声。

问：您讲的声漫是一个 H5 的产品是吗？里面用的也是漫画吗？

答：它并非原声，但也是漫画性的表达，使用短视频等形态。

问：作为主创人员，您认为《习声回响》这个项目，我们从 2018 年开始做到现在，还有哪些是未来需要改进的地方？或者觉得前期有哪些地方可能做得比较粗糙，有一些遗憾，然后我们后期需要去改进？

答：做视频这件事情确实并非央广网的特长，所以相对于其他的形态来说投入还是很大的。因为做这么一期，从素材的收集、整理到生产，基本上最少需要两三个星期，甚至需要一个月的时间才能做出来。可能一方面是因为我们人员没有那么富余，另一方面做视频也确实不是央广网的专长。投入更多的人力可能会是一个改进的方向。另外，我们现在也想改变一下它的形态，比如我们是不是做点音频的新形态，包括在短视频的制作过程中的一些设计类的工作，能不能把它做成模块化的，形成一些既有的模板化方式，做一些素材的整理和收集。

问：关于未来投入方向，未来的打算还是深耕原声吗？还是说未来想在《习声回响》音频这方面有进一步的改进？

答：我觉得不能局限形态。声音、视频也好，音频也好，它其实只是一个外在表现，真正重要的还在于策划。我们最核心的资源还是总书记的原声数据库，至于怎么去包装它或者怎么加工它，一是看节目形态的需求和传播的需求，二是看我们的生产能力，综合来看也不能局限在一种形态。在方向上，我觉得还是要更多地探索一些音频，但短视频毕竟是现在传播的一个主战场，也不能放弃它。

三、案例评析：主流媒体新媒体产品的创新与实践

《习声回响》是央广网深耕习近平原声音频，配以动漫画面，以 H5、微视频为主要呈现形式的新媒体产品。央广网自 2015 年开始，尝试以习近平原声音频为核心特点，创新产品形态，推出了一系列新媒体作品，取得了较好的社会反响。央广网就此打造了《习声回响》专栏。

《习声回响》立足习近平原声音频，以声音为主角，以新媒体为呈现平台，将国内报道鲜有的习近平总书记讲话原声音频通过新媒体渠道推送，聚焦主题主线，开展全方位宣传报道。

央广网作为中央广播电视总台的新媒体部门，其专业优势就体现在音频生产和制作方面。作为广播媒体，中央广播电视总台在习近平原声音频这一稀缺资源上具有独特优势。央广网充分发挥自身优势，对习近平自中共十八大以来所有日常报道中的音频进行了梳理，打造了一个音频数据库。据此，在日常的节目制作和生产过程中，可以很方便地在数据库中实现检索和提取。央广网深耕原声音频，充分利用自身独特资源优势，对原声音频进行了充分的加工和制作。

在新媒体产品形态上，短视频正处在行业风口位置。各家媒体纷纷提升视频制作能力，争相推出短视频产品，满足受众需求。央广网也发力短视频制作，将《习声回响》的主要产品形态从 2018 年的以 H5 为主转型到 2019 年的以短视频为主。同时，央广网认识到自身在视频制作领域的相对劣势和视频画面资源的欠缺，转而主打动漫微视频。《习声回响》系列动漫微视频正是以习近平原声音频配以动漫画面制作而成的。而动漫微视频正好也切合该栏目内容的软性和柔性特点，更容易在新媒体端进行传播，易于被受众接受。

未来，央广网将进一步深耕原声，发挥自身在音频制作领域的优势，探索在音频生产领域的创新。

随着中央广播电视总台内部机构的整合，各部门在融合报道领域的合作也在进一步推进。目前，央广网所打造的习近平原声数据库已经实现在总台范围内的资源共享。总台所建立的数据中台也实现了各部门采编素材的共享。

求是网《理解中国改革开放的十个关键点》

一、案例介绍

2018年11月，在纪念改革开放40周年之际，为帮助人民群众更好地理解关于改革开放的一些关键性问题，应对网上质疑改革开放的少数社会思潮，求是网选取了十个人民群众耳熟能详但可能一知半解，却又意义重大的理论知识点，并邀请国内各领域的专家从历史和现实的发展逻辑出发，对这些重要的理论问题进行系统、深入阐释，推出了系列访谈微视频《理解中国改革开放的十个关键点》（见图1）。

图1　微视频《理解中国改革开放的十个关键点》截图

该系列访谈微视频共12集，邀请了12位专家从一个小切口出发，以说历史、讲故事的讲解方式，以小见大、层层深入地阐释了改革开放40年来的十个重大理论知识点，包括“关键一招”“思想路线”“总体目标”“中国特色社会主义”“社会主义市场经济”“对外开放”“中国人民”“中国精神”“中国共产党”和“马克思主义中国化”。

在制作上，该报道摒弃了传统高端访谈的制作模式，将专家们长达几个小时的访谈内容，混剪浓缩为三分钟的短视频，以适应网民碎片化的观看需求。在展示形式上，求是网主创人员在视频中插入了知识点解析画面、微动画来辅助专家的讲解，使得视频展示效果更直接、更具象化，并穿插了诸多改革开放40年来的珍贵影像和历史原声，帮助观看者在特定的历史条件中理解改革开放的来龙去脉。

求是网全权负责选题策划、专家访谈及后期制作审核等与内容直接相关的工作。微视频产品完成后，在今日头条平台“求是网”官方账号进行首发，人民网、央视网等中央媒体，北京日报客户端、金羊网等各省市区媒体，新浪、腾讯、一点资讯等商业媒体纷纷转载，系列作品累计推送覆盖人群超过5亿，全网点击量累计达1.2亿。其中《90后00后，你们准备好了么》为全网推送，超百家央媒、重点商业媒体转载并首页推荐。系列视频获国家网信办好评。

依托今日头条高效率的信息分发，该系列视频取得了较好的传播效果，并引发了网友的积极转发与点赞，就视频内容在评论区积极互动。如今日头条用户“雾里看花”看完视频后有感而发道：“这个视频道出了中国改革开放40年经济腾飞的关键所在，现在的年轻人不可想象那时的生活，但我们国家就是这样成长起来的!”

同时，求是网与中国移动合作，通过“新闻早晚报”的优质渠道，以增强彩信形式，将求是网《理解中国改革开放的十个关键点》每集访谈长视频全量覆盖到“新闻早晚报”2 000万用户，反响热烈，获得多位专家的致电好评与鼓励。

二、访谈实录①

问：请问求是网这个系列微视频的选题背景是什么？

答：2018年是改革开放40周年，对党中央和国家来说，这是一个非常重大的关键节点和一个非常重要的宣传选题。求是网作为中共中央机关刊《求是》杂志主办的网站，最主要的任务就是宣传党和国家的方针政策，对党和国家的重大选题及时地做出宣传阐释。

在这个关键节点，所有的媒体都在策划相关选题。作为国家重点理论网站，求是网的定位决定了其在选题上跟其他新闻网站不太一样。其他新闻网站可能会宣传改革开放过程中突出的人和物，更加具体形象地阐释这40年所发生的故事。而求是网则对重大关键问题做出回应和阐释，这是这次报道的立意重点，即总书记所说的要让党的创新理论飞入寻常百姓家。

另外，许多人对改革开放不是特别了解，在网上产生了一些质疑改革开放的社会思潮。这个报道的初衷就是去回应这些疑问，对关于改革开放的关

① 受访者为求是网《理解中国改革开放的十个关键点》系列微视频总负责人李丹华，采访者为丁振球，电话采访于2019年12月27日。

键问题做一个权威、正确的阐释，为正确地理解中国改革开放40周年奠定正面的舆论基础。这是求是网的重要职责，也是这次宣传报道的立意所在。

问：请问这个系列微视频从筹备到执行的整个经过是怎样的？能否介绍一下主要的负责人和参与人员的规模？

答：这次报道，从选题策划、专家访谈到后期制作审核等与内容直接相关的工作都是由求是网全权负责的。在微视频产品完成之后，求是网和今日头条合作，首先将报道在求是网和今日头条平台推出，依托今日头条高效率的信息分发模式，让更多人接收到这些理论知识。

在选题方面，这次报道选择了十个耳熟能详且意义重大的理论知识点，包括"关键一招"，即"改革开放是决定当代中国命运的关键一招"，还包括"思想路线""总体目标""中国特色社会主义""社会主义市场经济""对外开放""中国人民""中国精神""中国共产党""马克思主义中国化"。这些理论知识点都是备受关注但也特别容易引起质疑和误会的知识点。求是网邀请国内各领域的权威专家，立足于这些关键点，按照历史和现实的发展逻辑，系统、深入地阐释这些重点理论问题，用一条线把改革开放40年穿起来。

在人员方面，因为求是网正在进行媒体融合转型，推动全媒体的发展，所以这次报道以项目组的形式，从采编中心、视频部及运营部等部门抽人，临时组成一个小团队，各自分工，一起完成这个报道任务。因为求是网所有的策划和内容产品都要经过层层审核把关，而不仅是三审制，所以整个网站的负责人、总编辑、主编、编辑以及运营部门都有参与这个项目。这个项目，我参与了前期的策划，到后期执行的时候，所有内容上的工作相当于由我来总负责，包括：约访专家，与专家沟通，给每个专家制作海报；在内容的剪辑和审核方面，与制作团队沟通，与领导一起审核内容；以及后期与今日头条那边的沟通。因为参与人员很多，所以基本上就是进行沟通协调。

在内容制作方面，团队最开始拟定的是"十个关键点"中每个关键点至少邀请一位嘉宾主讲，而且主讲嘉宾必须在该领域具有权威和公信力，所以原本拟定的报道量是十集。但在访谈过程中我们发现，虽然这次报道采用三到五分钟的微视频的传播方式，但是在采集素材时，每位专家都讲授了一到两个小时的时间，许多专家讲的一些内容特别好，所以后来团队又把每位专家讲得最精彩的一句话选出来进行混剪。

比如讲"中国共产党的领导"的第一集，因为在我们国家党领导一切，所以在党的领导这方面，很多专家都基于自己的研究领域，从不同的视角出发谈到了这个问题。所以原本设计的是第十集讲"中国共产党的领导"，但后来团队觉得如果只有一个专家来讲，可能会比较单薄，所以我们就把不同的专家从不同的视角对这个重大问题进行的阐释选出来进行混剪，在第一集推出了。虽然只有三分钟，但给大家呈现了看待这个问题的很多视角。

到最后，团队觉得这个报道很大一部分初衷，就是给当代年轻人看。现在的年轻人，他们有什么想法？他们对这个问题有什么疑惑？或者他们对自己的人生有哪些迷茫的地方？这些前辈专家事实上都已经走过了年轻人即将走的路。所以团队最后又加上了“寄语青年”这一集，也是采用了混剪的形式。所以第一集和最后一集都采用了混剪，最后的报道量是十二集。

微视频的拍摄是在 2018 年 10 月，采取边拍边做的方式，大概耗时一个多月。因为所邀请的专家都是大咖级别的，很多都有职务或教学工作，所以我们一直在协调时间。同时，我们自己也有制作的周期，所以制作时间非常紧张，项目组的所有成员基本上都日夜兼程地工作，最后也按时保质保量地完成了这个任务。

问：这个系列微视频在筹备和采写过程中与日常普通报道有哪些不一样的地方？这些不一样的地方取得了怎样的效果？

答：这次的报道与日常生产的产品确实有一些不同之处。在策划时，团队将这次报道定位为系列理论微视频。第一，它有一个整体的规划，是一个系列；第二，它的选题非常宏大，涉及改革开放、中国特色社会主义的方方面面，属于理论视频；第三，它采用微视频的形式，因为现在进入了微时代，阅读的需求都转向了移动端，所以这次报道在内容和形式上解锁了理论传播与新媒体融合创新的新方式，在内容选取、制作形式和传播手段上，都与日常普通报道不一样。

在内容上，作为微视频，除了题目要吸引人外，内容也要能吸引人，因为如果前十几秒钟对用户没有吸引力，用户可能就不会接着往下看了。所以在这次报道中，专家们都选取小的切口进行讲解，以小见大、层层深入地探讨理论问题。比如张国祚老师（中国文化软实力研究中心主任）那一期，他在讲到“改革开放是决定当代中国命运的关键一招”时，回顾历史，讲到了钱票和粮票以及他童年的经历。这些经历对于同时代的人来说很容易产生共鸣，而对于“80 后”“90 后”和“00 后”来说又比较新鲜。所以在内容阐释上，这次报道的方针是尽量贴近用户，贴近实际，贴近每个人的生活，报道中所选取的镜头和画面也都和老百姓的生活息息相关。

在形式上，以往求是网的访谈节目基本上是专家讲解，配上字幕，有些会配上解释。而这次主创人员在视频中插入了许多解释知识点的画面，还通过微动画来辅助专家的讲解，比如在专家讲到某一知识点时，团队会在画面中配上当年的素材帮助用户理解。当专家讲到社会主义市场经济这种较难的理论问题时，团队则用思维导图的形式对知识进行串联，保证视频的展示效果更为直接、更为具象化，同时在视觉上更为美观，形式上也更为活泼。

在传播上，求是网除了在 PC 端的网站和移动端的两微进行传播外，还采用了“分众化、微传播”的方针，首先在今日头条平台上推出。同时，针对今日头条、腾讯、搜狐等商业网站的定位，求是网对内容、传播标题和传播导语进行了特别定制。比如商业网站的标题可能会更活泼、更吸引人一些。同时，求是网和中国移动合作，通过手机报的方式将报道推送给用户。针对中国移动，求是网也特别定制了一套内容，包括海报、标题等，进行分众化分发。

问：在刚刚您谈到的不同点中，您认为这个系列微视频最大的创新之处是什么？原因是什么？

答：这次报道在内容、传播手段和制作形式上都进行了创新。这次报道进行了专业的理论解读，做到了总书记在全国宣传思想工作会议上所强调的让党的创新理论飞入寻常百姓家的要求。它抛弃了原来专家解读的传统制作模式，除了内容权威之外，还在呈现形式上有更为娱乐化的特点。因为我一直在做访谈，所以如果让我总结创新之处的话，可能可以归结为权威和娱乐两个关键词。

在权威方面，与别的新闻网站不同，求是网作为全国重点理论网站，在承担党和国家重大宣传任务时，更加注重理论解读的权威性和公信力，因为“求是”两个字代表着党中央。作为宣传《求是》杂志的重要平台，在党和国家的一些重大事件、重大时间和关键节点，求是网提前设置议题，也基本做到了积极主动地发声。这次选题角度也比较新颖，是从党的理论创新的角度来做党的舆论宣传工作，是在互联网上唱响理论宣传的最强音，用自己的方式来讲中国故事。

首先，这次选取的“十个关键点”经过了多次论证和精心策划，因此这“十个关键点”本身就比较权威。其次，团队邀请的专家都是各个领域的权威的大咖，比如：讲文化，请的是中国文化软实力研究中心主任张国祚老师；解释党的思想路线，请的是中央党史和文献研究院院务委员会委员冯俊老师；讲社会主义国家总体目标，请的是中国人民大学副校长刘元春老师；讲中国特色社会主义，请的是中国社会科学院辛向阳教授；讲社会主义市场经济，请的是北京大学顾海良教授；讲对外开放，请的是中国商务部国际贸易经济合作研究院院长顾学明老师。此外，这次报道还邀请了清华大学的郭建宁老师、中央党史和文献研究院的陈理老师、北京师范大学的韩震老师。在讲马克思主义中国化这个非常重大的理论问题时，求是网请的是中国政治学会副会长包心鉴老师，可见所请的嘉宾都是各个领域的权威的大咖。

而娱乐则主要体现在制作形式和传播手段上，同时在内容表达上，12 位专家生动、风趣、深入浅出的讲授，也很吸引人。在改革开放 40 年这么长的时间段中，那些理论是怎么产生的、怎么发展的；在创新的过程中，那些理念又是怎么指导我国改革实践的。这些较为高深的问题，被专家们串联起来，形成了和人们生活息息相关的历史画卷。比如陈理老师讲“中国人民的主动精神”时，讲到了在不同的历史时期人民的创造性如何呈现。他所举的例子，有些是观众较为熟悉的，有些是观众不太清楚的。他的讲授不仅带观众重温了那段岁月，也使观众更系统地学通了一些知识点，从而打通了改革开放 40 年历程中的一些关键点。

理论传播是最难做的。虽然微视频只有三分钟的时间，但每一个部分都是精心制作的。三分钟视频中所包含的五六百字讲话，是从专家讲授的成千上万字的素材中挑选出来的。这些最适合网络传播的、最重要的、被挑选出来的内容，经过剪辑后，帮助观众更好地理解了“十大关键点”。这一点也比较有特色。

问：能否分享一下，在这个系列微视频制作过程中，您印象最深刻的采访或者制作经历是什么？

答：每一场采访的印象都非常深刻。采访的时候，除了我们这边在制作上有要求之外，很多专家自己在内容审核把关上也非常严谨，比如去中国商务部采访顾学明老师时，他的负责人跟我们沟通，对拍摄的灯光、镜头等各方面都提出了自己的合理建议。我印象还比较深刻的一点是，每一位专家都有自己的特色，在问到与自己的研究领域相关的问题时能讲出很多内容，比如包心鉴老师岁数不小了，但在接受采访时他一个半小时没有喝一口水，采访中间也没有停下来休息，专家们的这种专业执着的精神让我非常感动。

郭建宁老师也是这样。他接受采访时是中午一点，是人正犯困的时候，但是郭老师往那儿一坐，非常精神抖擞，基本上采访过程中的所有问题都没有断。再比如采访张国祚老师时，他激动时会给我们念几首诗，念革命烈士的那些诗。我们在读中共党史时，对一些事情有时可能感触不那么深刻，但通过张老师的讲解，我对那段历史的感触变得非常深刻。尤其是他即兴念的一些革命烈士的诗，包括他自己即兴作的一些诗，都让我觉得收获非常大。我觉得非常荣幸能够参加这个项目，能够采访这么多的专家。每一位专家都非常忙，但又都非常重视这个项目，在抽时间接受采访之后，又去开会，做其他工作。

在生产的各个流程，从人员的合作到素材的采集，再到后期的制作，基本上只要专家那边有需求，负责人员就都是 24 小时在线。因为我们看完之后还要和专家沟通。如果他们有意见，那么哪怕有一个字或者有一个声音有问题都要改，要不断地进行沟通，但我并没有觉得很累很烦。和专家沟通时，专家说这一个字可能不太妥，看能不能去掉，然后我在反复研读之后发现，专家提的意见确实非常重要。这次报道中的每一个小细节都能让我学到很多东西，这也是让我印象非常深刻的一个地方。

问：这个系列报道最终的反响如何？目前有没有获得什么奖项？有收到哪些重要的反馈或评价？

答：在效果方面，今日头条作为商业平台，有很大的流量，和它合作使这次报道获得了很好的传播效果。因为求是网的报道是权威和准确的，国家网信办也会全网推送，所以包括人民网、央视网、央广网等在内的中央媒体及一些地方新闻网站进行了转载，然后包括新浪、腾讯、搜狐、百度、一点资讯等在内的商业媒体也进行了转载，再加上中国移动手机报的传播渠道，报道取得了不错的传播效果。据统计，这次系列微视频的累计覆盖人群已经超过 5 亿，且在报道播出一个月之后，全网点击量已基本达到了 1.2 亿左右。最后一集寄语青年《90 后 00 后，你们准备好了么》获得了国家网信办的好评，并被国家网信办全网推送。因为在一个视频里集合这么多国内专业的大咖给青年说这些话的形式是很少见的，也是不可多得的。

PC 端的全网推广基本上全覆盖，移动端的反响也很好，包括《求是》的微博和微信公众号，有很多网友留言关注这个问题，也有很多人提出疑问，我们也进行了回应。我的工作涉及微信公众号后台，有一次筛选留言花了两三个小时，后台总共有几十页留言，我没有想到网友的反应会这么热烈，虽然在我们合理的预期范围之内，但还是挺超乎想象的。同时网友们提的一些意见，也是我们继续前进的动力和方向。

这次报道很成功，在今年获得了第 29 届中国新闻奖访谈类的二等奖。当时这个报道申报中国新闻奖的时候，大家都非常有信心，因为从制作的付出到最后的传播效果都是有目共睹的，所以拿中国新闻奖也在我们的预期范围之内。除了这次的二等奖，求是网还拿过视频类一等奖、漫画类一等奖。这次的报道获得二等奖，也说明了中华全国新闻工作者协会对我们的内容的认可和关注。

问：刚刚您谈到在参与报道的过程中有很深刻的体会，那么在这个系列报道之后，求是网有没有在类似的题材或者操作流程中对报道模式进行复制或发扬？能否举例谈谈？

答：总书记今年对新闻网站尤其是理论网站强调得非常多的一点，就是要推动媒体融合。各家媒体都在这方面下功夫，求是网也在内容和传播上进行创新。

对于复制或发扬，我举一个例子。我们现在正在做一个叫“中国稳健前行”的报道项目，这个报道的形式和《理解中国改革开放的十个关键点》有所不同。因为微视频解读的形式我们已经尝试过了，所以这次我们进行了创新，采用了“大家写小文”的一种形式，对相关问题进行文字解读。但与其他文字解读不同的是，我们邀请很高级别的专门撰写理论文章的专家撰写5 000字左右适合在网络上传播的“小文章”。

今年的重大事件是党的十九届四中全会。现在各家媒体都在宣传、阐释和解读党的十九届四中全会所做的决定。今年这个“中国稳健前行”的项目，配合党的十九届四中全会的宣传，进行了两期。我们在会议召开之前先做了一期，从政治、经济、文化、社会、生态五个方向来邀请专家进行文字解读。比如文化方面，我们邀请中国人民大学的陈先达老师，其他还包括中国社会科学院的房宁老师、南开大学的逄锦聚老师、中共中央党校的老师、《瞭望东方周刊》的记者陈融雪老师等等。我们这次请的理论专家学者来自全国各地，在阵容上包括老中青三代。

这次报道采取“大家写小文”的形式，在写作手法上也是“网言网语”的风格。同时，我们在求是网官网开设了“中国稳健前行”的专题，对专家写作内容进行集纳；在“求是”微博开设了“中国稳健前行”话题区进行引导；在求是网微信公众号也推出了《中国稳健前行》的栏目。前期我们共推出了32篇文章，对十九届四中全会进行预热宣传，预热效果非常好。前期做完之后，我们把32位专家学者从不同的角度撰写的32篇“网言网语”的理论文章，集纳成一本书——《中国稳健前行》，采取了先在网上传播，再将成果集纳成书展现给网友的形式。前两周，求是网举办了赠书活动，网友们响应非常热烈，踊跃留言想要这本书。原本计划赠书活动举办一周，每天随机抽选两位网友赠书，后来发现想要的网友太多了，所以活动又顺延了一周。

这个系列的专家理论阐释，听起来比较枯燥，但很多网友看了前期在网上推出的文章后，又很想要这本书，想了解中国是怎样一步一步发展起来的。在这个过程中，我们有新的发现：当代的广大青年对国家是非常关注的，他们对理论学习有很大的需求。十九届四中全会之后，“中国稳健前行”项目到了后期阶段，我们继续约请各个学校的专家分领域、有重点地去解读党的十九届四中全会，解读中国特色社会主义制度和国家治理体系的优势所在。这个栏目推出后大家的关注度非常高，网络媒体的报道量也挺高，很多中央媒体进行了转载。

这是继《理解中国改革开放的十个关键点》系列微视频之后的又一个新形式的报道。这次虽不能说对上次报道进行了复制或发扬，但基本上还是在网上做好理论阐释。上次是微视频的形式，这次是文字的形式，但中心是不变的，就是阐释好十九届四中全会这个重大事件，以及在庆祝中华人民共和国成立 70 周年的重大时间节点，求是网作为党和国家重点理论网站，要积极主动地发声，做好党和国家的重点主题宣传，从理论创新的角度做好网上的舆论引导工作，这就是我们工作的职责所在。

问：在这个系列报道面世后，作为主要负责人，您认为其中最大的遗憾是什么？为什么？如果有的话，那么以后打算在类似的题材上如何改善？

答：目前没有觉得有遗憾的地方，当时做的时候考虑还是挺周全的。从选题、策划到制作、沟通，大家都朝着同一个目标一点点地解决问题。虽然在沟通过程中遇到很多麻烦，但我并没有觉得很累。我们每个人都是全身心投入去享受整个过程的，尤其是在内容推出之后，大家都比较喜欢，有很多的传播量和网友的留言，让人很有获得感。我没有什么遗憾，接触这个项目，我觉得挺幸运的。可能就是时间上比较紧张，但这也不能算是一个遗憾，我们还是效率很高地完成了工作。可能当时我的感触会更深一点，现在一年多过去了，沉淀了这么长时间，我没有觉得有什么遗憾的地方，这个经历对我来说让我收获非常大。

问：您还有什么内容想要分享吗？比如参与这次报道的个人体会。

答：说点主观的东西。做理论传播是比较难的，但当大家全身心投入，进行通力合作，最后以开花结果的方式呈现之后，我的内心还是非常丰富的。我觉得做任何事情都不要一开始就觉得它太难。刚开始领导让我负责这个项目的时候，我问领导确定要把这个项目安排给我吗，因为这个项目是在纪念改革开放 40 周年这个重大的时间节点策划的一个非常重要的项目。我最开始接手的时候内心挺担心的，因为这是我第一次承接这么重大的项目。

后来领导对我说，他对我非常有信心，觉得我可以做好，我就接手做了。虽然在制作过程中可能也有很多沟通不是特别到位的地方，但每一次沟通都能让我去反思，自己和专家说话的方式是不是不够恰当，下次要怎么改进。每一次沟通，我都觉得自己有一点改变，也有一定的成长。所以我们在做任何事情时，首先不要有畏难情绪，不要觉得这件事情很难，自己做不下来，要相信自己，然后全力以赴地去做，当你用尽全力之后，肯定会有一个满意的结果。

很多事情没有我们想的那么难，我一开始邀请专家的时候，觉得专家这么专业，或者说领导职务这么高，而我这么年轻，经验也不够丰富，要平等地坐着和他们探讨理论问题，我的内心非常忐忑。但当我真正与专家面对面坐下来交流时，我发现我已经完全沉浸在问题和情境之中，没有一点害怕或者紧张的状态。比如去北京大学采访顾海良老师时，前一天我们刚去杭州采访了包心鉴老师，前一天晚上 12 点半到的北京，住在北京大学附近的宾馆，第二天早上 9 点进行采访。因为 11 月份北京已经非常冷了，我从杭州过来穿得比较少，所以当时我的状态非常不好。同时，因为我第一次接触顾海良老师，我有些紧张。和顾老师坐下来聊的时候，我问了一些可能对他来说非常基本的问题。但因为社会主义市场经济确实有难度，有些内容我必须捋清楚，所以当时我问得很细。顾老师非常耐心地、事无巨细地对我的问题进行了回应和解答，让我学到了很多。

三、案例评析：党的理论宣传中“微传播”报道模式初探

在进行“纪念改革开放 40 周年”的宣传报道时，求是网作为中共中央机关刊《求是》杂志主办的网络理论传播平台，在选题上与其他新闻网站有所不同。其他新闻网站或许会宣传改革开放中突出的人物事迹，并更为具体形象地阐释 40 年间发生的故事，而求是网的主要任务则是对党和国家的方针政策进行理论宣传，并对重大关键问题做出理论阐释与回应。

而在当前碎片化阅读成为普遍趋势的媒介环境下，严肃、长时间且高门槛的理论传播只适用于具有强烈理论学习需求的用户。为了达到“帮助人民群众更好地理解改革开放的关键性问题，应对网上质疑改革开放的社会思潮”这个报道目标，求是网的宣传报道需要起到理论普及的作用。因此在这次报道中，求是网采用了“分众化、微传播”的报道方针，适应了当前大部分受众的内容接受习惯，最终取得了较好的传播效果。

微传播是以微博、微信等新媒体为媒介的信息传播方式①，“它的核心特征是‘微’：传播的内容是一句话、一个表情符号、一张图片等微内容……传播的渠道是手机上的微信、微博等各类应用的微介质；传播的对象是小微受众。微传播的核心特征是‘去中心化’与‘碎片化’”②。求是网在报道中所采用的“微传播”的报道模式主要体现在以下几个方面：

---

① 唐绪军，黄楚新，刘瑞生．微传播：正在兴起的主流传播：微传播的现状、特征及意义．新闻与写作，2014 (9).

② 栾轶玫．公共外交视阈下“一带一路”国际治理的微平台传播策略．国际传播，2017 (1).

在内容方面，“改革开放”拥有一个很宏大的理论体系，全面报道体量巨大，且阅读门槛较高。求是网另辟蹊径、以点带面，在理论体系中选取了十个理论关键点，来帮助人们迅速了解和掌握“改革开放”。专家对理论的阐释也是从小切口出发的，以说历史、讲故事的方式进行讲解，以小见大，层层深入。历史影像、知识点解析画面和微动画等辅助方式，更是进一步降低了受众的理解难度。这种以点带面、化抽象为具象的方式，呈现出了“微传播”的报道特点。

在形式方面，该报道摒弃了传统高端访谈的制作模式，将专家们长达几个小时的访谈内容，浓缩为三分钟的短视频，使得用户可以在碎片化的时间内掌握改革开放的来龙去脉。此外，该报道在视频片头以及其中两集视频的正片中采用了混剪的手法，将多位专家阐释的话语剪辑到一起形成一集节目。这种“微内容”的组合方式，既顺应了当下短视频创作的技术潮流，又提升了该报道的趣味性。

在分发方面，求是网采用了“分众化、微传播”的方针，除了在PC端的网站和移动端的“两微”进行分发外，更与今日头条合作，首发于今日头条平台。同时，针对今日头条、腾讯、搜狐等商业网站的定位，求是网对内容、传播标题和传播导语进行了特别定制，例如商业网站的标题会更活泼、更具吸引力。而针对与中国移动的合作，求是网也特别为其手机报专门定制了海报和文章标题等内容，进行分众化精准分发。

无论是内容、形式还是分发，求是网系列访谈微视频《理解中国改革开放的十个关键点》都体现出了“微传播”报道的特点。当然，报道模式的选择离不开既定的报道目标。该视频的报道目标不是进行深刻的理论教育，而是进行理论宣传和普及，因此理论深度不足不会成为该视频的问题。

求是网系列访谈微视频《理解中国改革开放的十个关键点》立足于当下的媒介环境，采用“微传播”的报道模式，将严肃、长时间且有一定接受门槛的理论宣传变成了生动、有趣且接地气的微视频，并且与热门互联网平台合作，取得了良好的传播效果。这种“微传播”的报道模式为党和国家的理论宣传提供了一条有效的路径，值得学界和业界进一步探索。

人民网 《跑者说》 第一季

一、案例介绍

《跑者说》是人民网人民视频于 2018 年推出的首档垂直类短视频栏目，定位为“面向青少年的励志故事”。2018 年 4 月 3 日，《跑者说》第一季于跑步季在人民网人民视频上线，节目采用演播室脱口秀与纪实素材相结合的形式，每期邀请一位在马拉松、越野跑领域做出成绩或贡献的典型人物，讲述他们的跑步历程与人生感悟，传达自强不息、奋斗不止的正能量价值观（见图 1）。

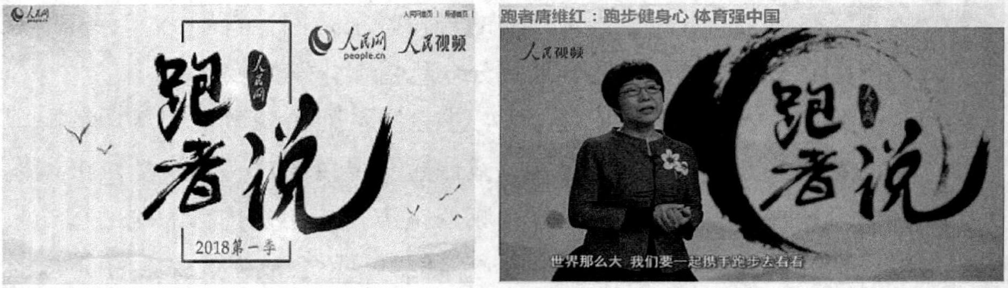

图 1　《跑者说》第一季第一期

《跑者说》是国内首档围绕跑者的讲述类节目，利用新媒体短视频特色，与嘉宾个人海报相结合，适应当下观众移动端观赏习惯，为传统媒体的媒体融合报道提供了新案例。

跑者说

该栏目的主要特点如下：

其一，视角独特。《跑者说》由人民网出品，是国内首档围绕跑者的讲述类节目，嘉宾们用“运动改变人生”的亲身经历传达健康向上的观点，用真实生动的故事输出积极的价值观，以润物细无声的方式感染受众，科学有效地助力全民健身的热潮。

其二，短时长多平台。《跑者说》首季共 10 期，采用短视频形式，每期约 5 分钟，2018 年 4 月 3 日至 4 月 12 日，在人民网 PC 端首页、人民网微博、人民网微信、人民视频 App、腾讯视频、梨视频等平台播出。

其三，节目形式独特。《跑者说》采用演播室脱口秀与纪实素材相结合的形式，由跑者本人讲述，通过图片和影视素材还原当时情境和情感（见图 2）。

图 2　《跑者说》创新节目形式

其四，大咖助力宣传。每期节目一位嘉宾，均是来自各个领域的大咖，节目组为每位嘉宾制作专属竖屏海报（见图 3），增强传播效果。一方面，通过真实经历与生动故事输出积极价值观，以润物细无声的方式感染受众；另一方面，嘉宾们在节目的录制、推广中相互助力，共同发声，拓宽了节目推广渠道，提高了节目影响力。

图 3　嘉宾专属竖屏海报

其五，借助关键节点传播。节目推送节点正值运动季、跑步季，全国各地马拉松赛事的日益增加为节目传播提供了天然优势（见图 4）。

图 4　《跑者说》借助关键节点传播

《跑者说》荣获第 14 届北京国际体育电影周精品奖。获奖评语是：这些记录着普通人努力与汗水的纪录片必将通过体育的力量感染大众，召唤更多人开启运动强身的健康生活方式。

为保持节目热度和影响力，该栏目垂直延伸创办了“我跑我秀”马拉松主持人大赛，并邀请《跑者说》嘉宾在主持人大赛中担任评委。在《跑者说》第一季后，延续第一季的风格，继续推出了第二季和第三季。

二、访谈实录①

问：在怎样的背景下，人民网开始策划《跑者说》系列报道？

答：这两年跑马拉松的人越来越多，国内的马拉松赛事也特别多。在 2018 年，根据中国田径协会的统计数据，全国注册的马拉松比赛有 1 587 场，当然也拉动了当地城市的经济，大家对马拉松赛事的热情持续升温。

人民网副总裁唐维红，是 2017 年马拉松年度人物。她作为媒体人同时也是一个跑者，经常去参与，去观察。我自己也在 2017 年年底开始跑步，2017 年 12 月我跑了自己的第 1 个半程马拉松。当时我们一起商量讨论，想做一个这样的节目。如果我自己没跑的话，就可能做不太好，或者理解不了跑步有什么意思，为什么那么热爱，一跑四五个小时挺枯燥的，为什么那么多人跑。但当我真正地跑完一场马拉松后，我就理解了跑步的魅力，所以我们就想结合人民网的背景做一档关于马拉松的节目。

问：《跑者说》系列报道的主要筹备经过是怎样的？在报道的素材当中，除了跑者在演播厅里自述，剪辑中还用到了跑者跑步的场景，第一季在 4 月 3 日至 4 月 12 日密集发布，制作过程是怎样的？主要负责人和参与人员的规模有多大？

答：第一季的筹备、计划从 2017 年年底开始，我们大概用了两三个月的时间进行研讨。在 2017 年年底主要是走人民网开题的流程，制作一期节目需要成本投入，《跑者说》没有进行招商，纯粹是人民网投入制作，我们要写开题报告申请，此外在内部组建了一个工作小组。

真正投入的时间，是在两会结束后，开始邀约嘉宾，写录制脚本、文案，设计镜头语言，研究怎样拍摄、剪辑，设计海报、LOGO、时长……如果在线上播出的话，也需要培养观众的收视习惯。记得当时，海报我发到第 2、第 3 张，到第 4 天的时候，有人就来问我：今天的《跑者说》呢？他们在等

① 受访者为人民网团委书记、社交媒体部副主任郑紫豪，采访者为李晨，电话采访于 2019 年 12 月 14 日。

着我发当天的海报。这也不断地给我们鼓励，验证这一做法是正确的。

播出时期确实很累，因为无法在之前全部制作完成。3 月中旬第 1 期开始录制，录制完第 4 期时，开始播出第 1 期，大概有 4 期的备播就开始录下一期。从播第 1 期开始，团队就开始连轴转。《跑者说》必须得按照时间点每天播，但是第一季还有 5 期没有录制、剪辑。我们就只能不停地邀约嘉宾，每天白天录制，录制完后马上剪辑，剪完后第 2 天继续录制、剪辑，之后还要送审、根据嘉宾意见修改、设计海报……好在在之前筹备阶段，思考得较为成熟，在执行的过程中，虽然身体很疲惫，但思想并不煎熬。

第一季筹备的总负责人是人民网副总裁唐维红，具体的执行统筹策划是我，总导演是白静。《跑者说》的嘉宾由我和人民网副总裁唐维红负责对接，确定具体的邀约时间。以怎样的方式录制、怎样布置演播室、怎样呈现海报、怎样跟编导设计问题等等，这些都由我和白静商量。录制团队一期有 7 个人：我、白静、一位灯光师、一位海报设计师，这 4 个人是固定的，此外还有两位摄像、一位编导是提前报备调用的。场地是人民网的品牌演播厅——1 号演播厅。

问：这一系列报道在筹备和制作的过程中与日常普通报道有什么不同？

答：肯定是不一样的。都说好的新闻是策划出来的，要有新闻策划的意识，而不是策划新闻，这是两个不同的东西。在节目中，这些跑者讲述他/她过去的故事和经历，比如有人之前体重两三百斤，慢慢跑成了 6 星跑者，还有人以前不跑步，后来却慢慢带动身边更多人跑步，这些事情都发生在过去。所以，不同的地方就是，日常普通报道的新闻是正在进行时或者说当下发生的，而《跑者说》是把跑者之前的故事拿到现在讲述，也一样能够引起大家的兴趣和关注。

当然在设计的时候，安排顺序是根据跑步季来进行的。每年两会之后，3 月中旬，中国东西南北各个城市都开始举办马拉松赛事，进入一年的跑步季。2018 年 4 月 3 日《跑者说》开始播出第 1 季，那一周的周末，全国同时举行了 40 多场马拉松比赛，在这个时间段，我们密集地设计海报，用人民系的全部渠道、平台进行推送。在跑步季，受众比较关注跑者们是怎样开始跑步的。

还有一个不同的地方是，日常做报道是记者去现场，而《跑者说》需要去“制造现场”。有的时候需要把跑者之前参加比赛的一些影像素材要来，当跑者在节目中讲述到那个场景或回忆起那个情节时，我们需要还原当时的场景和情感。比如许飞提供了很多她的视频资料，报道还原了她跑步时的呼吸声、脚步声，还有她在全世界各地跑步，从跑步当中得到的快乐、风光……

问：这种不同在报道中取得了怎样的效果？

答：不管是怎样不同，或者用传统的手段，或者用新媒体的手段，最重要的目的还是取得传播效果，或者说点击量高，让受众能自发转发，建立好的口碑。我自己跑步，所以跑者的故事会打动我，但是它不一定能打动不跑步的人。我们希望这档节目，跑步的人爱看，不跑步的人看了也会觉得有意思，这个效果我觉得第一季达到了。

当时我每期都在朋友圈转发，身边很多不跑步的朋友慢慢地都开始跟着我跑步，单位很多同事看了《跑者说》之后也开始跑步，后来还组建了“人民红”跑团。

跑步往小了说，是个人的健康行为；往大了看，是一个企业、一个集体对员工的精神关怀；往更大的层面上说，是国家的健康中国计划——没有全民健康就没有全面小康。作为媒体人，有责任去宣扬国家的战略，首先得要自己做到，这样才能认识其重要性，才能知道怎样更好地宣传。我如果不跑步的话，可能就做不好《跑者说》，我一开始就是为了做好这档节目慢慢开始跑步的，到现在我也变成了一名跑者，跟人民网副总裁唐维红，以及第一季的很多嘉宾一样，都在首都媒体跑团。我们的口号是：要做健康跑步的推动者。我们是记者，同时也是跑者。

问：作为《跑者说》的主创人员，您认为这一系列报道最大的创新之处是什么？

答：从宏观上来说，这是国内首档围绕跑者来开展的讲述类节目。当时的视频节目，很多是访谈，而《跑者说》是把所有的镜头都给跑者，无限地放大跑者的分量，让跑者一个人讲述。当然在节目录制过程中，对面会有一个记者提问，但记者全程不出镜。

此外，是利用人民系的全部平台——人民网官方微博、人民网官方微信、人民网 PC 端首页、人民视频 App，还有腾讯视频、梨视频等平台进行传播推广。不同于以往的还有采用新媒体的形式，时长控制在每期 5～8 分钟，我们希望把它做成移动端的产品。每期我们还会给嘉宾做一张海报，海报是传播过程中对嘉宾特别好的露出，是嘉宾的个人 IP，海报上加二维码也便于传播。

问：在《跑者说》的制作过程当中，您印象最深刻的制作经历是什么？

答：印象最深刻的制作经历是每位跑者的故事都特别震撼人心。虽然有些嘉宾我非常熟悉，经常一起跑步，但在《跑者说》中他们会讲述平时不会谈到的故事，不会提到的细节，不容易说出的话。就像许飞说：“要么死磕要么死。”这是她在平时接受采访的时候不会说的，这话特别能体现她的性格——那股张力，那种倔强。还有潘俊老师，他是个特别严肃的人，之前是体重两三百斤的大胖子，跑到现在全程马拉松只需三个小时多一点，成绩很好。他跑步的理论知识非常丰富，是一个特别负责任的人，对身边跑步的朋友，他都会像管家一样去照顾。还有奥运冠军王丽萍。普通人看奥运冠军，认为他们不会和普通人一起训练。但王丽萍退役以后就身体力行地推广跑步，她有自己的跑团，带着很多的普通人在跑步。嘉宾在现场发挥的一些话，都特别真实、震撼。

虽然大家开始跑步的原因不一样，但从跑步中都有很大收获。比如人民网副总裁唐维红从 2014 年开始跑，到现在已经跑了 20 多场马拉松。她一开始跑步是为了解压。她一直以来都在影响着很多的人，包括很多的媒体圈的朋友，她用她媒体人的身份去告诉大家，应该用什么样的态度对待跑步。一个对自己有要求的、合格的跑者，首先要安全完赛，然后要推动赛事的健康发展。

问：《跑者说》的后续反响如何？有哪些重要的反馈或评价？

答：《跑者说》完成后得到了单位上上下下和很多领导的认可、重视，人民网的总裁叶总说，这是一档面向青年的、励志的讲述类节目。

许飞的那一期报送到了第 14 届北京国际体育电影周，代表《跑者说》第一季获得了体育单元跑步类的评委会特别奖。这个是赛事方知道《跑者说》后，邀请我们参加的。

《跑者说》第一季在跑圈内反响很好，之后又开始制作第二季、第三季。围绕马拉松，人民网还创办了中国首届马拉松主持人大赛，把《跑者说》的嘉宾邀请到大赛中来做评委。也许有一天《跑者说》的名字会变，以另一种形式出现，我们今年又在计划推出另一档节目，结合马拉松跑圈中一些不好的现象，比如马拉松赛道上不文明的行为——替跑、作弊、不听医护人员指示……针对类似的马拉松赛事现象，展开一档评论类的节目，形式大概是 3～5 位嘉宾一起，就一个话题展开讨论，这是我们新的尝试。

问：在《跑者说》完成之后，作为主创人员在制作过程中有什么遗憾吗？

答：最大的遗憾是制作时间太少，能完成的太少。很多的跑者我们都想去接触，但录制节目是需要成本的，比如时间成本，有的时候有些跑者时间对接不上。中国的好跑者很多，需要宣传的有正能量的人也很多，但因为篇幅及时间有限，《跑者说》能呈现的不多。

上《跑者说》的人，不光是跑得快的，我们希望是各行各业的人，在自己的行业或者自己平平凡凡的岗位上做出了一些不平凡的事，同时也在不断地跑步，通过身体力行的方式，来推进马拉松这项运动。

《跑者说》要是一直走下去的话，能渐渐减少这一遗憾。跑步本来就是非功利的，有很多默默无闻的跑者，《跑者说》想发掘、想邀请的跑者太多了。任何一家媒体的能量都是有限的，希望通过《跑者说》，很多这样的人能够被点亮，更多受众能够被影响，让正能量能够被传递下去。

三、案例评析：媒体融合背景下的新闻视频探究

随着新媒体技术的快速发展，信息传播形式和接收方式正发生急剧变革，碎片化、移动化、视频化的特征更加凸显。在媒体融合背景下，短视频作为新闻内容承载形式已成为信息传播的重要方向。

《跑者说》第一季作为人民网出品的首档垂直类短视频栏目，在人民系的各个新媒体平台推出，取得了较好的传播效果，为传统媒体如何生产适合新媒体平台的新闻视频提供了一个范本。

（一）自述形式呈现，聚焦典型人物

《跑者说》第一季采取类似 TED 的嘉宾自述形式。在《跑者说》的录制过程中，嘉宾对面有记者进行提问，引导嘉宾讲述自身独特的经历和故事，而在最终的视频呈现中，隐去记者的存在，全程聚焦嘉宾个人，以在有限的视频时长中，最大限度地呈现嘉宾的个人特质。

传统的新闻人物视频报道，一般采取访谈的形式呈现，记者提问，报道对象回答，新闻节目时长一般为几十分钟，受众观看视频，看记者和访谈对象互动；而在《跑者说》中，因为视频主要面向移动端传播，所以采取自述形式能够有效压缩视频时长，且能够给受众以直接和嘉宾对话的互动感。

（二）新闻策划选题，适宜节点推出

《跑者说》这一选题是可预见性新闻报道的策划，即通过提前数月的事先策划，有计划地筹备节目的制作。在全国集中举办马拉松赛事的跑步季里，在短短十天左右的时间中，集中推出《跑者说》第一季的十期内容，在适宜的时间节点，实现了有效传播。

如果没有周密的策划，就难以在短时间内完成节目的制作和播出。在策划阶段就要想清楚节目的呈现形式，考虑清楚节目制作各个环节可能出现的问题，提前做好预案，才能在制作阶段顺利推进项目。

（三）控制视频时长，适合移动端传播

视频由长变短是移动端视频传播的趋势，抖音等社交平台的短视频更是仅有十几秒，传统的长达几十分钟的新闻节目不再适合在移动端传播。《跑者说》在策划之初就将节目定位为面向移动端，因此对视频时长也需要有所控制。节目最终将单期的时长控制在 5～8 分钟，既能保证内容的完整呈现，也能适应移动端的传播需求。

此外，为了更好地在移动端传播，《跑者说》还在每期都推出带有二维码的跑者个人海报，便于在朋友圈等社交平台上进行转发，实现人际传播。

封面新闻《十年·成长：纪念5·12汶川特大地震十周年》系列报道

一、案例介绍

封面新闻由四川日报报业集团与阿里巴巴集团联合投资、华西都市报社实施运营，是封面传媒旗下的核心产品。目前，封面新闻将自身定位为移动互联网公司、面向全国的综合性互联网新闻产品，包括封面新闻 App、封面新闻网、封面新闻微博、封面新闻微信等多个运营平台。2016 年 6 月，国家互联网信息办公室正式为封面新闻颁发互联网新闻信息服务许可证，业务种类为“互联网新闻信息采编发布、转载服务”，由此封面新闻成为西部第一家、全国第二家拥有一类互联网信息服务资质的新闻客户端。作为中国第一智媒体，它以前沿科技为核心驱动，以原创为显著特征，确立“移动优先、视频优先、故事优先”的发展战略，创新移动新闻产品。

2018 年 5 月，正值汶川大地震十周年，各家媒体纷纷以此为契机推出系列报道。在这场媒体角力的报道中，封面新闻以震区青少年幸存者的成长故事为小切口，以“十年·成长”为主题，通过“视频故事新闻+融创互动产品”全面回顾汶川特大地震灾区抗震救灾、恢复重建和发展振兴的不凡经历。这一系列报道综合运用了短视频、直播、图文产品等多种形式（见图 1、图 2），以精致文本、温情视频和创意表达，讲述了地震中青少年幸存者的成长故事，受到了四川省委宣传部、社会各界的广泛关注。其中短视频总播放量达到 2 亿，直播实时互动人数最高达到 200 多万人，还有一篇文字作品获得了赵超构新闻奖。作为一直处在媒体转型前列的封面新闻集团的代表性专题作品，汶川大地震十周年报道无论是在主题选择、内容呈现还是在故事讲述方式上，都有效利用了自身资源和优势，为新媒体时代的新闻报道策划提供了新案例。

十年·成长

纪念5·12汶川特大地震十周年特刊

华西都市报 | 06

3月31日，周六，本该是个休息日。但王亮结束一天的下乡，回到重庆市彭水县家中时，已经过了下午6点。平日里工作忙，他只能利用周末时间，去走访探望自己对口帮扶的贫困户。如今，周围很多人都知道只有27岁的王亮是重庆市彭水县政府秘书科科长，但极少有人知道他的另一个身份：全国抗震救灾英雄少年。

王亮在工作中。

十年成长

抗震英雄少年王亮
名校毕业扎根基层　帮助乡亲脱贫

▶ 为救同学　在废墟中来回爬了不知多少次

"5·12"地震发生时，王亮正在北川中学2楼的一间教室里上历史课。

那年他17岁，上高二。大地震颤，教学楼开始晃动，起初，大家没弄清楚发生了什么。当一个老师在窗外大喊快跑时，教室里的人才蜂拥而出，但王亮刚跑出教室，天花板就塌了下来。

王亮被压在了天花板与墙之间的缝隙中，当震动停止，他借着照进来的光，从一个通道中爬了出去。直到现在，王亮的脖颈上还有一个明晃晃的伤疤，这是当年被砖石砸出的伤。当时，尽管鲜血浸透了白T恤，但王亮已经忘了疼，每个还活着的人，都被眼前的灾难吓懵了。

"当时余震不断，趁着没有余震时，我又从那个通道里爬了进去，一边爬一边喊'还有人活着吗'。"那天下午，一直到晚上十一二点，王亮记不清他往返爬了多少次。最终，他从废墟中救出一名同学，找到了3名被困的女同学，并找来救援人员，一起把她们挖了出来。

地震过后将近一个月，已经跟随学校转移到绵阳的王亮，被一名记者找到。最初，王亮拒绝了采访，直到学校老师出面，让他介绍一下当天的情况，他才答应。此后，采访越来越多，但当时只有17岁的王亮，在全封闭的临时学校上课，并不知道外界发生了什么。直到他被选为"全国抗震救灾英雄少年"，去北京领奖。

领完奖的王亮，继续回到临时的板房学校，准备高三复习，迎接第二年的高考。

▶ 保送大学　努力证明不比考进来的同学差

2009年高考前几天，王亮才知道自己被保送上大学。

"老师把我和班里另一个同学叫去填志愿，我们俩在宿舍里翻参考书，最后我填报的中国政法大学法律专业，他报的中国人民大学，学经济。"从2009年到2013年，王亮在北京度过了难忘的4年。

"入学后，我就意识到，我是地震灾区保送来的，必须通过拼命学习，证明自己不比考进去的同学差，不能让人看不起。"回想起自己的大学时光，王亮记忆最深的，还是通过自己的努力，取得的一连串成绩。

大学期间，王亮连续两年获得奖学金，"学费都是靠奖学金交的"。大二时，他担任班长，被评为优秀学生干部；大三，被评为校级三好学生；大四，获选优秀毕业生，那年，他还通过了司法考试。每一步，王亮都走得踏实有力。

原本，王亮打算毕业后从事律师职业，为此，他还在成都一家律所实习了几个月。但父母更希望他考公务员，"父母的观念，还是觉得公务员更稳定"。于是，王亮在大四那年，又考了选调生，最终到了重庆市彭水县。

▶ 毕业下乡　克服心理上的落差扎根基层

2013年7月15日，王亮独自拖着行李，从北京坐火车，一路辗转到彭水报到。即便重庆和彭水县之间已经通了高速公路，也需要3个多小时车程。初到彭水，这里的偏远，还是有些出乎王亮的预料。更别说，报到当天下午，他就被分到了更偏远的郁山镇。

"我在郁山镇待了正好两年整。"王亮说，他先后在乡镇党政办、林业站、计生办工作，做的都是最基本的业务。直到半年后，他又到了乡镇综治办，在这里，他开始全面负责全镇社会综合治理。

王亮所在的郁山镇，镇情比较复杂，而他负责的维稳、信访等事务，又需要应对各种突发状况。"当时有个村民，因为历史原因，曾被判过刑，后来他不断四处反映，给我们的工作带来很大压力。"王亮只好不断安抚、劝导，并从民政角度，给这个村民解决了不少实际困难。

刚到乡镇上时，王亮多少有些心理上的落差。从北京的名校毕业，却到了最基层工作，尤其是跟一些大学同学聊天时，这种感觉更明显。"他们有的当律师，有的在法院工作，还有很多人留在北京，再看看自己……"

但这种失落感并不经常出现。"我自己就是农村出来的，所以我知道，哪里最艰苦哪里就最需要人，只有到最艰苦的地方，才有大作为。"王亮告诫自己，"我是来工作的，不是来享受的，条件艰苦，对自己也是个历练。"就像在大学期间一样，工作后，王亮心中仍然憋着一股劲。

▶ 帮扶贫困户　制订规划帮乡亲脱贫奔小康

在基层乡镇工作两年后，2015年7月，王亮被借调到了彭水县政府办公室，在秘书科做秘书。"秘书工作千头万绪，非常杂，每天都特别忙，最多时一天能接打100多个电话。"王亮说，周一到周四，每天都要晚上11点才能下班，"早上7点半就出门，开始新的一天"。

"虽然做的事情很多，但我觉得过得很充实，像我这种年轻人，让我每天坐着喝茶看报，也坐不住。"王亮觉得，工作忙也是一种挑战，"把所有事情理顺，并且一项一项推动落实，能得到肯定的评价，这就挺好。"

调到县政府后，王亮又增加了一项新的工作内容，对口帮扶贫困户。"我们办公室作为县级单位，有一个对口帮扶的深度贫困乡，我自己也帮扶了两个贫困户。"按照要求，王亮需要入户走访，但他只能用周末时间去走访贫困户。

采访当天，王亮刚结束一天的走访。"到年初，要跟贫困户一起，制订一年的产业发展规划。"这种规划，要详细到养几头猪仔，种多少棵果树。帮助未脱贫的贫困户尽快脱贫，已脱贫的列为巩固对象，让他们持续向好。

▶ 将为人父　不会忘记伤痛 但也不会沉浸其间

2016年夏天，经人介绍，王亮与彭水女孩陈俊宇相识相恋，一年后，他们成婚，组建了小家。妻子陈俊宇在县城一个街道办事处工作，已经怀孕。

再过几个月，今年27岁的王亮，就要升级当爸爸了。

"跟他在一起之前，都不知道他是抗震英雄少年，平时他也很少提起这段往事。"陈俊宇告诉记者，平日里有人听说王亮是北川的，就会问他与"5·12"汶川特大地震有关的事，但王亮会编个瞎话，"自己当时在外地上学，不在北川"。

"那段伤痛的历史，就摆在那，不会忘记，但也不会一直沉浸在里面。"王亮说起10年前的灾难时，面色凝重。他所在的高二10班，总共60个学生，有11人在地震中遇难，同时遇难的还有班主任老师。

而对于"抗震英雄少年"的称号，王亮觉得，这是一份荣誉，但也会给他带来一种压力。"这种压力让我时刻警醒，要谨言慎行，不能做有损这份荣誉的事情。"

采访中，王亮几次提及，自己只是个平凡的人，现在做的工作也很平凡。但他话锋一转，"经历过那么大的灾难，我活下来了，就应该对得起自己的生命"。实际上，十年来，他也是这样坚持的："不管干什么，都要踏踏实实干下去，把握当下，把该做的事情做好"。

华西都市报-封面新闻记者 董兴生 摄影报道

王亮说，"经历过那么大的灾难，我活下来了，就应该对得起自己的生命"。

实际上，十年来，他也是这样坚持的："不管干什么，都要踏踏实实干下去，把握当下，把该做的事情做好"。

王亮和妻子陈俊宇。

下载封面新闻APP 浏览最潮最新资讯

2018.5.12 星期六

爆料热线 028-96111

2018为爱攀登

5.12十周年 见证四川新跨越

从为爱攀登到5·12慈善募捐

他用行动践行着红星人的大爱

红星美凯龙川黔中区总经理陈凯：为公益，义不容辞

红星美凯龙川黔中区总经理陈凯。

4月8日，红星美凯龙组建20人的登山队伍，参与"2018为爱攀登"公益活动，拉开了2018年的公益序幕。4月10日，经过两天一夜的艰难跋涉，红星美凯龙川黔中区总经理陈凯带领队伍成功登顶5025米的四姑娘山大峰，并践行"每攀登1米，捐献1元"的公益使命。

陈凯常年奔波于四川、贵州、上海等地，但这个"空中飞人"为了参与"为爱攀登"，放下所有工作，用3天时间去完成一项人生的新挑战。

从为爱攀登到5·12慈善募捐

为公益，他义不容辞

陈凯从未登过山，甚至连运动时间都很少，但他在面对四姑娘山海拔4000多米的强烈高原反应时，竟未露出一丝畏惧。陈凯坦言，今年是汶川地震的第十年，十年前，红星美凯龙四川团队深入灾区输送救灾物资，十年后，红星美凯龙对于公益，仍旧是义不容辞。

这次公益活动中，陈凯不仅带领20人的团队参与登山，还联合华西都市报在红星美凯龙六大商场开展线下募捐活动，收到的善款通过华西圆梦基金为广元剑门关中学建起了"红星美凯龙图书角"，送去了体育用品，同时还为眼疾儿童捐赠了救助基金。"我们从社会中来，当然也要回馈社会。"陈凯说。

从5家门店扩张到全川15家

面对挑战，他无畏向前

登四姑娘山，对陈凯来说是一次身体极限的挑战，正是这种义无反顾的精神，让他在2011年创造了新店最快开业速度，至今还未有人打破。2016年10月，川黔中区刚成立时，红星美凯龙在四川仅5家商场，仅一年时间，在陈凯的带领下，红星美凯龙在四川已开业商场15家，遍布四川东南西北各个方位。

在陈凯的职业生涯中，完成了太多不可能的挑战，也取得了很多成就，而这次登山，他用行动证明了一个优秀的家居人对待事情锲而不舍的匠心精神，同时，也让很多人感受到红星美凯龙这个"大国品牌"背后执着向上又富有大爱的文化精神。

华西都市报-封面新闻记者 韩钦清

图 1　《华西都市报》"5·12"地震特刊 A06

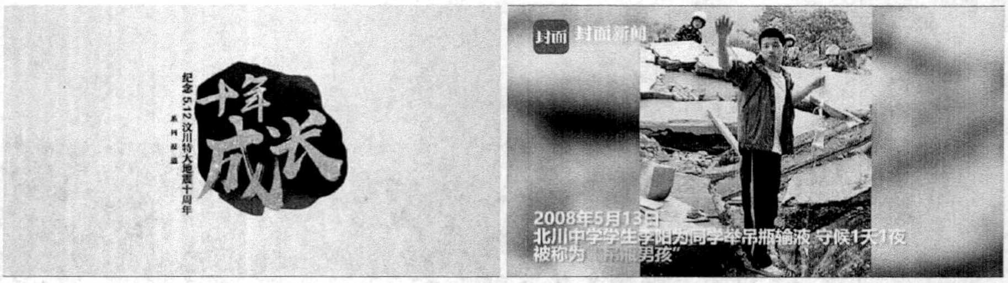

图 2 “十年·成长”视频：吊瓶男孩

二、访谈实录①

问：可以介绍一下你们进行选题策划的过程和最终的报道思路吗？当时是从哪些角度出发想要和其他媒体的报道做出区别来的？

答：最开始的时候大家一起开了一个报道策划会，探讨了地震周年报道的可执行主题。

首先是想要聚焦于灾后重建这个主题，想要运用宏观的数据关注产业重建等方面，但考虑到我们都市报的媒体定位，这种宏观的内容不太能打动人心，而且宏观的角度更加适合央级媒体报道。后来我们综合了自己脱胎于都市报的优势，选择以小切口讲故事的方式记录这个历史事件——以经历过地震的青少年为切入口，关注地震十年之后，这些人有什么成长，具体关注他们的地震受灾状况、地震后如何恢复和目前的状态。另外，考虑到移动互联网的特性，我们选择主要用视频化的形式呈现故事。这种小切口、讲故事的呈现方式更容易引发记忆、打动人心。

吊瓶男孩

独臂大叔

另外，因为我们是四川本地的媒体，团队里四川人比较多，很多人都经历过“5·12”地震这件事情，所以在报道过程当中对选题本身有很多想要表达的东西，因此对选题倾注了很多精力和感情，希望能够把它做得更好，也希望能够很好地展现出四川人的精神，鼓励大家在经历了这个大灾难之后能够更勇敢一些，去面对一些难以预料的事情。

问：你们的整个报道过程安排是怎么样的？除了短视频之外，还运用了什么报道形式？这些形式之间是如何配合的？

① 受访者为封面新闻内容运营副总监胡瑶，采访者为赵伟，电话采访于 2019 年 12 月 16 日。

答：我们的系列报道从 5 月 1 日开始预热，一直到 5 月 20 日正式完结，中间经过了 20 天的刊播时间。在媒介形态的运用上，我们综合运用了短视频、直播、图文、互动 H5 和线下活动等多种形式。我们对所有形式都做了分节点的规划和运用，并将线上和线下打通，进行了融合性全媒体的报道。

从 5 月 1 日开始，我们就每天对外发布一个人物故事的视频，并配合图文介绍在自有平台和商业平台上进行推广。5 月 12 日纪念日当天是报道活动的一个爆发点，我们对这一系列短视频进行了集中展出，并配合现场直播的形式进行报道，也就是每播放一个视频，就切到视频故事现场带大家体验变化和现状；所有视频发布之后，我们又做了一个纪念式的汇总型 H5，同时这些精品视频在四川省委宣传部举办的“5・12 汶川特大地震灾区发展振兴成就展”中进行了展出。5 月 20 日，我们又制作了一个 VR 线上展馆，通过这个虚拟线上展馆展示受灾情况和新北川的建设及人物故事。

这些安排主要是根据不同媒介形式的特性分配的。比如讲人物故事就选择用视频，因为视频更直观，更有感染力，也可以把很多场景拼接起来，还可以回看，长尾效应会更长；但视频的制作时间更长，点击量也不容易是爆发式的，可能十个视频当中只有两三个有爆发式的点击量。直播更能带来现场感和参与感，为了让大家在纪念日当天故地重游，再去看地震遗址和新北川建设情况，让大家有直接的参与感，我们当天选择了直播，我们的直播当时有 200 多万网民在线上进行互动，也达到了很好的效果；但播放完之后就没有长尾效应了，没有人再回看了。图文可以传递一些视频中表达不出来的理念或情感，所以我们也刊发了一两篇纪念式的文章。总体而言，这些报道和呈现形式的选择不是割裂开的，而是整体、有机地组合在一起的。

问：这一系列报道动用了多少人力资源？在制作过程中有没有什么让你们觉得印象深刻或者有挑战性的事？

答：因为这一系列报道规模比较大，所以我们几乎全员都参与了进来。从最开始对报道人物的选择，到视频素材采集、剪辑、包装和推发运营，以及一些文字采编、技术活动和线下活动等一系列活动都需要人力去跟进。我们出动了大概 20 个人的视频团队，20 个左右的编辑记者，还有一些同事负责后期或技术性工作、线下活动等。我们的短视频最终呈现了 10～20 个人，但其实前期采访了 50 个人左右，这个工作量还是很大的。在内容的刊发上，我们也和腾讯视频、今日头条等一些商业平台进行了深度对接，这些平台带来的流量和效果都是比较好的。

印象深刻的事情应该是我们整个团队在这次报道过程中的磨合和成长吧。因为我们之前是纸媒，在转型去做直播或视频方向的内容的时候，其实也在规避自己的短处、发挥自己的长处。比如像一些宏观大型的专题片，对于我们来说其实是比较难的，或者说在硬件配备上其实是不能达到的。选择短视频这样的传播方式，第一是在适应互联网时代的传播方式，第二也是在发挥自身的优势，因为我们擅长讲故事，擅长做一些小而美的视频。但在实际操作过程中也会出现视频团队和记者团队割裂的情况，比如视频团队不太懂文字记者想要表达什么，文字记者也不太懂视频的表达方式，他们在一起做事的过程中也在进行相互学习和融合。从最开始有摩擦和不和，到后面能够很好地把这个片子制作和包装出来，对整个团队来说也是一次非常好的经历。当然，这也是融合发展必须经过的过程。

另外，直播这块我们其实一直都做得非常好，因为它要求精、准、快，这对纸媒来说一直是一个优势。但大型直播对我们而言也是一个挑战，比如这次纪念“5·12”汶川大地震十周年的直播，因为规模比较大，所以我们当时调了四路记者在四个地点转接镜头，这对整个团队来说也是一次锻炼。这次报道我们还第一次运用了 VR 这种新形式，对整个团队来说这也是自我更新和成长。

问：这次报道之后你们有收到什么反馈或奖项吗？之后有没有在其他报道中借鉴此次报道的模式或经验？

答：这次的报道从整个主题的体现、故事讲述到受众和社会的反馈都是比较成功的。首先是视频报道得到了四川省委宣传部的表扬，并且直接在他们举办的“5·12 汶川特大地震灾区发展振兴成就展”上进行了展出。另外，有一篇关于吊瓶男孩的文字报道获得了赵超构新闻奖。我们在报道的过程当中也一直在关注网民的反馈，包括在做直播的时候有 200 多万网民参与了互动，视频和一些其他作品也都收到了很多好评反馈，说明我们的用户真正明白了我们在讲什么、想表达什么，这也是用户思维的一个体现吧。

我们一直在做融合报道和故事化、视频化的努力，很早之前就提出整个媒体要向视频方面重点发力。在这次报道之后，我们积累了很多视频方面的经验，开设了更多精品化的视频栏目，包括现在在和很多商业平台合作一些新闻资讯类视频栏目，向着更加精品化的视频方向发展。做了 VR 展馆之后，我们也进行了更多新技术运用的尝试，包括今年做了一些运用了 3D 技术的视频，希望未来可以把更多的技术手段应用到视频的生产和日常内容的生产中。今年 3 月底的时候，四川凉山州木里县发生了森林火灾，对于这样一个重大突发事件，我们当时也出了系列报道。当时我们借鉴了之前汶川地震十周年的报道模式，综合制作了图文产品、视频产品，还通过 3D 建模报道实现了对现场的还原，让人们对火灾发生的原因、过程等有了更为直观的了解，在流量上和反馈上都达到了比较好的效果。

问：报道完成后，您认为其中最大的遗憾是什么？以后在类似的题材上如何改善？

答：目前我们把自身定位为一家移动互联网公司，但从传统媒体转型过来的我们在新媒体、新技术的运用上还是有很多不足。第一，我们的技术肯定没有其他媒体那么好，所以从拍摄剪辑到画面表达、同期声的运用等有很多青涩的地方。这些需要一定的实践积累经验、团队更新、技术和设备的更新，才能不断提高。第二，在做大型报道设计特别是直播设计的时候，可能在一些方案的设计方面做得不是很周全，这次报道也出现了一些小疏漏；另外，现在媒体直播可能以快为主，导致不像以前的电视媒体那么精确和专业了，因此我们需要更加注意提升专业技能。第三，我们当时对一些技术手段不是特别了解，跟市场接轨不是特别多，比如怎么在 H5 上制作出个人照片替换之类的效果，所以在创新形式上还是显得有一些陈旧。未来我们需要在人员、硬件技术和专业技能等方面做更多的自我更新和进化。

三、案例评析：媒介融合中新媒体新闻报道的创新与反思

随着技术的更迭和不断发展，人们的信息消费习惯发生了巨大的变化，传统媒体不能简单地依靠传统的大众传播方式来有效地传播信息，因此积极向互联网转型、进行媒介融合的改造成为当下传统媒体的首要任务，只有这样才能更好地适应受众的信息消费习惯，在信息采集、内容和呈现形式、传播渠道等多个环节赢得受众。然而在转型过程中也出现了一系列问题，如过分依赖技术、技术使用不当、各平台间的使用没有达到有效融合等。针对传统媒体过去十多年发展互联网产品的短板和痛点，四川日报报业集团以《华西都市报》为实施主体打造了封面传媒，在全国迅速产生了广泛影响，其融合转型的做法和探索具有标杆意义。2018 年 5 月纪念汶川大地震十周年的系列报道，是媒介融合背景下新闻实践的典型产物，可以为媒介业务融合、新媒体时代的新闻报道提供借鉴；其在实践过程中的困难与不足也能为我们反思媒介融合的现状提供素材。

在纪念汶川大地震十周年的报道当中，封面新闻从人物故事这一小切口出发，在内容制作和呈现、传播渠道占领和受众互动方面都做了努力：首先，从都市报的定位出发，立足自身的技术优势和资源优势，以讲故事的方式打动人心；其次，在内容呈现方式上，根据目前视听传播的大趋势，选择主要以短视频的方式做内容，并积极利用新技术，直播、VR 产品相配合，达到

更好的表达和互动作用；最后，在传播渠道上，除了利用自身的 App、网站、微博微信平台之外，还和腾讯视频、今日头条等商业平台合作，扩大信息传播的影响力。综合而言，这一系列报道在内容选择、表达形式和与受众互动上相互配合，是当前环境下新闻实践创新的典型成功案例。封面新闻也在此系列报道之后，继续贯彻“讲故事”“视频化”“新技术”等理念，并进行了凉山木里火灾报道等一系列成功报道。然而，封面新闻在积极融入智媒体时代的过程中所面临的对技术不熟悉、部门之间相互话语不通且相互合作壁垒难以打通等问题也反映出当下大多数媒体的困境。因此，未来封面新闻需要加强技术投入，引入真正懂技术、懂管理的人才，不断推进媒介深度融合；同时，也要继续发扬传统媒体本身的专业性，生产高质量的文字，坚持精、准、快的原则，将传统媒体和新媒体有效融合起来。

《成都商报》重庆万州公交车坠江事件报道（图文视频直播）

一、案例介绍

2018年10月28日上午10时8分，在重庆万州区长江二桥上的22路公交车上，一名女乘客因错过下车站点与驾驶员发生争吵并互殴，导致公交车与一辆轿车相撞，公交车撞断护栏掉入长江，酿成悲剧，公交车上驾乘人员15人无一生还。

事故引发了全国的广泛关注，短时间内，新华社、人民网、央视新闻、《北京青年报》等各大媒体都在各自的新闻平台上进行了相应的报道，《成都商报》也及时对事件进行了关注和追踪，并在微博、微信、客户端等平台滚动发稿，同时进行了多次现场直播，获得了较显著的传播效果。在微博平台上，单条微博的总阅读量超过1.6亿，3个微博话题阅读过亿，话题总阅读量为6.1亿，总转评赞超过89万。微信平台的两篇原创稿件总阅读量达到30万以上。报道过程中一共进行了5场直播，直播内容在《成都商报》新闻客户端、《成都商报》官方微博（见图1）、今日头条客户端、网易新闻客户端、凤凰新闻客户端等众多新媒体新闻平台发布，总播放量达6 912万。

值得一提的是，通过对此次事件的多次直播报道，《成都商报》直播的影响力获得大幅提升：首先，在今日头条上收获了大量新粉丝；其次，在《成都商报》官方微博、《人民日报》官方微博、腾讯新闻客户端等主流平台上产生了重大影响，成为除央视、《新京报》之外，第三家在微博上能够影响网民舆论的主流媒体；最后，通过前方记者过硬的语言组织能力和临场应变能力，与网民进行互动，答疑解惑，为《成都商报》吸引了一众粉丝。

对突发新闻的报道是新闻报道中一个很重要的报道类型，因为这类新闻有着很强的不确定性，所以对进行报道的媒体和记者的素养有着很高的要求。尤其是在媒体融合的新时代，对于突发新闻的报道方式也变得越加丰富。在

图 1 《成都商报》官方微博直播截图

对重庆万州公交车坠江事故的报道上，《成都商报》很好地组合了文字、图片、视频、直播等各类新媒体报道方式，实时跟踪事故进展，为公众带来了准确、直观且互动性强的报道。这不仅仅让媒体自身收获了更多的关注，提高了媒体的社会影响力，更为如何在融媒体时代更好地报道突发新闻提供了借鉴。

二、访谈实录①

问：请介绍一下这篇（系列）报道的选题背景？

答：2018 年 10 月 28 日上午 10 时 8 分，重庆市万州区长江二桥上发生重大交通事故，一辆 22 路公交车在行驶过程中突然越过中心实线撞上一辆正常行驶的红色小轿车后坠江。事情发生后，相关的视频在网上迅速传播，事故伤亡情况、事故发生原因引发社会广泛关注。

问：请介绍一下这篇（系列）报道的主要筹备经过，并介绍一下主要负责人和参与人员的规模，以及调查、追踪、采访是如何开展的。

答：事情发生后，“成都商报-红星新闻”立即做出反应，第一支报道采访小组第一时间赶赴现场。这支报道采访小组由文字记者、摄影记者和视频直播记者组成，从成都出发赶往万州。离万州最近的都市新闻中心达州片区负责记者张杨立即赶往现场，随后，都市新闻中心记者罗敏加入报道小组，从宜宾出发，紧随张杨之后赶往万州。然后，我们遇到突发情况的时候都会

---

① 受访者为《成都商报》都市新闻中心负责人及记者王卓然，采访者为李宇，采访时间为 2019 年 12 月 24 日，采访方式为文字采访结合电话采访。

建立一个工作群，同事们出发之后，后方的导播会在记者到达之前尽可能多地搜集已经证实过的文字、图片和视频资料，并全部发在工作群里面。记者在路上就要不断地看，能够背下来现给资料的70%。这是我们有的一个比较好的前后衔接机制。到达现场后，摄影组进入公交车打捞现场指挥处（三道封锁线的核心区），直播组占据有利地势进入第一次直播，记者在外围采访，共计6人，合理布局。

问：这篇（系列）报道在筹备和采写过程中和日常普通报道有什么不一样的地方？如果有，这种不一样的地方取得了什么效果？如果没有，为什么？

答：对于突发事件来说，你赶到现场的时间，在一定程度上决定了你能采访到什么内容。所以，事件发生后，我们第一时间启动了应急突发指挥系统，第一时间调派直播、摄影、文字记者，按照各自的分工与定位，赶赴现场报道。按照现阶段科技的发展和我们使用智能手机方式的不断变化来看，所有的突发事件和大事件在报道选择上应该都是按照视频直播、视频和图片组合、文字和图片组合这样的顺序的，因为视频直播是最直观的，也最能够在网上达到一定的传播度，只靠图片和文字所带来的震撼效果就不如视频直播强。由于我们赶赴现场及时，然后通过现场直播及时将现场的情况传播给全国网民，所以得到了很高的关注度，也取得了很好的传播效果。

问：作为主创人员，您认为这篇（系列）报道最大的创新之处是什么？为什么？

答：我认为最大的创新之处在于多种报道方式和传播手段的相互融合：文字、图片、短视频与直播相互配合，各有重点。直播、短视频负责呈现现场情况，文字、图片则负责深度报道挖掘及第一时间发布官方信息。这次也是“成都商报-红星新闻”开启直播以来经历的最大的一次突发事件的直播，过程中出现了许多考验记者应变能力的情况，比如说为了更直观地向观众展示事故救援的困难程度、江面的情况等，我们必须找到适合直播的高点。

问：在报道和通过各种新媒体平台传播的过程中有遇到困难吗？有的话，其中最大的困难是什么？您是怎样处理的呢？

答：在报道的过程中肯定会遇到困难。如何第一时间突破封锁进入第一现场；江底救援的过程和细节怎样拿到；怎样找到之前被公众误认为是事故元凶的小轿车女司机；事故原因披露后，怎么弄清楚与公交车驾驶员发生争执的刘某到底是个怎样的人；公交车驾驶员冉某，最后一趟发车前做了些什么；等等。另外长时间的直播对于直播记者来说也是很大的挑战。我们四天做了五场直播，平均每一场时间都超过三个小时。水上救援和陆地救援不一样，直播的时候不可能跟随潜水员反复进出水中。所以在镜头比较单一的情况下，让直播内容丰富起来就只能依靠直播记者的表达能力和知识储备，比如说向观众科普一些水下打捞和救援的知识，帮助观众理解为什么救援难度很高。我们在科普了一天多两天的时候，网上的舆论方向也发生了一些变化，出现了更多的关心救援队员的声音，这样也可以看到直播对舆论的一点影响。还有一点是在直播过程中，后几天的信息源比较单调，在这样的情况下我们的直播记者就会从救援的角度，比如设备、人员、救援的流程、遭遇类似情况如何自救等方面进行科普，甚至是结合自己的个人经历和资源来进行解说。虽然说困难不一而足，但解决办法也多种多样。只能说这是记者工作的日常，这个工作就是要不停地应对新情况，然后通过自己在行业积累的各种经验努力去解决新问题。

问：这篇（系列）报道中让主创人员印象最深的采访（写作、制作）经历是什么？

答：有两个。第一个是第二天我们在一栋居民楼顶上进行直播，晚上有七八个人拿着手电筒来天台上问我们是不是红星直播的，我们一开始以为是物业保安来赶人，但其实是那里的居民，后来他们给我们拿来了很多热乎的吃的，当时我们感觉特别暖。还有一个是，在事件的后期我们就没有进行直播了，但是参与采访的一名直播记者和一名摄影记者为了拍下公交车被打捞出水的画面，在江边通宵守候，既要忍受蚊虫之扰，又要防止被安保人员发现，被“请”出场外，就是为了抓住这一救援的关键瞬间。第一天等到晚上 12 点，前方说当天的天气情况不适合打捞，于是第二天接着等。第二天晚上 11 点半的时候听到船的发动机开始响了，然后十多分钟之后我们总算看到了残破的公交车，拍完照片录完视频，两人大概 1 点多才离开。

问：这篇（系列）报道的反响如何？目前有没有获得什么奖项？有哪些重要的反馈或评价？

答：与其他媒体相比，我们的速度更快，第一时间对事故现场及救援情况进行了直播；也有更多的增量信息，比如司机冉某在出车前曾在 K 歌平台唱歌到凌晨。另外我们也得到了大量来自受众的认可，在直播的留言板上会看到“加油”“我们会等待奇迹”“我们相信”这样温暖的字眼，微信上也收到了很多私信，比如说“直播的小哥哥小姐姐，他们还在奔波吗”“好好表扬他们哟”，看到这些我们觉得很感动，从没想过会获得这样的评价和认可。总体来说，这一系列报道在网上收获了大量的关注和评价，取得了良好的传播效果。这一系列报道也在当月获得了报社内部的新闻奖。

问：在这篇（系列）报道之后，所在媒体有没有在类似的题材或者操作流程中复制或发扬？如果有，请举例说明。如果没有，为什么？

答：不仅仅是这篇报道之后，其实在这篇报道之前，交替使用文图、视频、直播等多种传播手段报道同一重大新闻事件就已经是“标配”，这是媒体丰富传播手段的必由之路。在这篇报道之后，我们还在宜宾地震、叙永泥石流滑坡、无锡高架坍塌、江苏盐城爆炸等许多事件的报道中运用了这样的报道方式，同时在一些重大的宣判，比如说上海杀妻案、湖南的操场埋尸案和眉山的强奸杀人案宣判中，我们也运用了这样的报道方式。

问：在这篇（系列）报道面世后，作为主创人员，您认为其中最大的遗憾是什么？为什么？如果有，以后在类似的题材上如何改善？

答：第一个遗憾是没有跟着打捞队伍上到一开始的打捞船上，如果直播的时候能够上到那些船上，画面就会更丰富，能够采访的人也更多。第二个遗憾是坠江公交车被打捞出水的照片没有公开。直播记者和摄影记者蹲守了很长时间，第一时间拍下这张具有重大意义的照片，却没有被使用。还有一个遗憾就是设备没有带够，如果我们去的人更多一些，设备更多一些，直播的时候角度就能更多一些。但事情发生得太突然了，而且后续的投入力量不够大，否则更多画面的效果会更好。

问：您觉得在做这一类突发新闻的报道的时候需要注意些什么？从报道手段而言，又应该怎么进行更好的传播？您有什么建议吗？

答：突发新闻，一是要讲速度——快速赶往现场，获得第一手信息，通过直播、视频等快速传播方式，第一时间传递信息；二是要讲深度——在传递信息后，还应传递价值，应布局记者深入挖掘适合做深度报道的新闻点，在信息之外，形成深度报道。从报道手段来说，还是应多种报道手段配合，直播、视频等第一时间传递现场情况，文字、图片则负责深度报道挖掘及第一时间发布官方信息。直播其实是一种风险很大的新闻呈现方式，因为对文字、图片和视频都要审稿，但对直播审不了。前一秒说出去的话，后一秒就播出去了，无法更改。这就对前方的直播记者提出了很高的要求，跟事件相关的知识和数据一定不能出错。另外，直播记者应该具有舆论引导意识，报道的其实不仅仅是一个事件，报道之后引发的舆论效应同样很重要。我对于直播记者有三个建议：第一个是一定要充实自己的知识储备，遇事不慌，遇事有话，言之有物，说出来的话都要有依据，而且要有逻辑性，不能胡说八道；第二个是善于提问，在基本的五个 W（what，where，when，who，why）和一个 H（how）的基础上进行发散，问到点子上；第三个是不能放弃，遇到障碍阻拦的时候不要慌，学会随机应变，一定要坚持。

三、案例评析：媒介融合背景下的突发事件报道

“成都商报-红星新闻”对于重庆公交车坠江事件的多媒体融合报道面世后，不仅在报社内部获得荣誉，同时也在新媒体新闻报道领域得到了高度认可，在受众之中也收获了大量的关注和好评。在当前互联网环境下，新媒体技术的发展和普及给传统新闻业带来了很大的挑战，《成都商报》所采取的多媒体融合报道的路径是今后新闻业报道的主要趋势，因此为我们适应这一趋势提供了许多可以学习和借鉴的地方。

（一）突发新闻联动报道的前期准备

时效性对于突发新闻来说至关重要。在重庆公交车坠江事件中，从事故发生到《成都商报》派出记者，反应时间不到两个小时。通过及时建立高效的内部沟通和分享机制，在前方记者奔赴现场的同时，后方的工作人员也把握时间为前方记者准备采访和直播等需要的材料，让前方记者能够在到达现场以前在有限的时间内更加充分地了解事故的情况。除此之外，一些离事故现场更近的《成都商报》的驻站记者也从各自所在的地方驱车先行赶往事故现场，做前期的文字和图片采集工作。这些工作都为之后进行全面的信息传递和对新闻点的更加深入的把握打下了基础。

（二）视频直播在新闻报道中的应用

在对重庆公交车坠江事件进行多媒体融合报道的过程中，影响力最大的一个方式是视频直播。在整个四天的报道中，“成都商报-红星新闻”的记者们一共进行了五场直播，平均下来每场直播持续的时间超过三个小时。为了让观众能够很直观地看到现场的画面，做高质量的直播，记者需要找到合适的拍摄角度和位置，为观众提供尽可能丰富的视角和画面，同时通过解说让观众能够理解自己看到的画面。如果存在实际情况等客观不可抗力的因素使直播的画面呈现受限，记者就应该及时从自己的知识储备中提取合适的内容补充到报道中，从语言上丰富直播的呈现。

（三）记者的职业素质

记者这个职业确实是需要一定的使命感和责任感的，在工作过程当中，困难是不可避免的，如果轻易放弃就很难发现和获得那些真正打动人心的细节和故事。虽然在对这个事故的报道中，两名记者在重庆江边小山坡上坚守两夜拍下来的公交车打捞出水的照片没有被公布，但这样坚韧的精神是需要记者坚持下去的。在新媒体时代，丰富的信息平台为公众提供了非常多的信息来源，人们可以自由地针对社会事件发表自己的看法，但记者作为官方的信息搬运人员，应该注意自己报道时的客观表述，任何时候都不要把个人情绪带入报道当中，以免造成舆论的偏颇。另外，不断地学习和学会随机应变更是对记者能力的基本要求。

四、《成都商报》＃重庆公交车坠江事件＃五场微博直播地址

2018 年 10 月 28 日，16：50，1 268 万次观看

时长：5：06：37

【关注！＃重庆公交车坠江事故＃直击救援现场!】10 月 28 日 10 时许，重庆万州一公交车在万州长江二桥桥面与小轿车发生碰撞后，坠入江中。目前，相关部门已经确定车辆沉入江底，正在组织打捞救援。截至 15 时，已打捞出 2 名人员遗体。

http://live.weibo.com/show? id=1042152：4c0b272116f2226048958e71829c9d40

2018 年 10 月 29 日，08：10，399 万次观看

时长：5：08：10

【＃重庆公交车坠江事故＃坠入长江一夜，直击救援工作最新进展】28 日上午 10 时左右，当地 22 路公交车从长江二桥冲下坠江，公交车坠江前与一辆小轿车发生碰撞，救援工作立刻展开。一夜救援过后，相关工作仍在持续当中。《成都商报》直播直击最新救援情况。

http://live.weibo.com/show? id=1042152：f0a96638198b85adce553849882716ef

2018 年 10 月 29 日，18：30，650 万次观看

时长：2：06：13

【直播｜公交坠江打捞现场：初核 15 人失联 增派 800 吨起吊船舶】28 日，重庆万州一公交车在万州长江二桥桥面与小轿车发生碰撞后坠江。经初步核实，重庆坠江事故 15 人失联，目前已打捞出两具遇难者遗体，万州坠江

公交车位置确定。现场增派一艘800吨大型起吊船舶。

http://live.weibo.com/show? id=1042152:3cd7c4e57b9039a0e093309497ee83b7

2018年10月30日，11：29，229万次观看

时长：1：35：13

【重庆万州公交车救援最新进展：救捞潜水作业全面展开】28日，重庆万州一公交车在万州长江二桥桥面与小轿车发生碰撞后坠江。公交坠江打捞现场，目前已打捞出三具遇难者遗体，公交车坠江位置基本确定。工程潜水救捞和沉车起吊工作今天将全面展开，《成都商报》直播带来报道。

http://live.weibo.com/show? id=1042152:f04147aa56caeb4e08c9c4c3682da4b2

2018年10月30日，17：59，83万次观看

时长：2：03：24

【重庆万州坠江公交车水下视频曝光车辆细节，相关工作持续进行】28日，重庆万州一公交车在万州长江二桥桥面与小轿车发生碰撞后坠江。经初步核实，失联人员共15人，含公交车驾驶员1人。目前已发现9具遇难者遗体，其中7具已救捞上岸。最新情况，《成都商报》直播在现场带来报道。

http://live.weibo.com/show? id=1042152:085d0866059cb64d72608511b3d5ebf2

《每日经济新闻》H5 作品《ofo 迷途》

一、案例介绍

共享单车被誉为中国的新“四大发明”之一，在三年间发展迅速，引起了广泛的关注。

2018 年以来，共享单车行业进入深度调整期，领军企业 ofo 屡传资金链断裂，至 2018 年下半年，多家 ofo 供应链企业坦言被拖欠货款，ofo 资金链危机从而暴露在公众面前。

冬季对于共享单车企业而言是一场“大考”，ofo 不断对外否认其面临的问题，然而其运营的全线收缩仍显露出蛛丝马迹，ofo 多地办公区人去楼空的消息不绝于耳。同时，ofo 的押金退还出现延迟甚至难以退还的情况，投诉事件频发，广大 ofo 用户急切地希望了解 ofo 的真实运营状况，但却难以从 ofo 口中获得答案。

ofo 迷途

为了求证 ofo 在全国范围内的运营情况，《每日经济新闻》策划了这一组报道。

报道调动 11 名记者走访调查了 11 个城市，包括北京、上海、广州、深圳、重庆、杭州、成都、武汉、南京、西安、济南，基本涵盖了共享单车竞争的主要城市。

在采写上，记者实地走访高峰时期主要商圈或地铁站周边的共享单车使用情况，探访当地 ofo 办公地点，通过视频、图片的方式，多样化呈现报道内容，并结合图表，全面呈现 ofo 市场占有率、消费者美誉度等。

最终出炉的《ofo 迷途》H5 产品，集动画、视频、数据图以及文字于一体（见图 1、图 2）。通过数据图的方式，ofo 的诉讼、消费者投诉以及欠款情况一目了然；动画、视频及交互设计，让该作品在内容丰富性和互动体验上均远远超过单纯的图文稿件。

图 1 《ofo 迷途》H5 作品封面图与首页

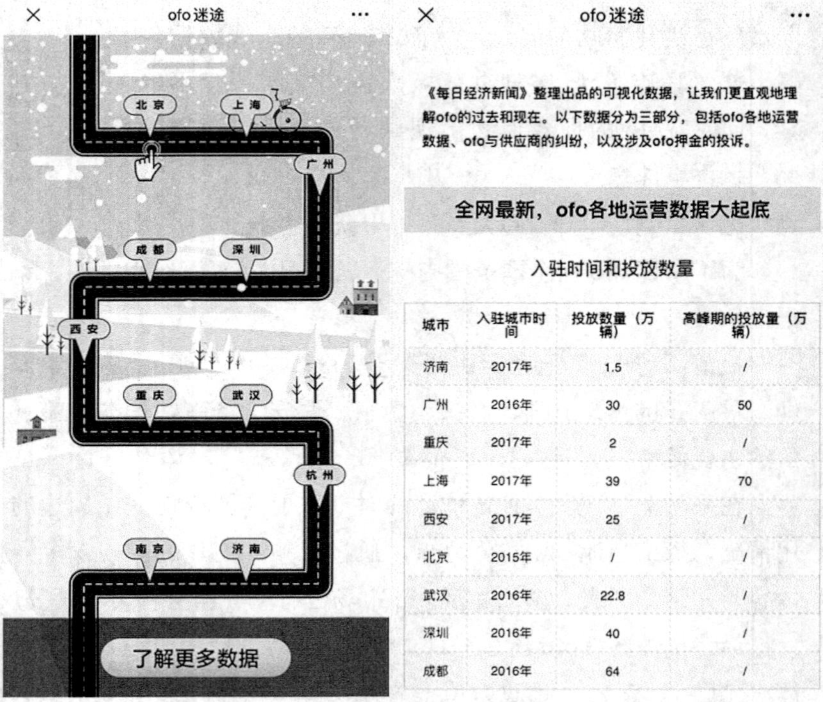

图 2 《ofo 迷途》H5 作品界面与内容

项目的传播方式包括图片式二维码传播和链接传播，其中图片式二维码传播呈现新闻内容主题的设计，利于吸引受众，便于在社交平台分享传播，是多数互联网产品会选择的传播方式。

在传播方面，报道在微信、微博、客户端等多渠道上线，并有计划地在全网推广。

《ofo 迷途》H5 产品以动画互动的方式吸引受众，浏览量超过了《每日经济新闻》过去的所有新闻类 H5 产品，取得了新的突破。

《每日经济新闻》官方微博以＃ofo 迷途 11 城＃以及＃ofo 黄了么＃为话题标签，将 11 城报道陆续发出，播放量近百万，引起了网络上就 ofo 运营中出现的问题的讨论。

其中，报道中的独家新闻点，“ofo 杭州分公司被列入经营异常名录”进入微博热搜。

此报道获得中国新闻奖“融合创新”奖项一等奖、《每日经济新闻》2018 年度创新奖。

二、 访谈实录①

问：在策划这次报道时，有没有想到其他的角度，或者关于选题的其他冲突？

答：是有其他选题角度的，我们在做一个选题时通常会从很多方向、线索去探索。但当时，这（ofo 公司资金链断裂）不仅是一个社会热点，还是一个财经热点，有很多财经媒体以及很多都市化媒体在做，包括央媒也在做，基本上全国一流的媒体都在做。很多选题角度都被做完了。

我们当时也想对这个公司（ofo）的内部员工以及投资人进行采访，做一些深入的分析，比如它的商业模式、财务状况。但这些角度已经被其他媒体做过了。所以我们采用了派记者摸底全国一线运营城市状况这种最笨的方式，这个角度暂时没有多少媒体做过，有做的也只是零零散散在做，没有太深入。

① 受访者为《ofo 迷途》系列报道主创岳琦，采访者为杨凯文，2019 年 12 月 19 日采访于北京《每日经济新闻》报社。岳琦，汉族，1990 年 4 月出生，新疆巴州人，毕业于新疆财经大学新闻与传媒学院新闻专业。2013 年 7 月至今，在《每日经济新闻》从事新闻采编工作，专注于公司新闻报道，是《每日经济新闻》成长最快的一线记者和新闻业务标杆之一。被提拔为《每日经济新闻》第一个“90 后”中层管理人员，负责创建新团队，培养新记者，探索新模式，历任公司频道主编助理、副主编。目前负责带领公司频道北京团队，以新闻专业职业操守和价值判断，报道中国北方区域上市公司及大型企业，同时关注经济时政热点，探索融媒体技术创新。

问：在中国新闻奖的推荐表上，这篇作品的主创团队有 16 个人，方便介绍一下这 16 位老师具体的分工吗？

答：其实应该不止 16 个人，还有一些人后来有工作变动，大概有七八个人调动了。记者有 10 个人左右；另外有 2 个人负责视觉包装，包括可视化图表的制作；还有 2 个人负责视频，拍摄大部分是由记者完成的，这 2 个人主要负责剪辑；还有 2 个人是技术部的，1 个是产品经理，1 个负责技术。

问：这次报道在筹备和采写过程中有没有和日常报道不一样的地方？

答：不一样的地方是这次报道在刚开始做的时候就让其他部门、不同的工种参与了进来。之前通常是先把文字做出来，然后再想怎么包装，怎么做图和视频。这次我们一开始就想能做的（报道方式）都做，所以把视频、视觉、技术的人叫在一起商量。其实一开始并没有想好具体采用什么形式，但至少我们想用一种新的形式来呈现。

问：这次报道您觉得最大的创新之处是什么？是 H5 吗？

答：不是。这次的 H5 作品做得并不完美。我觉得把新闻的内容用各种不同的包装手段结合在一起可能算是一种创新，但其实也是比较常规的。

这次报道能被表彰，我其实写了创作体会①。很多融合是为了融合而融合，但我们这次是为了新闻而融合。当时做的时候我们也没想到要融合这么多，只是在做的过程中发现这样效果好，才用了各种各样的手段。

问：推荐表中提到，这篇 H5 作品的浏览量超过了《每日经济新闻》过去所有新闻类的 H5 作品，您觉得和过去的 H5 作品相比，这次的 H5 作品为什么能够表现得更优秀？是优秀在内容上还是优秀在最终呈现的产品上？

答：和之前对比的话，这次的新闻属性更重一点。形式其实并没有多大的突破，之前也有类似的实践。这次浏览量高的主要原因，我认为在于这个话题本身就带有足够的流量，而且因为筹备了很久，在推广上我们也更重视去重点推广。

问：现在不少新闻记者还是更擅长文字，在技术上面并不是很见长。在这种情况下，为什么您还是强调融合报道要坚持新闻内核呢？

答：其实技术上的东西很容易学会，做新闻、懂新闻、能做好新闻的人

---

① 即岳琦《用新闻驱动融合创新：〈ofo 迷途〉创作体会》。他在文中表示："从上一届评委的分析中不难发现，我们的作品正是无意中切中了评选导向：媒体融合类报道的内核更多应该是新闻，换句话说，融合创新要用新闻来驱动。"

对新东西的掌握都会很快，能很快上手，只是取决于愿不愿意学。现在有些传统的报社不太愿意去学习新技术，但只要愿意去学，愿意去用，就还是能用得很好的。

问：现在距离这篇报道发出已经过去了将近一年，产出的经验有没有在后续类似的实践中得到复制或发扬？

答：2019 年下半年，我们做过一个追踪类的报道，叫“ofo 残局”。在操作形式上和之前的报道是一样的，也是在全国各地开展探访，得到最新的进展。在报道形式上我们进行了一个沿用，包括 H5 模板也是套用的，也会有跟历史报道的对比。这也算是一种报道模式的复制和发扬。

另外对于一些重大新闻的报道，我们会参考这次的模式，在策划之初就让各个部门的人一起碰面来探讨。这种工作模式也沿用了下来。

问：在这次报道的采写过程中有没有印象深刻的经历？

答：其实从工作时间来讲，这篇作品的写作采访过程是耗时最少的。前端记者的走访大概只耗费了 2 天时间。而各个流程的协调和对接是耗时最多的，比如和后端人员沟通，包装出每个城市不同的新闻点，让每个城市的视频体现城市特点，进而形成一个全国性的视角，这个工作是最耗时的，当时花费了很多时间和精力。

问：这次报道除了取得流量和奖项，有没有其他值得一提的反馈或反响？

答：主要的反馈是来自 ofo 用户的。这篇报道发出没有多久，用户对这个公司可能看得更清楚了，在一些经营不好的城市，出现了用户集中去退押金或放弃使用 ofo 的情况。

问：这次报道中最大的遗憾是什么？

答：这篇报道中的遗憾还是不少的。比如没能找到更多典型用户，没能吸引更多读者互动，没能进行更高效的统计调研，没能爬取更多关键信息，没能让作品更好、更快、更深。

如果有条件、有时间，我们想找到更多典型用户，从用户体验上做文章。另外，当时我们也找了许多数据来做数据新闻，但数据量还是非常少的。

最大的遗憾还是对这个公司缺少一个整体深入的剖析。主要原因是在记者配置上缺乏考虑，记者分散在全国各城市，没有进行整体深入的采访。从采访量和时间上来看，在两三周内做出这篇报道还是存在许多困难。

问：最后，您还有其他的感想吗？

答：其实这篇作品还是略显粗糙的，最后获奖时我自己也很意外。从整体来看，这次只是一个探索性的产品，包括 H5 也只是一个尝试，没想到能收获这么多关注。

这种报道其实做起来很简单，相比我们之前的一些其他报道题材，比如说上市公司深度报道，要简单得多。当时我们选择做这个选题也主要是出于竞争压力——其他媒体都在跟进，我们也想做点东西出来。其实创新也是被逼出来的，如果我们有做其他形式的深度报道的条件，那么可能也不会想到进行这种形式的探索。大多数创新都是被逼出来的，这可能是一个值得探讨的事情。

三、案例评析：让融合报道回归新闻内核

《每日经济新闻》系列报道《ofo 迷途》创作于 2018 年年末共享单车行业深度调整、ofo 屡传资金链断裂之际。《ofo 迷途》主创团队调动记者实地走访 11 个共享单车竞争主要城市，对各城市 ofo 办公地点以及主要商圈共享单车使用情况进行报道，并以 H5、视频、文字稿、可视化数据以及现场图片的形式进行呈现。

《ofo 迷途》在微信、微博、《每日经济新闻》客户端等多渠道进行传播。报道发出后，该 H5 作品浏览量超过《每日经济新闻》过去所有新闻类 H5 产品，视频播放量近百万，报道中的独家新闻点登上微博热搜。

《ofo 迷途》的成功在某种程度上归功于坚持让融合报道回归新闻内核，具体而言，这种“回归”体现在以下几方面。

（一）选题策划：立足“新闻性”，回应公众关切

《ofo 迷途》系列报道获得了中国新闻奖“融合创新”奖项一等奖。在第二十八届媒体融合奖的评委评析中，评委认为“媒体融合奖参选作品在新闻性、现场性方面差强人意”，“真正具有新闻性、及时性、现场感的作品占的比例并不大”，这些都反映了“报送者对媒体融合奖评选标准和要求的误区，这需要我们积极利用获奖作品引导申报”①。

由此可以看出，一个好的融合报道作品，首先应当是一个好的新闻作品。《ofo 迷途》在选题策划角度方面立足新闻性与现场性，选择回归新闻现场，

① 评委有话说丨第二十八届中国新闻奖媒体融合奖评析．(2019-01-18)［2021-03-10］．http://www.xinhuanet.com/zgjx/2019-01/18/c_137753695.htm.

以实地走访的形式为公众提供信息增量，回应公众所关切的问题。这是其作为融合创新作品突围的先决条件。

（二）融合手段：围绕“新闻价值”，寻求技术支持

《ofo 迷途》本身是一个涵盖全国、公共性较强、公众关注度较高的选题。其新闻价值集中于如何展现 ofo 在各城市的生态实貌，以及为公众廓清网络上各类混杂传言的迷雾。对于《ofo 迷途》的创作而言，对融合手段、呈现形式的选取，并非新技术的试验场，而是紧密围绕其新闻价值，服务于其新闻价值而展开的。正如主创团队所说：“新闻的内核决定了我们可以用这样那样的方式挖掘更好的新闻，而不是我们有了这样那样的手段，试图在这个新闻上‘套用’一番。”

（三）技术理念：尝试“新闻＋”而非“＋新闻”

对于新闻内核的“回归”，亦是一种对于技术的态度和理解。正如前文所述，在选题策划上立足“新闻性”，在选取融合手段时围绕“新闻价值”，实际上都是要求融媒体报道在拥抱技术、品尝技术的“甜头”后，不忘思考如何让新闻的味道更醇厚。

新闻工作者总能位于新鲜事物的前端，新技术、新手段的运用也总能让观众为之叫好。但不能忘记的是，融合报道的起点与归途始终是新闻，要让技术成为新闻的烘云托月却不喧宾夺主的“好帮手”，而非成为一道璀璨却又迷离的幻光，这是《ofo 迷途》系列报道留给我们的最大经验与思考。

附　录

用新闻驱动融合创新

《ofo 迷途》创作体会

文/《每日经济新闻》公司频道副主编　岳　琦

获悉《ofo 迷途》报道获得中国新闻奖，作为主导策划者，我在欣喜的同时也倍感疑惑，这样一个略显稚嫩的融媒体作品是如何在激烈的竞争中占据“融合创新”类奖项一等奖的一席之地的。在看到评委对上一届中国新闻奖媒体融合奖的评析的文章之后，我的疑惑才逐渐解开。

“媒体融合奖参选作品在新闻性、现场性方面差强人意”，“真正具有新闻性、及时性、现场感的作品占的比例并不大”，这些都反映了“报送者对媒体

融合奖评选标准和要求的误区，这需要我们积极利用获奖作品引导申报”。从上一届评委的分析中不难发现，我们的作品正是无意中切中了评选导向：媒体融合类报道的内核更多应该是新闻，换句话说，融合创新要用新闻来驱动。

融创报道从新闻出发

2018年年底，共享经济昔日“翘楚”、拥有数千万用户的ofo公司危机逐步显露。在舆论反思和公众关切中，商业剖析类和零散的抓眼球报道占据舆论场，但这家全国布局的企业的实际运营、债务和市场情况仍然存在盲区。

这是一个涉及公共利益和具备商业案例意义的事件，作为一家专业财经类媒体，《每日经济新闻》一直在思考如何把这个新闻做好。事实上，操作这个题材是具备相当大的难度的。

ofo是一家明星公司，全国主流媒体都在不断跟进报道，而因为这家公司没有上市，公开披露信息十分有限和混杂，并非我们长期做上市公司报道的记者的擅长领域，记者编辑也没有太多科技、互联网领域的资源积累。看到其他媒体一篇篇的报道刊发，我们的内心颇为焦虑。

在不少出彩的角度被其他媒体抢先挖掘之后，我们多次讨论和构思，认为做这个新闻还是得回归最笨最原始的办法——到现场去。找到互联网企业，尤其是业务分布广泛的平台型企业的现场也是个难题，这需要一次类似于社会调查的大规模采访。

幸运的是，借助《每日经济新闻》全国覆盖和联合指挥协作的新闻操作模式，把全国主要城市的现场调查做好、做实、做全面是有基础的。虽然这需要调动非常多的人，协调非常多的部门，但在策划之初的信心来自所有人都长期受到新闻操作训练，而这是一个足够大的新闻。

重点城市全覆盖、现场调查统计、短视频拍摄、数据挖掘梳理，理所应当为新闻价值服务。所以，我们可以清晰地做出分工要求和操作指南，记者现场采访覆盖了11个城市，包括北京、上海、广州、深圳、重庆、杭州、成都、武汉、南京、西安、济南，基本涵盖了共享单车竞争的主要城市。

记者按照新闻操作流程，实地调查了高峰时期主要商圈或地铁站周边的共享单车使用情况，探访了当地监管机构及ofo办公地点，通过视频、图片、数据等方式，多样化呈现报道内容，并充分挖掘商业数据，对ofo市场占有率、消费者投诉处理、债务纠纷等多维度数据进行可视化分析。

创新探索靠新闻驱动

在策划这组报道之前，我们已经在短视频、可视化和交互报道上做了一些简单的尝试，短视频已经是报道标配，数据新闻策划已经成为重要手段，利用商业数据挖掘进行可视化的解读呈现是必要的配套形式。融合创新的思路和理念就自然而然地贯穿在新闻操作的过程之中。

在报道策划方案中，这组新闻几乎匹配了我们应用的所有融合报道手段。新闻的内核决定了我们可以用这样那样的方式挖掘更好的新闻，而不是我们有了这样那样的手段，试图在这个新闻上“套用”一番。所以，在这个作品的策划过程中，我们其实并没有刻意强调突出多么大的创新意义。

在策划执行和制作过程中，跨部门、跨区域的人员和资源调动是一个很大的挑战。如果这是一个商业项目，那么在没有预期激励的情况下确实是非常困难的事情。但因为这是一个重大新闻报道策划，各个部门在新闻报道上的通力合作早已是惯例和职责所在。

最终出炉的《ofo 迷途》H5 产品，集动画、视频、数据图以及现场调查于一体。通过数据可视化的方式，ofo 的诉讼、消费者投诉以及欠款情况一目了然；动画、视频及交互设计，让该作品在内容丰富性和互动体验上均超过单纯的图文稿件。在传播方面，报道在微信、微博、客户端等多渠道上线，并有计划地在全网推广。

这些首先得益于十多位记者通力合作，以及技术、视频、视觉等多个部门的专业人员深入参与，做到了新闻内核够硬，后续的传播手段则够软。而所有人参与这个选题最核心的宗旨和目标则是，让新闻更生动、更贴近受众、更有深度。

一定要找到 ofo 各地办公室，一定要采访到员工，一定要拿到监管部门的数据，一定要体验退押金过程，一定要拍摄现场视频……新闻内核驱动着记者不断地突破采访。在十余位前方记者紧锣密鼓地进行实地调查的过程中，后端的数据新闻编辑、视频编辑、H5 产品经理、可视化设计师也开始了密集的线上线下讨论：用什么方式提高报道效率？如何呈现凸显新闻价值？

于是，前方记者收到了一个又一个采访指南和提示：数据要哪些，市场走访怎么统计，视频怎么拍……很多第一次参与这类报道的记者表示压力山大。但围绕着新闻提升的目的，前方记者的职业热情很自然地被激发出来。

而当一个个鲜活的新闻素材被从前方发回，后方策划、编辑、视觉、视频、技术人员也在不断尝试和探索。如何用更好的形式和路径把这个新闻呈现和传播得更好，是摆在所有人面前的问题，大家都自觉地使出浑身解数来共同解决这个问题。

显然，诸多创新的思路与探索并不能靠平常的空想形成，只有经历一场场新闻实战，才能带来更多体悟和反思，创新探索的路径才能越来越广阔，方法才能越来越娴熟，思维才能越来越活跃，当大新闻再次发生时，融合创新报道才能操作得更顺利、更成熟。

新闻生产期待技术赋能

围绕着新闻的内核，这个作品的多数核心报道被陆续单独呈现并传播，而最终呈现的H5产品其实也只是一个融媒体的尝试，其中也有不少不尽如人意的地方。这个尝试获得如此殊荣，我想更多的是对融合创新报道回归新闻内核的鼓励。

正如近年来不少业界同人所反思的，虽然被应用于媒体的前沿科技越来越丰富，但真正能够赋能新闻业的融合实属罕见。即便是《ofo迷途》这个作品也是如此：如果我们能做更深入的数据挖掘，能找到更多典型用户，能吸引更多读者互动，能更高效地统计调研，能爬取到更多关键信息，这个作品就能做得更好、更快、更深。

从操作过程来看，虽然这个作品的生产过程实现了跨区域、跨部门的资源调配，但也存在不少问题——信息挖掘深度广度不足、内部沟通成本过高、规模化复制难度较大、全流程协同度仍待提升。而解决这些问题，需要机构媒体不断做出融合创新产品的尝试，在一次次的实践中总结探索出一条效率最大化的内部创新机制来支撑，让新闻部门与支撑部门之间实现无缝衔接，让技术理念、运营思维和产品导向更早地参与到新闻生产中。

从跨部门的新闻合作到跨工种的团队组建，从新闻渠道和形式的创新到新闻挖掘和生产的创新，从传统新闻线性操作理念到技术理念和产品理念的应用，主流机构媒体理应用对新闻内核的把控优势，去做更多“新闻+”的尝试，而不是等待被“+”。

这也要求我们，一方面牢牢巩固新闻生产内核，不断提升新闻专业水准，另一方面积极主动理解和尝试前沿技术，构建跨界融合思维，让一切提升新闻生产效率和质量的技术手段、思维理念都能“为我所用”。

在这个过程中，适度拥抱科技泡沫、付出试错成本是难免的，也是需要被包容的。毕竟从总体来看，在机构媒体中，首席技术官（CTO）、技术总监和产品经理普遍存在感不强，而记者编辑对新技术、新理念的认知和探索还不够，科技应用得到的重视程度、投入资源量级和融合模式创新都远远不足。

融媒体报道在大量“尝鲜”之后让新闻的味道更浓厚，才是融合创新的题中应有之义。我们期待看到，前沿科技更多被应用在新闻生产领域，而非只被应用在呈现形式上。我们也期待《ofo迷途》的报道能为业界带来些许启发或思考，在媒体融合上显示出更多的新闻内核和生产型赋能融合。

第一财经《40 and 40》视频

一、案例介绍

第一财经在改革开放40周年之际，踏着时代的足迹，与“同龄企业家”们对话，讲述了40年中个人、企业、行业的“变”与“悟”，推出了《40 and 40》这档系列报道节目。

四十载岁月，四十年人生。四十载变化，四十年恢宏。《40 and 40》紧紧围绕改革开放、财经定位、互联网传播三个关键词，聚焦采访与改革开放“同龄”的上市公司优秀企业家中坚力量，话题紧紧围绕40年中个人、企业、行业的成长和变化，通过挖掘故事、细节、企业经营特点来挖掘时代与这些变化之间的关联，展现出改革开放四十载之际企业的时代图景。

采访孙博文

采访杨正大

节目组精心选取了各行业的代表企业的企业家作为受访嘉宾，其中大部分为上市公司的创始人或总裁，既涉及传统行业大咖和大型国企掌舵人，也涵盖了新经济新热点行业的新秀。受访嘉宾共21人，名单如表1所示：

表1　受访嘉宾身份汇总

受访嘉宾	身份	受访嘉宾	身份
吴欣鸿	美图秀秀创始人	车建芳	红星美凯龙副总裁
白皎宇	英孚教育中国区总裁	郁瑞芬	来伊份总裁
李　晖	风语筑展示董事长	蒋　颖	德勤中国副首席执行官
汤文侃	浦东金桥总经理	孙博文	七煌信息科技公司创始人
于　杰	沪江教育联合创始人	陈　闪	中路集团董事长
陈　豪	BU集团董事长	陈星言	新东苑首席执行官
王　一	人马互动创始人	倪张根	梦百合家居创始人

续表

受访嘉宾	身份	受访嘉宾	身份
张　毅	金杜律师事务所合伙人	童国栋	药明康德集团首席运营官
沈达理	美国霍尼韦尔公司全球高增长地区总裁	朱军红	上海钢联创始人
何　勇	拜尔健康消费品中国区总经理	杨正大	麦奇教育科技（iTutorGroup）创始人
罗卫国	天域生态董事长		

每一期报道围绕一位企业家展开，时长约 12～18 分钟，以人物关键词为主线贯穿视频始末。视频开头使用了具有较强视觉冲击力的黑白底背景配上快闪的花体字幕，简洁扼要地用关键词勾勒出之后视频的主要梗概（见图 1）。紧接着是视频的特色部分“EQ100 秒”，由嘉宾在 100 秒时间内回答网友提问，用轻松愉快的方式将受访嘉宾的性格特点立体化。

图 1　《40 and 40》视频报道截图

接下来视频的主体部分是嘉宾接受访谈时的对话画面，由一问一答的互动形式较深入地展现出企业家所在企业的建成史、价值观等内容。最后的结语分别由采访者的经历陈述和受访者的心路历程构成，同时与主题“改革开放 40 周年”相呼应。

该系列报道自 2018 年 7 月 2 日开播以来，每一期节目都有单独的运营推广，节目整体也与第一财经的“中国时间”相结合进行了推广。在话题与互动运营方面，在微博上建立了＃40 and 40＃话题，在微信上及时跟进做了图文推送，因此节目影响力在社交媒体中得到了体现。在分发方面，《40 and

40》分别在今日头条、微博、秒拍、网易新闻、爱奇艺、腾讯新闻、一点资讯上进行传播，且均被平台推荐，总体而言全网流量十分可观。

二、访谈实录①

问：第一财经制作《40 and 40》时所处的时代背景如何？为什么要选择做这样的一个节目？

答：首先，2018 年是改革开放 40 周年，这是一个很好的制作机遇。其次，我们不想再做那些合作过很多次的人物的报道了，而是想去了解与祖国共同成长起来的那些人，那些在改革开放大背景下成长起来的企业家。他们经历了改革开放的提出、成长以及深化的过程。

问：这个节目的筹备经过大概是怎样的？人员规模又如何呢？

答：人员配置还是很简单的，大概就是相同于一个报道组。有一个主持人、一个编导、一个节目制片人，以及一个后期设计制作团队。除了视频外，节目为每一期配了独家的文章，着墨于每一期的亮点和特色，在对视频中的内容进行概括的同时再做拓展，让每一期的主题得到了升华。

问：《40 and 40》在筹备的过程中，和第一财经所做的其他报道有什么不一样的地方？

答：当时我们很明确地提出一定要在移动互联网上进行传播，通过大屏小屏联动的方式，既在移动端又在电视端同步播出。所以《40 and 40》从形态上来说，更倾向于带有互联网传播的特质。第一，它是竖屏拍摄；第二，产品的包装是比较互联网化的；第三，这档节目是以季播方式播出的，而不是常见的一周一集或其他类型的播放频次。凭借以上几点，这个节目便可以在互联网上获得比较好的传播声势和效果。

问：《40 and 40》比较有特色的一点在于每集开头的“EQ100 秒”，关于这一部分的制作想法是怎样的呢？人物的关键词又是如何设定的呢？

答：之所以把这一部分放在开头，是因为它能够迅速让观众了解到采访对象的整体人设，因为所选取的问题在很大程度上能够借助回答内容描绘出人物的性格。同时，访谈整篇引入了时间轴并贯穿视频始末，使得改革开放 40 年行业的变迁清晰可见，这是节目的另一大特色。关于每一期人物的关键

① 受访者为第一财经《40 and 40》节目负责人张志清，采访者为张冬荷，微信语音采访于 2019 年 12 月 11 日。

词，数量上来说只有一个，而不是多个，原因在于我们希望在关键词的抓取上做到极致。每个人的身上都可能体现出多个关键词，但是从传播的用户心理上来说，用一个关键词更能够抓住观众的注意力。毕竟人的特质带有多面性，而单个关键词能够强化人物的单一特质，从而更容易让人记住。

问：在做了二十几期节目后，您觉得哪一期的制作给您留下了最深刻的印象？

答：其实每一期我们都花了不少功夫，因为每一期的拍摄、后期制作等方面耗费的精力都不小。此外虽然每一期的人物各具特点，表现力各有千秋，但是所有的人物包装总体上是处于同一水准的。相对来说比较有特点的是沈达理，一位在中国成名的外国企业家。他的那期节目在“EQ100 秒”环节用的是英文对答，但同时他的中文水平也很好，给我们留下了比较深的印象。

问：目前《40 and 40》有没有获得什么具体的奖项或者收到比较重要的评价呢？在传播上的策略又收到了什么样的反馈呢？

答：很多与节目相关的宣传部门对节目的评价都是蛮好的，主要是一方面有形式创新，另一方面传播效果也颇佳。《40 and 40》也分别获得了中共中央宣传部和国家网信办的表扬。在传播策略方面，我们也一直在摸索。考虑到互联网的传播是在短时间内比较密集地形成一定效应的，因此信息高密度地集中轰炸，就可以给观众留下深刻印象并且让观众记住每期的受访嘉宾。同时，竖屏拍摄能够让用户感觉到像在和屏幕里的人面对面地对话，交互体验感是很强烈的。在投放渠道方面，我们将外部能投放的渠道都投放了，做了自己能做和该做的事。

问：在节目的制作顺序上，对每一期采访人物的选取和宣传有没有具体的策划安排？

答：我们排过每一期的顺序，但总体上确实根据每位嘉宾自己的时间安排做了调整，因此之后根据总体安排制作了三季《40 and 40》共 21 个视频，各季间的差别不是很大。在嘉宾选取的考量上，我们邀请了很多上市公司的创始人，毕竟在公司创始人的经历背后实际上可以挖掘到更多关于公司本身的深层次的理解，这是一般人难以替代的。在推出每一期视频之前，我们都会做一个预告——二维码宣传海报，有时还会有相关的活动运营。第二季之后，我们会在视频播出前一天推出 10 秒视频海报，提前预告热点，每期的海报会与各个受访公司联合发布。这些宣传手段的选择一方面体现了形式创新，另一方面也体现出了高品质，因此这也促成了一个比较好的影响效果。总体上，在宣传策略方面，既要利用好多渠道，又要使用多种手段，才能尽可能地覆盖到更多人群。

问：在视频的长度控制上，综合各方面因素考虑，您觉得《40 and 40》是否把握得比较好？

答：其实我们采用了将长视频和短视频结合在一起的方式进行传播。《40 and 40》每集的长度有十多分钟，是比较长的，因此我们对其做了进一步的剪辑，剪辑成了多个一到两分钟的短视频再进行投放。这实际上是一种系统的打法，两者的投放应用场景和投放效果侧重点都是不同的。短视频比较简短，会选取采访对象的一个比较小的点来表达，而长视频中则是比较完整、全面的关于企业理念、企业成长经历的阐述。我们根据不同应用下用户的需要，从用户的角度出发，赋予了各种场景不同的信息丰富度。

问：您觉得在制作《40 and 40》这一系列的视频中，是否还有一些遗憾或者值得反思的地方呢？

答：遗憾的地方还是有不少的。现在的视频大多数还是属于线性传播，但是与此同时，非线性传播以及视频互动形式的传播已经开始有了。我们如果能在《40 and 40》中加入更多的互动元素，那么应该会有更好的效果。所以，我们还需要再去多尝试新的传播手段，践行新的传播理念。以后如果有合适的选题，我们会在《40 and 40》制作经验的基础上，做更多的尝试和探索。总的来说，我对《40 and 40》这档系列节目的制作还是比较满意的，需要努力的方向就是视频互动形式上的创新和发扬。

三、案例评析：媒介融合中视频报道的创新与实践

2018 年是改革开放 40 周年，第一财经互联网视频产品中心和电视编播部打破旧有格局，联合策划推出《40 and 40》节目，走近与改革开放同龄的企业家、行业领军人物、商界精英，以 40 年改革开放为背景，以一群 40 岁左右的企业家为主体，探索各企业的演变轨迹，展现行业精英的时代风骨，解读新时代中国资本市场和未来发展趋势，从而映衬出了改革开放的巨大意义和伟大成就。

《40 and 40》的作品质量被各平台广泛认可："在同类作品中属质量最佳的节目。"节目在用户与媒体行业中都取得了不错的影响力，也分别获得了中共中央宣传部和国家网信办的表扬。这档系列报道节目的成功不是偶然的，天时地利人和三大因素促成了其令人羡慕的传播效果。

首先，在改革开放40周年的大背景下，国内的各行各业都发生了翻天覆地的变化。审时度势，把握时代脉搏，造就行业领英，成功的企业家们总是会成为改革开放大荧幕前聚光灯的焦点。《40 and 40》所选取的都是来自不同行业的“领航员”，在“成功学”大受追捧的今日，观众们或多或少会想从这些成功人士身上汲取一些经验，好在人工智能及5G时代的风口，从纷繁复杂的行业脉络中把握住机遇。

其次，在花样百出的新媒体时代，对于媒体作品的投放和落地需要提前制定好方案。第一财经采用了“电视＋互联网”的跨媒体传播策略，打出组合拳，并在新媒体端颠覆了传统的横屏模式而采用了竖屏制作，从而让画面呈现出强烈的对话感，营造出别出心裁的交互体验，用户仿佛正和上市公司掌舵人近距离接触。根据线上传播的特点，《40 and 40》同时抓取了用户感兴趣的话题，剪辑成一到两分钟的短视频进行投放，在延展节目内容的同时，也利用好了互联网平台的“地利”。

最后，第一财经所选取的采访对象都有不同的风格和气质，加之人物关键词的简明定位（见表2），使得在传播过程中能够让具备相同特质的观众产生共鸣，继而依靠这些观众进行二次传播，极大提高了传播横向切面的广度。但是，部分关键词的选择有些笼统，在很多人身上都有共同体现，因此如能在各个采访对象的特点表现上加以润色，便会使各单集视频更加饱满。

表2 各集人物关键词一览表

人物	关键词	人物	关键词	人物	关键词
吴欣鸿	专注	车建芳	责任	白皎宇	无界
郁瑞芬	匠心	李　晖	跨界	蒋　颖	进取
汤文侃	服务	孙博文	热爱	于　杰	勇气
陈　闪	传承	陈　豪	主见	陈星言	初心
王　一	追梦	倪张根	自尊	张　毅	合作
童国栋	赋能	沈达理	开拓	朱军红	坚持
何　勇	求变	杨正大	革新	罗卫国	守护

《新京报》普吉岛沉船事故系列报道

一、案例介绍

游客亲历普吉岛暴风雨

2018 年 7 月 5 日，在一场突如其来的海难中，有 48 名中国游客遇难。《新京报》成为第一家抵达事发现场的中国媒体，唯一登上泰国军方搜救船并发回救援照片的中国媒体，第一时间发起 9 小时、多场景不间断直播的中国媒体。在接下来的半个月里，《新京报》一方面发布 4 场直播、20 条短视频，网络流量达到 1.55 亿；另一方面，真实还原了海难全貌和细节，包括独家对话一名抱着尸体漂浮 20 小时的女性生还者，最早且持续追问和实地溯源事故原因。跨媒体技术应用（见图 1），跨国界工作协调，跨平台立体呈现，显示出《新京报》团队全新的知识体系、思维方式、专业技能和工作方式，走出国门与国际媒体同台竞技，丝毫不落下风，甚至报道在网络化视频操作等方面领先于国际同行。该系列报道不仅充分阐释了《新京报》的人文关怀和对生命的态度，也体现了《新京报》在融媒体报道上的成功探索。

二、访谈实录[①]

问：请问报道的筹备经过是怎么样的？“我们视频”团队是如何开展融媒体生产的？

答：2018 年 7 月 5 日深夜，普吉岛发生游船沉没事故，我们在得到了有中国游客大量伤亡的消息后，判断此事具有非常强的国内关注元素，因此立刻启动突发事件报道响应机制，调配记者以最快速度从清莱府洞穴救援事故

① 受访者为《新京报》“我们视频”执行制片人刘刚，采访时间为 2019 年 7 月 5—12 日，采访方式为微信采访、电话采访、视频采访。

图 1　视频报道截图

现场前往普吉岛，并在赶赴现场的路上即启动视频直播，成为国内最早、最快抵达现场的媒体之一；同时，后方直播编辑检索网络信息，筛选整理后，提供给前方记者，并在直播间同步实现图文直播；前方记者同时投入，他们开始根据网络上的图片、视频素材，核实采访后迅速迭代生产短视频。

国际编辑当天深夜即开始响应此涉及中国旅客的重大国际突发事件，迅速跟进，并配合随后发起的直播端口，进行了后方消息整合、迭代，实现了视频端的前端直播和短视频后方信息整理重组，进行了视频融合。与采编同步进行工作的还有设计人员，他们捕捉核心视觉信息，制作直播海报传播，在内部人力资源配置上形成合力。

随着事故伤亡人数不断上升，且涉及大量中国公民遇难，报社各部门均加入报道，文字方面有社会、深度记者部，视频方面有直播、原创调查记者部，他们均增派人员至普吉岛沉船事故现场，用图文视频直播等多种形式投入报道。

从事发的第二天开始，前方记者互相配合，最先专访了事故最后一名幸存者，并通过直播形式同步传播，领先全网。在现场画面极度稀缺的情况下，我们的记者通过层层突破，使得《新京报》成为唯一一个登上泰国军方搜救船进行直播的中国内地媒体，并在船上拍摄了近 8 小时的搜救画面。在码头边的记者也通过直播形式第一时间展示了每场发布会的内容，极大填补了受众对涉华跨国事件信息需求的缺口。

除了拼信息速度外，《新京报》的记者也在深度方面开展了对伤者、船主、泰方旅游管理方面的调查，产出了大量短视频和图文报道。国内也增派记者从后方遇难者家属、中方救援队等角度持续产出内容。这些内容通过微博话题、腾讯平台专题页面迭代更新，按照主题分类展示，做到了新闻全景式覆盖传播。

问：融媒体报道的特点是什么？这次普吉岛沉船融媒体系列报道与“我们视频”日常普通报道有什么不一样的地方？

答：“特”主要体现在几个维度：首先，这是一个涉外采访，事发地在国外，语言不通，交流困难。这不是一个本国本地发生的新闻，我们能够在国际竞争中第一时间抵达，并且一路领先，既有运气成分，也有执行力和想象力的成分。

其次，在报社内部我们调动多个组别。作为一家地方媒体的视频部门，我们能够迅速形成短视频、小视频、动画、直播、新媒体、地方拍者的相互协调，前后方联动，实时迭代有效增量，第一时间反馈及时消息，并将传统调查报道覆盖至东南亚，在真实、有效等新闻专业主义上恪尽职守，尽可能做到了更好。

再次，我们把直播、短视频发挥到了极致。在这种涉华的境外突发新闻中，我们采用及时不中断的小屏直播迭代信息，配合直播云剪和精剪，加上短视频下沉挖掘事件增量，运营编辑迭代海报，在朋友圈形成二次传播。这也是我国纸媒在境外新闻事件里，突破“文字”束缚的一次优质展示案例。

最后，报社在内部实现了社会、摄影、深度、视频、新闻多部门、跨部门合作，在同一个微信群互通有无，统一调配，共享资源，整体有条不紊开展新闻采编工作，避免出现人力杂乱无章的情况。这些平时“各自为战”的部门，在国门之外实现了内容一统多媒介形态生产，打出了融合组合拳，整体效果良好。

环顾整个视频融合报道流程，除前期信息整合和后期梳理外，对于每个时间节点，在表现方式、呈现形态以及新媒体话题抢占热搜等融合模式上，都有可圈可点之处。报道对于追踪浙江海宁涉事遇难企业、泰国总理和府尹等出席新闻发布会采访、头七悼念、调查凤凰号涉事船体，以及环普吉岛游的经济选题、当地旅游遇冷均有所呈现。在整体采访全面，节奏感强，效率高，整体表达克制且富有张力，体现了优秀的媒体素质和前后方配合的综合能力。

问：此次报道让主创人员印象最深的采访（写作、制作）经历是什么？

答：印象很深的是两件事。第一件事是记者和编辑都夜以继日倒班工作，很多编辑直接睡在了报社，第二天睡醒了继续工作，这样的工作热情打动了我。第二件事就是前方记者压力很大，在陌生的环境里采访，又要不断抢时效，寻求突破。7月7日上午，记者通过层层突破，使《新京报》成为唯一一个登上泰国军方搜救船的中国内地媒体，并在船上拍摄了近8小时的搜救画面；在码头边的记者专访到了最后一名幸存者小谭，并通过直播形式实现了全网首发。

然而，记者在直播的时候因为共情当场哭了。这虽然不是一件特别专业的事，但却真切地反映了我们的新闻工作者在异国他乡，面对涉及大量同胞遇难的事故时的最真切的人性。

问：普吉岛沉船事故报道的反响如何？有哪些重要的反馈或评价？和同类媒体与同题报道相比是否有优势？

答：在直播方面，事件发生后的第二天，我们开启了近8小时的直击搜救第一线的直播，迅速被推上腾讯新闻App热点大图推荐位，并在该推荐位一直停留至直播结束。直播在腾讯平台的页面浏览量超过1 000万，创下了我们视频直播以及腾讯新闻直播的历史新高；直播评论量高达2万，且均为真实有效互动，网友自发在评论区祈福、致哀。在微博方面，直播观看量也突破200万，评论3 000余条，从评论内容可看出相当一部分网友持续关注直播，独家的现场内容产生了巨大的吸引力和极高的关注度。除直播外，短视频内容快速连续迭代产出，第一条视频在事故发生后5小时内上线，最先专访了最后一名幸存者小谭，随后共生产了20条视频内容，腾讯流量高达5 252.5万。

截至2019年1月24日，“我们视频·普吉沉船系列报道”发布相关短视频报道24条，秒拍视频总播放量6 738万，腾讯视频总播放量5 252.5万，微博总阅读量3 494万；发起直播4场，微博直播观看量647万，腾讯直播观看量2 950万。该项目先后获得《新京报》总编辑奖、《新京报》年度新闻奖、2018腾讯传媒赏“年度突发报道奖”，成为国内标志性的突发现场报道范例。这种前方突破，后方配合，多个维度采访整合、运营推广的模式，也成为《新京报》“我们视频”的重要现场“打法”，在新闻采访、传播运营等方面均有借鉴的价值。

问：在这次报道之后，《新京报》“我们视频”有没有在类似的题材或者操作流程中复制或发扬？

答：类似的形式还在江苏响水爆炸、凉山山火、埃航坠机等事件中复现，内部多个组别合作，并且融合输出多种视频产品。“前方＋后方”、一人统筹多组分工的模式，已经是我们视频最常规的模式和打法，并不是在普吉岛事故中首次运用。

问：这次报道面世后，作为主创人员，您认为其中最大的遗憾是什么？为什么？

答：遗憾的是尽管我们付出了很多努力，但还是没得到中国新闻奖，国内的奖项认可和我们对自己的认可还是有差距。另外就是我们在流程再造上有值得优化的地方，比如前方的搭配可以更多考虑到记者本身的特色——是擅长画面还是擅长突破，是擅长直播还是擅长短视频，以及后方的交接班和对接可以更为顺畅。如果在管理岗、记者和编辑之间加入类似编导的统筹，那么在流程上可能会降低统筹负担。

三、案例评析：对传统媒体如何做好现场突发事件报道的探索

为了适应新时代互联网环境下的媒体发展，早在2013年，《新京报》就开始将新闻视频化。2016年9月，“我们视频”正式上线，以“新闻视频看我们”为口号，强调“只做新闻，不做其他”。以“我们视频”为代表的《新京报》互联网转型，已经把纸媒的影响力大大延伸，在这个唱衰纸媒的时代，《新京报》正在成为一个标杆。综观普吉岛沉船事故系列报道，可以发现《新京报》在媒介融合领域的突破主要体现在以下几个方面。

（一）渠道联动助力融合转型

“我们视频”借助《新京报》网站、《新京报》新闻客户端、官方微博账号“新京报我们视频”等不同平台来发布信息，满足不同层次用户的需求。作为《新京报》和腾讯联合打造的融合转型新项目，“我们视频”还在腾讯新闻客户端、腾讯视频网站、QQ微视等多个腾讯旗下的平台被优先推送。一方面，《新京报》与腾讯视频“双管齐下”的传播渠道，拓宽了信息传播的覆盖面；另一方面，《新京报》通过广泛的传播渠道，将信息精准地推送给用户，实现了内容与渠道的融合。

（二）坚持内容为王，呈现形式多元

随着媒介生态环境的改变以及新的媒介技术的冲击，“内容为王”已经成为媒体奉行的制胜法宝，高质量内容的融合无疑是媒介融合中最重要的部分。面对内容质量参差不齐、视频内容同质化的短视频行业，“我们视频”延续了《新京报》“高质量原创内容”的媒体定位，坚持“只做新闻，不做其他”的原则，制作了大量的精品内容，报道了很多突破核心事实的新闻事件，如“八达岭动物园事件”“乐清滴滴顺风车事件”“重庆公交车事件”“用户排队退ofo押金”等，都引起了社会的广泛关注。同时，传统媒体具有丰富的新

闻生产资源和较强的信息整合分析能力，这有利于碎片化信息的整合，也是“我们视频”的一大优势。“我们视频”的短视频新闻报道内容主要为现场画面，声音以同期声为主并辅以记者的画外解读，为用户全面讲述事件的来龙去脉。这不同于将事件的细枝末节随意上传网络的不负责任的行为，进一步减少了用户因只言片语而产生的错误性判断，充分突出了新闻性与专业性。

（三）打造矩阵体系，实现精准传播

目前，“我们视频”已经构建了《世面》《暖心闻》《有料》《陈迪说》《局面》《紧急呼叫》《背面》《面孔》等MCN矩阵（见图2），吸引的受众群体也在不断扩大。这些渐增的栏目定位清晰，例如，《有料》栏目生产周期短、产量大、新闻性一般，可借助云剪辑系统快速、海量生产，主打有趣的泛资讯短视频，满足受众放松和打发时间的信息需求。而上游则是由《局面》《紧急呼叫》《背面》《面孔》等原创栏目领衔的刚需硬新闻和深度产品，在基础事实和社会反馈上用内容饱和度“喂饱”好奇心。新媒体矩阵的建立从内容上对新闻视频产品进行了更为细分的传播，有助于提高媒体的影响力和传播范围。

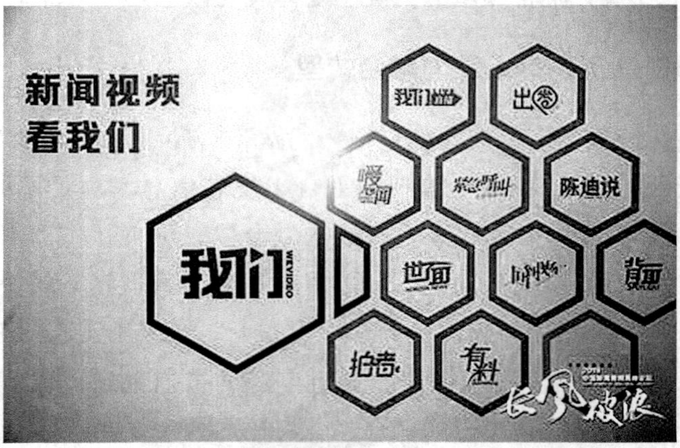

图2　“我们视频”各栏目

第三部分

融合媒体创新应用案例

新华网新华睿思·数媒智慧分析平台

一、案例介绍

新华睿思·数媒智慧分析平台是新华网自主研发面向媒体领域的大数据分析平台。平台坚持“技术引领，应用为本”的核心导向，以分布式并行计算框架为基础，充分应用多元数据存储、人工智能、机器学习等先进技术，全方位服务选题策划、传播评估、运营分析，助力媒体内容生产和智能传播，旨在创新内容生产、重塑媒介形态、打造智慧媒体。

平台以“业务需求＋技术引领”为导向，在情绪感知、事件演化、内容传播等方面进行技术探索，提出并实现基于人工智能的情绪理解感知分析技术、基于大数据的微信传播力指数分析技术、基于大数据的增量式事件演化分析技术这三大技术创新，成功申请技术发明专利。

基于人工智能的情绪理解感知分析技术：构建评论语料库并统计表情符号与情绪词的互信息，实现表情符号情绪类别和情绪强度计算，统计各个情绪类别上所有评论的情绪强度，最终实现话题评论整体情绪类别的情绪强度统计分析。

基于大数据的微信传播力指数分析技术：采用 simhash 算法对内容进行相似度计算，结合文章的来源信息对相似文章进行归集，得到不同级别的转载文章子集。对不同级别转载文章子集中的单篇文章进行影响力权重计算并加权，最终实现指定文章的传播力指数分析。

基于大数据的增量式事件演化分析技术：依据热点话题的特征与时间窗算法，综合考虑主题排序、主题合并和调整、文档淘汰机制，对持续热点信息流进行热点检测与追踪。

二、访谈实录①

问：请介绍新华睿思·数媒智慧分析平台的产生背景。是什么动机促成了此应用的产生？

答：随着 5G、大数据、人工智能等新技术应用落地，网络媒体的发布渠道逐渐拓宽、发布内容更加丰富、发布速度日益提升，海量的互联网数据以及瞬息万变的新闻话题对媒体内容生产、选题策划及运营分析提出了更高的要求。在这场媒体变革之中，新华网作为主流媒体，传统的采编流程已无法满足媒体融合发展的需要，如何运用新技术优化新闻生产机制和新闻传播评估体系成为亟待考虑的问题。正是在这种背景下，促成了新华睿思·数媒智慧分析平台的诞生。

问：请介绍新华睿思·数媒智慧分析平台的诞生过程。能否介绍一下主要负责人和参与人员的规模以及分工？

答：新华睿思·数媒智慧分析平台是新华网大数据中心自主研发的面向媒体行业的平台级大数据产品，从 2018 年年初开始进行产品规划、需求梳理和调研，然后到产品原型设计、UI 设计、编码开发、系统测试、部署等过程，最终于 2018 年 5 月上线，并在第二届数字中国建设峰会上正式发布。数媒平台在吴总（吴新丽）的整体负责和管理下，投入了产品经理、开发工程师、测试工程师等 20 余人，以较快的速度完成了开发和上线。

问：这个应用的最大特色是什么？它和市场上的同类应用相比，最大的创新之处是什么？

答：新华睿思·数媒智慧分析平台最大的特色是将大数据技术运用到媒体内容生产和智慧传播中，推进新闻信息生产供给侧结构性改革，助力加快全社全网媒体融合纵深发展节奏。

与市场同类应用相比，最大的创新之处是以深度挖掘、人工智能技术为基础，实现了热点话题深度分析研判，推出了国内首创的基于深度学习的网民情绪感知，从语义层面解析网民行为承载的情绪，实现了对网民情绪的智能精准研判。

问：新华睿思·数媒智慧分析平台到目前为止获得了哪些奖项和肯定？

答：新华睿思·数媒智慧分析平台自上线以来，持续为媒体业务全流程

---

① 受访者为新华网大数据中心产品总监李云飞，采访者为姜紫荆，线上采访于 2019 年 12 月 26 日。

赋能，得到社内外多方用户的肯定，并获得“2019 年度最佳新媒体应用平台奖”。

问：这个应用的技术开发是自主研发，还是外包服务？为什么？对此后续会不会有所改变？为什么？

答：自主研发。后续依然会保持自主研发。新华网大数据中心的产品研发团队具有丰富的研发经验，并且对已有产品所用到的技术掌握熟练，在技术上可以满足新华睿思·数媒智慧分析平台的研发需求。

问：能否介绍一下具体的使用场景和效果较好的作品？如何使用这一应用？具体制作流程是怎样的？效果如何？

答：新华网推出的《睿思一刻》，正是以数媒平台为依托，在内容生产方面充分展现了大数据在新闻领域的长线、全线优势。借助数媒平台，《睿思一刻》在选题策划、数据采集、数据挖掘、数据分析阶段实现了全链的智能化新闻内容生产，大大提升了原创内容生产的效率，降低了人力占有率，甚至完成了依靠人力无法实现的新闻初加工，全面推动了媒体生产效能的提升，为新闻服务兼具广度、速度和深度提供了可能性。

问：这个应用目前的使用规模（用户数量）是多少？在同类应用中处于什么位置？

答：新华睿思·数媒智慧分析平台以新华社各部门、单位为主要服务对象，同时兼顾社会其他媒体、企业和机构等。目前已服务于国家卫健委和安徽、甘肃、福建等各大省份的宣传部或网信办等重要政府单位用户以及企业用户，并助力内蒙古等地区的融媒体建设。

问：您认为新华睿思·数媒智慧分析平台至今还存在哪些问题？将如何改进？

答：新华睿思·数媒智慧分析平台自上线以来，不断与媒体采编人员的使用需求进行打磨和碰撞，多处功能细节在随着业务需要不断迭代完善。同时，随着融媒体建设的不断推进，数媒平台还需在图片、视频等多种融合形态稿件创作与传播分析方面进行升级，全力服务于总社总网的媒体融合纵深发展。

问：通过此次应用开发，新华网的报道在哪些方面得到了哪些收获和进步？总结出了哪些经验可资借鉴？

答：新华睿思·数媒智慧分析平台依托睿思大数据资源支撑，利用媒体官微全维度指标构建独家影响力指数模型，对官微账号的活跃度、互动力、影响力、传播力、发布习惯等进行量化评估，为媒体运营策略改进提供数据依据。例如新华网两微通过应用睿思·数媒影响力指数分析，粉丝量得到千万级提升，大大提高了影响力。

三、案例评析：大数据技术在媒体融合发展中的应用

（一）大数据技术在主流媒体的应用的体现

党的十八大以来，以习近平同志为核心的党中央做出推动传统媒体和新兴媒体融合发展的战略部署。2014 年，中央全面深化改革领导小组第四次会议审议通过了《关于推动传统媒体和新兴媒体融合发展的指导意见》。推动媒体融合发展，要坚持一体化发展方向，通过流程优化、平台再造，实现各种媒介资源、生产要素有效整合，实现信息内容、技术应用、平台终端、管理手段共融互通，催化融合质变，放大一体效能，打造一批具有强大影响力、竞争力的新型主流媒体。①

新华睿思·数媒智慧分析平台在新华网报道中的应用体现了主流媒体依托大数据平台改进采编技术，从用户角度思考问题的转变。新华睿思·数媒智慧分析平台依托新华网得天独厚的媒体资源优势，充分应用大数据、云计算以及人工智能等先进技术，建立了“数据驱动”下的策采编发传评全链条联动技术体系，优化了新闻生产机制，提升了用户触达精准度。

（二）平台应用情况分析

新华睿思·数媒智慧分析平台依托新华网的媒体资源，应用大数据、云计算以及人工智能等先进技术，建立“数据驱动”下的策采编发传评全链条联动技术体系，其目标是优化新闻生产机制，提升用户触达精准度。

作为面向媒体的自主研发数据功能性平台，新华睿思·数媒智慧分析平台的主要服务对象是新华社各部门、单位，同时兼顾社会其他媒体、企业和机构等。目前已服务于国家卫健委和安徽、甘肃、福建等各大省份的宣传部或网信办等重要政府单位用户以及企业用户，并助力内蒙古等地区的融媒体建设。

依托新华睿思·数媒智慧分析平台，新华网发挥大数据优势，在新闻客户端推出《睿思一刻》栏目。《睿思一刻》栏目由新华网客户端、新华网大数

① 《学术前沿》编者．媒体融合发展的未来．人民论坛·学术前沿，2019（3）．

据中心联合出品，其推送频率较高。在新华网客户端搜索“睿思一刻”就可以找到自2019年7月11日以来的推送内容，7月11日至12月31日共推送约113篇。点击率也较高，多篇推送阅读量超过百万（见附录）。

《睿思一刻》的整体风格比较统一，结构特征也比较明显。推送内容基本上均以“一刻热榜”开篇，将热度较高的前十个话题及讨论度逐一列出。每日推送的主题一般是热度最高的话题，如2019年12月16日“一刻热榜”讨论度最高（88.85）的话题是“武汉大学清退92名外国留学生”，因此这一天的话题就是“睿思一刻（12月16日）：上大学＝混日子等毕业？别想了”。

推送的基本内容包括话题传播热点词云图、对事件关注度较高的网民区域、舆情观点分析等。《睿思一刻》总结舆情热点以及舆情传播路径，对数据的运用比较熟练，能够运用词云图对事件进行概括。配色以蓝色系为主，整体风格简洁明了。

总的来说，《睿思一刻》的日常推送依托新华网平台，用户触达率较好。但是，它的形式比较单一，数据呈现多而分析少。

除此以外，“睿思·特刊”也是新华睿思·数媒智慧分析平台尝试数据可视化报道的一个方向。如果说《睿思一刻》是每日分析总结，强调时效性，在第一时间形成舆情反馈，那么“睿思·特刊”则更接近数据新闻的概念，将某一选题的舆情状况可视化并形成报道。“睿思·特刊”在报道形式上既有数据的可视化动图也有活动相关的图片、动图（如“睿思·特刊：军运会完美收官 大数据再刷一波回忆!”)，整体可读性较高，获得了评论的正面反馈。

（三）项目社会效果

新华网是中国最具影响力的网络媒体和具有全球影响力的中文网站，新华睿思·数媒智慧分析平台的建立，不仅能够协助新华社、新华网自身的新闻报道工作，而且能够创新内容生产、重塑媒介形态、打造智慧型媒体。

平台的建立，能够提高新华网对于新闻传播的发现力，及时发现传播热点，全面提升品牌影响力，紧跟中央宣传报道精神和新华社重要部署，把稳政治方向、舆论导向、价值取向，服务新闻报道工作大局，维护新华社、新华网的权威性。

该平台既解决了新华社、新华网自身对于媒体类大数据技术产品的刚需，又减少了公司购买外部技术公司产品的成本费用，同时自己研发的产品也能够更贴合自己的实际工作要求。从经营角度考虑，新华网自主研发的大数据媒体分析产品能够满足以新华网为代表的一大批媒体的实际业务需求。同时，该产品结合新华网品牌影响力，能够面向市场上的自媒体工作室、广告营销领域的客户群体，为新华网带来一定的经济效益。

该平台将大数据、人工智能等技术应用于媒体生产及传播的各环节，高效地解决了新闻传播的效果评估难题，全方位提供了双微新媒体运营评估，为媒体生产者的报道工作提供了更多的创新创意。产品自推出后，受到了业内媒体工作者以及政府宣传部门的一致好评，他们纷纷表示该产品切实解决了媒体工作中的实际问题。

（四）问题与思考

新华睿思·数媒智慧分析平台通过数据分析对新华网两微一端的新媒体运营策略进行改进并取得了一定的效果。从长远看来，平台、算法、数据技术的拥有者，在未来的公共信息生产的专业性的重塑中扮演着不可或缺的角色。而新华睿思·数媒智慧分析平台无论是在平台、算法方面还是在数据技术方面都属于具有一定影响力的创新案例。数据的拥有能力、获取能力、分析加工能力等都是一种权力。数据应用伦理在未来也将是传媒业专业性的一个重要体现。[①] 但是目前似乎尚未形成数据应用、技术方面的伦理规范。在平台投入应用的过程中，学界与业界都应就这一点进行思考。

5G 技术将进一步推进移动化与智能化这两大媒体发展的趋向，并使得两者交织、融合。这不仅仅会带来今天的传播手段与形态的升级，更有可能会塑造出一些新的传播形态，更新我们对媒介与传播的认识。[②] 这些数据如何应用、能否纳入分析领域，都有待业界与学界的进一步思考。

附　录

新华网客户端《睿思一刻》新闻

新华网客户端《睿思一刻》新闻（2019 年 10—12 月）	阅读量（万）
睿思一刻（12 月 30 日）：你回家的列车提速了吗	88.8
睿思一刻（12 月 27 日）：2019“天空剧场”收尾啦！	115.6
睿思一刻（12 月 26 日）：莫让近视模糊“心灵之窗”	76.7
睿思一刻（12 月 25 日）：计划赶不上变化？进来了解一下	89.3
睿思一刻（12 月 24 日）：朋友圈可发表情包？请开始你的表演……	126.2
睿思一刻（12 月 23 日）：凌晨五点惊坐起 想必同是考研 er	143.8
睿思一刻（12 月 19 日）：儿童性侵，坚决“零容忍”！	132.1
睿思一刻（12 月 18 日）：这种小心思，还是不要吧	162.9
睿思一刻（12 月 17 日）：这场浪漫，有点儿冻手	167.3

① 彭兰．无边界时代的专业性重塑．现代传播（中国传媒大学学报），2018，40（5）.

② 彭兰．5G 时代“物”对传播的再塑造．探索与争鸣，2019（9）.

续表

新华网客户端《睿思一刻》新闻（2019年10—12月）	阅读量（万）
睿思一刻（12月16日）：上大学=混日子等毕业？别想了	175.9
睿思一刻（12月13日）：今天这篇，为了30万遇难同胞	118.9
睿思一刻（12月12日）：重磅出击，一统辣条“江湖”	107.7
睿思一刻（12月11日）：双12，先抢个回家的票吧！	116.6
睿思一刻（12月10日）：繁简之争，你站哪边？	127.8
睿思一刻（12月9日）：救护车接机，你也敢坐？	130.3
睿思一刻（12月6日）：每月1 197元，大学生把钱都花在哪儿了？	122.3
睿思一刻（12月5日）：用低碳生活守护美好家园	174.6
睿思一刻（12月4日）：降！降！降！又降了！	136.6
睿思一刻（12月3日）：悲痛！9 656、58 675，这些数据背后	86.8
睿思一刻（12月2日）：健康中国，关“艾”行动	116.1
睿思一刻（11月29日）：4块3毛6，行不行？	179.8
睿思一刻（11月28日）：救人，不只是医生的事情	155.1
睿思一刻（11月27日）：征信这个“筐”，如何合理装	122.3
睿思一刻（11月26日）：这件“家务事”很重要	152.4
睿思一刻（11月25日）：你想过要立遗嘱吗……	131.4
睿思一刻（11月22日）：只要胆子大，天天能放假？	113.3
睿思一刻（11月21日）：旅美大熊猫“贝贝”回家啦！	84.2
睿思一刻（11月20日）：愿每个孩子都被温柔以待	150.3
睿思一刻（11月19日）：远离“梅姨”，天下无“拐”	139.7
睿思一刻（11月18日）：寒潮来袭，穿秋裤？不，该上棉裤了！	124.9
睿思一刻（11月15日）：你的班主任喊你来上体育课	151.8
睿思一刻（11月14日）：阔别159年，我终于回家了	91.6
睿思一刻（11月13日）：翘首以盼的快递 无处安放的盒子	86.6
睿思一刻（11月12日）：“脱单”这件事，交给缘分	165.9
睿思一刻（11月11日）：土的味道我知道	108.4
睿思一刻（11月8日）：夔、璩、麴、鄢……这些姓念啥？	98.5
睿思一刻（11月7日）：职场“跳跳虎”们的离职理由	143.8
睿思一刻（11月5日）：进博会来了，准备“种草”！	165.2
睿思一刻（11月4日）：脑海中的橡皮擦，请停一下	108.8
睿思一刻（11月1日）：世界，又要变了	94.9
睿思一刻（10月30日）：我是来地球凑数的……	140.8
睿思一刻（10月29日）：故宫又上新了！	89.3
睿思一刻（10月25日）：2020年“国考”最高竞争比2 315∶1	145.9
睿思一刻（10月24日）：1024，他们用代码编织世界	126.4
睿思一刻（10月23日）：再见，乌镇！你好，未来！	155
睿思一刻（10月22日）：法定婚龄暂不改，网友：自己大龄还没对象	138
睿思一刻（10月21日）：数据带你走进第六届世界互联网大会	122.1
睿思一刻（10月18日）：军运会来了！网民：军事五项，精彩可期！	146.2
睿思一刻（10月17日）：“数”说中国减贫成绩单！	171.3

续表

新华网客户端《睿思一刻》新闻（2019年10—12月）	阅读量（万）
睿思一刻（10月16日）：这一次，垃圾分类轮到北京了	159
睿思一刻（10月15日）：你看得见这篇文章，他们却不可以……	106.7
睿思一刻（10月14日）：2020年“国考”来了！明起报名	112.7
睿思一刻（10月11日）：“御用”大数据带你了解“逆生长”的故宫	103.7
睿思一刻（10月10日）：世界爱眼日，你的眼睛还好嘛？	91.5
睿思一刻（10月9日）：今年诺贝尔奖陆续揭晓，大数据道出网民这些心声	105.3
睿思一刻（10月8日）：数据告诉你，国庆假期的“火”和“热”	107.2

《光明日报》“聆听光明”有声报

一、案例介绍

2018 年 10 月 26 日，《光明日报》与智能语音和人工智能上市公司科大讯飞在京签署战略合作协议，双方将协同研发“智能化有声报纸”，让《光明日报》“能听会说”。2019 年 1 月 1 日，有声报定名为“聆听光明”，以小程序的形式正式运行（见图 1）。

聆听光明

图 1　“聆听光明”小程序

现在，每天早上 8 点，借助科大讯飞的人工智能技术，当天《光明日报》报纸上的所有文字都会被合成为语音，在“聆听光明”上一一展现出来。为了满足不同受众的收听喜好，“聆听光明”目前上线了 4 位主播，读者可以选择有特色的人工智能播音员为自己读报。以后，读者可以通过输入家人或朋友的语音，选择家人或朋友读报，与报纸互动，实现从“看报”到“听报”的转变，解放手和眼。

“聆听光明”目前处于初级形态，基本实现了报纸内容的准确播放。接下来，《光明日报》将实现内容的扩张，为受众提供更多的新闻资讯，并将探索实现智能语音控制，将“聆听光明”打造成一个平台、一个内容框架、一个数据库、一套解决方案，为纸质媒体的有声化开辟出一条新路，让读者实现从“看报”到“听报”的转变，用好碎片化时间，“解放”手和眼，让党报变得更亲切、互动性更强和更接地气。

《光明日报》和科大讯飞合作，目的是通过“语音＋内容”“数据＋思想”的新方法，对《光明日报》积淀的思想文化内容进行新的整合和包装，形成新的智能化音频产品，不断满足受众对新媒体产品的新需求。

二、访谈实录①

问：请介绍这个应用的产生背景。

答：2018 年中央号召主力军上主战场，这个想法就是在媒体融合这种大的背景下产生的。

科大讯飞公司在声音技术这方面比较先进，我们单位和他们联系后，开始做党建共建。后来我们就想他们的技术能不能被拿过来用到新闻上，当然他们也希望自己的技术能有一个实际的用处，总之双方都比较有意向。然后大家就达成了一个协议，用他们的技术结合我们的内容尝试着做一些新产品，设计出一个不同形态的媒体，把这个技术用起来。

问：请介绍这个应用的诞生过程，并介绍一下主要负责人和参与人员的规模。

答：2018 年 10 月底报社领导层面决定做有声报，因为科大讯飞的文字合成语音技术是最先进的，所以我们想着可以拿过来应用。

经过协商之后，我们决定做一个小程序。到 12 月份我才参与进来。因为之前可能设想的是完全用他们的技术来生产，完全自主生成，把报纸内容转换成语音。但后来我们发现这个过程还是需要有人的参与，而且我们报社这边比较重视语音报，所以就想多投一点人力让它发展得更好。

2019 年 1 月 1 日“聆听光明”小程序正式上线，同时语音编辑室成立，现在看这段时间确实是比较紧的。语音编辑室设置在光明日报社总编室下面，

① 受访者为《光明日报》“聆听光明”有声报编辑蒋永峰，采访于 2019 年 12 月 17 日。

前期参与的人员比较多，比如张总编，中间负责联系的张老师、邓主任，还有全媒体的总编和总编室周主任，他们全都参加了前期工作，最后才决定由总编室来负责运营。在语音编辑室成立之后，其他人就管得比较少了，现在就是周主任以及总编室副主任来负责，他俩主要做方向上的把关。

现在我是具体负责人，基本什么都管，还有其他三名同事，我们四个就是主要团队。我原本是总编室的版面编辑，另外三个人是从光明网调过来的。我们现在轮流值班，每天有三个人过来上班，一个人休息。基本分工是很平均的，比如在语音报上线前进行人工调整，还要做微信公众号、头条号推送。

刚开始的时候，这个小程序具体能干什么我们自己都不知道，都是在探索，而且这个小程序从 12 月中旬开始研发，是直接外包给科大讯飞的，技术用他们的，小程序也由他们来做。我们这边提供的就是报纸内容以及人力，因为他们的技术团队肯定是不懂报纸运营的，内容这一块他们也是完全不懂的。他们不知道要怎么呈现。比如标题，他们可能以为只有一行，可能都不知道会有副标题，以及标题与正文之间的过渡。这就需要我们来提意见，比如应该怎么样、要如何呈现。

2019 年 1 月 1 日小程序基本成型，但那时它还非常简单，只有标题和内容，存在很多问题。我们四个人也在每天编制的过程中发现各种问题，然后给他们反馈，他们再来改进。大概用了两三个月的时间来磨合，我们的编辑工作才比较顺畅，小程序呈现得也比较好看了。

问：这个应用的最大特色是什么？它和市场上的同类应用相比，最大的创新之处是什么？

答：当初小程序上线的时候，我们也与其他产品对比过，但完全相似的其实没有，因为我们的小程序是全国第一份有声报。虽然也有其他媒体在做声音类产品，但他们做的比较类似于广播，做成了广播节目，适合放在喜马拉雅 FM 这样的平台上让大家去听，采用的是节目模式。只有“聆听光明”是把每天报纸上所有的东西转化成语音，让每一篇文章都是可以听的，这是它最大的特点——把整个报纸全语音化了，所以它的定位是全国第一份智能化有声报纸，所以说可能没法单独去比较。

另外，我们用的是 AI 技术，就是人工智能技术。据统计，《光明日报》正常是每天 16 个版，如果要把它读完的话，那么一个人从头读到尾大概要六七个小时，这还是在语速较快的情况下。但是如果是语音合成的话，可能十几分钟就完成了。即使有机器读得不太合理的地方，需要人工改动一下，这个时间也不会很长。有声报纸不用等印刷和派送，就可以很快推送出去，甚至可以比报纸发行出来的时间还要快。

虽然现在很多报纸也有有声版，比如《合肥日报》，但它相当于把有声报外挂到电子版上，光明网上的很多文章也可以听。但“聆听光明”不一样。首先，“聆听光明”利用手机随时可以直接听，操作比较简单，就像听广播一样。其次，“聆听光明”经过了后期人工编辑的再次处理，语音会正常很多，也会更加流畅。

当下，我们主要是把这个产品的形态做好，2020年之后，我们将和科大讯飞一起探索，比如允许用户自己输入语音，用自己的、家人或朋友的合成语音来读报。以科大讯飞的技术，现在是完全可以做到的。媒介产品现在强调智能化、互动化，以后我们还想加一些方言语音。我们现在就有四种声音，两个女性，两个男性，年轻的两个，年长一点的两个。之后互动也是完全可以的，比如用户用语音输入想听什么样的新闻，“聆听光明”就快速将新闻调出来。

问：这个应用到目前为止获得了哪些奖项和肯定？

答：这个还真没有。因为我们刚做了一年，虽然也有一些媒体过来学习，因为这是一个新的业态，但我们没有大力宣传，想把它做得比较成熟之后再说。刚开始也想过在报纸上宣传一下，但因为初期出现过一些小问题，比如声音合成太慢，导致上线时间不能保证，所以就没怎么宣传。现在我们会把这些音频运用到其他方面，比如放在公众号上和图文一起推送，这样很多人就可以直接听了。特别是一些篇幅较长或内容较枯燥的文章，用户就可能想听音频版。

问：这个应用的技术开发是自主研发，还是外包服务？为什么？对此后续会不会有所改变？为什么？

答：主要是外包服务，因为我们确实没有这个技术，科大讯飞他们的技术已经非常成熟了，所以我们决定与其合作。目前双方的合作短期内不会有调整，但产品的呈现形式会有所创新，比如有可能开发App、网站之类。因为有了新技术，大家都在做各种尝试，具体能不能开辟出一片新天地来，现在还不好说。

目前，“聆听光明”是在小程序里，小程序不是很适合媒体，大家不是很习惯调用语音，不过5G时代到来后情况可能会有所改变，语音在今后的应用会很广，到时候我们会尝试开发App或网站。

问：这个应用目前的使用规模（用户数量）是多少？在同类应用中处于什么位置？

答：我们的小程序的用户规模还不大，添加到个人小程序的人数在800左右，累积用户数是5 000多 。同类应用现在基本没有，所以也没法比较。

语音属于锦上添花的东西，在微信里其实还是文字报道的补充，大家在手机屏幕上看的主要还是文字。尽管语音产品的使用场景比较有限，比如“聆听光明”的应用场景就是在地铁上、车上，但有了语音大家就多了一种选择，从这个角度看，还是有助于传播的。

问：这个应用至今还存在哪些问题？将如何改进？

答：技术上的问题比较具体、细小，但很难解决，比如机器读东西确实没有像人一样的判断力，改革开放“40 年”它会读成“四零年”，虽然也不算是大错，但听起来不太顺畅。我们会向科大讯飞反映这些情况，进行调整。另外还有一些多音字，机器也难以判断，需要人工去判断，这个确实挺难解决，到现在也没有一个非常好的办法。一篇文章中有多音字，平时看的时候可能没啥感觉，但实际上人工编辑会比较累。一开始我们人工编辑比较慢，有经验之后，就能很快找到那些有问题的地方，并较快地把它改过来。单纯读报纸上的内容有一些单调，“聆听光明”也在尝试着增加一个《每日速听》栏目，介绍当天的报纸有哪些值得听的内容，大概有 5 条，会告诉大家在哪个地方可以听。另外，我们每天把可读性较强的内容放在总编室的微信公众号“东大街 5 号”上，再配上语音。有时候，我们会在头条号上发这些内容，增加点击量。关于问题的反馈，我们一开始设想过等用户数量多起来，邀请他们过来给我们提意见，但现在发现这个事情推进得比较慢，目前还没有实现。

问：通过此次应用开发，《光明日报》自身得到了哪些收获和进步？总结出了哪些经验可资借鉴？

答：我觉得还是应该主动拥抱新媒体、新技术，因为新媒体、新技术会带来意想不到的结果。比如像今日头条，它其实也是媒体跟技术相结合的产物。现在传统媒体也正在转型，在转型当中就可以运用这些新技术，还要多次尝试。我们最初设想语音小程序可能会很受欢迎、大家都会听，但现实并不是这样的，小程序可能并不适合，现在它主要是作为一个辅助手段。反倒是它被添加到其他内容里，如公众号内容中，效果挺好。总之，这些新媒体先用着，发展起来之后，总会发现一些新方向。虽然我们自己没有技术，但通过和技术企业合作，就可以根据我们的需要和创意来获得、使用这些技术，发挥技术的优势，同时也发挥我们自身的优势。

三、案例评析：突破技术局限，创新内容表现形式

2019 年 1 月 1 日，“聆听光明”有声报小程序正式上线，由《光明日报》

与科大讯飞联合推出；隶属《光明日报》总编室的语音编辑室也同时成立。每天早晨 8 点，这款“智能化有声报纸”就借助人工智能技术将当日报纸所有文字内容合成为语音，在“聆听光明”小程序中上线，用户可根据喜好在四种声音中选择一种为自己读报。相较于受印刷与分发时间限制的纸质版报纸，能够快速合成并上线的“聆听光明”成为《光明日报》读者获取当日新闻的最早渠道。

上线一年的“聆听光明”在技术方面拥有其他传统有声报无法比拟的优势，而在内容方面又同时拥有传统媒体的专业优势，正所谓强强联手，因此本文将从四个方面分析“聆听光明”在语音产品竞争愈发激烈的市场环境下如何发挥这些优势，创新智能化有声报的新形式。

（一）拥抱技术，发挥内容优势

对于传统媒体而言，其最大的优势还是专业化的内容生产，“聆听光明”所使用的文本全部来自当日《光明日报》的版面内容，基本实现了报纸文本的全部语音化。据“聆听光明”的责任编辑蒋永峰估计，《光明日报》平均每日 16 个版面，即使是一个播音员快速地朗读完也需要六七个小时，但智能语音合成技术只要十几分钟就可以全部完成，经过人工审核后便能迅速推出。小程序上线初期，语音合成准确率并不高，由于报纸文本的专业性，一些专有名词、多音字、数字年份等很容易产生偏差，编辑部与科大讯飞多次磨合，调整算法规则，结合人工审核机制，以保证高效率与高质量的统一。

专业化的报纸内容是“聆听光明”的优势，但同时也是弱势。为了保证效率，语音合成全部使用书面语言，并未进行人工改写或调整，一些长段的、专业性较强的语句音频往往不利于用户理解，考虑到这方面的局限，语音编辑室也进行了一些尝试，如值班编辑挑选当日有价值、适合收听的内容，精选摘要文字整合为《精彩速听》栏目，在小程序中置顶呈现。每段文字下方均标注内容所在版面，方便用户快速定位感兴趣的内容。

（二）全平台分发，充分利用渠道资源

国内最早与科大讯飞合作的传统媒体是《合肥日报》，双方早在 2006 年 3 月便推出了 PC 端“有声报纸”软件，用户可点击新闻文本在线合成语音“读”报。随后的一年内又有多家传统媒体与科大讯飞合作，掀起了一波有声报热潮。但面对发展多年的同类有声报产品的竞争，“聆听光明”仍然具有很大的优势，除了上文提及的报纸内容的全部语音化之外，以小程序作为传播平台的灵活性也是“聆听光明”的一大优势。相较于传统的将音频嵌入网页电子报，“聆听光明”小程序所适用的场景更加丰富，便于用户随时随地打开

收听，更符合当前产品移动化的大趋势。

此外，“聆听光明”每日合成的语音资料是《光明日报》全平台共用的，一段音频根据编辑需要可在多个平台使用，如总编室的公众号“东大街5号”会在推送报纸内容时嵌入音频，用户可以搭配音频来浏览内容，从而实现音频资源的二次利用。《光明日报》的头条号、网页端电子报也均可使用“聆听光明”的音频作为补充资料。此外在《光明日报》的报纸上，用户扫描版面中的二维码，也可以直接跳转到小程序收听音频，实现线下对产品的推广。

（三）受众精细化，积极面向目标用户

中央人民广播电台在2010年推出的“有声报·新闻和报纸摘要”就定位于精编内容与人声朗读。相比之下，虽然“聆听光明”未对音频内容进行专门策划，但其“读报”的功能性以及呈现方式并未脱离用户，而是更加考虑到目标用户的需要。以往传统媒体的音频产品主要定位于中老年和视障群体，“聆听光明”则将这一定位扩展至拥有移动端的更广泛的人群，将小程序的优势发挥出来，面向年轻的上班族，提供通勤途中的休闲内容，解放他们的双眼和双手。

“聆听光明”现有四名主播，两个男声、两个女声，其中又分为中年声音和青年声音，读者可根据自己的偏好选择主播，这是“聆听光明”在用户定制化方面的第一步尝试。下一步还将尝试加入用户定制主播的功能，通过输入用户自己或家人、朋友的声音，实现语音的自定义，这将是未来“聆听光明”吸引用户的一大利器。

目前“聆听光明”小程序的固定用户共有800余人，累计打开人次5 000多。对于一个推出已一年的产品，这个用户数并不理想。编辑蒋永峰把原因归结为“零宣传”：由于初期在技术磨合上出现各种问题，编辑部决定先把工作重心放在技术与内容的完善上，等到产品成熟后再继续推进。

（四）突破技术局限，创新产品形式

《光明日报》与科大讯飞的合作，可谓最大限度地开发了双方的优势。科大讯飞既拥有智能语音合成技术，也有开发小程序的成熟体系，而隶属《光明日报》总编室的语音编辑部拥有充足的内容与专业人力资源。然而就目前“聆听光明”的产品形式与用户规模而言，双方的配合尚存在不足，存在一些亟待解决的问题。

一是报纸内容的书面化是“聆听光明”的一个“硬伤”，若仅作为老年人和视障群体的“读”报工具还尚可维持，但若想面向年轻受众，为小程序吸引更加多元化的用户，则还需在内容创新上下功夫。比如，在基础的报纸内

容外，可尝试策划适合小程序的新内容。照搬报纸内容只能作为产品的基础功能，而在此基础上对报纸内容进行二次整合编辑才能带来产品的核心竞争力；或可成立专门的团队负责音频内容的生产，提升产品内容的“可听性”。

二是语音合成准确性的技术问题还需进一步解决。目前文本中多音字与专有名词还在依靠编辑进行人工修改，由于技术人员不具备新闻生产的专业性，因此编辑需提供专业性的建议，并将用户反馈及时提供给技术人员。

三是在碎片化阅读的互联网环境下，“聆听光明”的音频通常为三至六分钟不等，且没有语音与文字的同步功能，用户阅读文字尚不能从头读到尾，是否还有耐心听完语速较慢的音频呢？添加音文同步、倍速功能也许可以成为一种改进措施，但最核心的是抓准“声音”的优势，不能完全照搬文字内容的呈现模式，而要充分利用语音所带来的增值感受，如亲和力与感染力等等。以往成功的音频节目往往拥有“声”入人心的主播，通过主播个性化的声音增加用户黏性，以主播的特色形成品牌效应。“聆听光明”的智能主播同样可以实现这一模式：通过打造人格化的完整形象，如设计人物视觉形象、角色形象等等，形成听觉与视觉的完美结合。

四是小程序是否适合作为音频产品的呈现平台还需考察，用户调查与用户反馈不应被忽视，甚至在产品上线前就应进行用户调查。然而“聆听光明”仅用两个月便快速上线，导致对产品形式缺少前期的预调查。面对喜马拉雅FM、蜻蜓FM等音频产品App的竞争，小程序的用户市场仍属小众。对于中老年用户而言，相比于手机端App，小程序的打开路径较为复杂，在操作上也并不能完全实现“用户友好”。

五是“聆听光明”与外部平台的合作形式单一，仅作为提供现有音频的“资源库”，导致产品的外部曝光量极低，很难主动挖掘和吸引潜在用户。因此需要编辑部创新技术使用形式，为智能语音合成技术设计更为新颖的使用场景和使用形式，让智能主播有更多的用武之地。

尽管有上述问题，但我们仍然对智能有声报的形式抱有期待，随着5G时代的到来，在线合成的智能语音产品将拥有更大的发展潜力。从纸质媒体到媒体融合，创新是传统媒体得以转型和持续发展的动力，“聆听光明”仍然在探索的路上。在产品开发阶段会遇到很多问题，内容与技术结合的形式今后仍需不断改进与创新，如何提升语音的准确度、降低人力成本，如何让用户获取更好的使用体验，以及如何吸引用户与提升用户数量等核心问题的解决，还需编辑部与技术开发者不断磨合。技术的形式是多样的，也拥有丰富的可能性，“聆听光明”要如何走下去，还要看编辑部如何创造性地使用技术，从而优化形式、完善服务，让智能有声报找准自己的定位。

《钱江晚报》城市日历

一、案例介绍

城市日历是《钱江晚报》小时新闻与杭州市文化广电旅游局（原杭州市旅游委员会）旅游经济实验室 2018 年共同推出的数字化产品：以“新闻＋服务”模式为指导，整合城市资讯，发掘城市特色，品味城市文化，满足大数据时代休闲旅游需求；内容包括旅游资讯、演出展览、学术分享、体育活动以及商业折扣等板块。它是传统媒体借助新媒体手段与政府机构形成良好合作的案例。

在产品设计上，城市日历结合了浙江日报报业集团内容开放平台，打造集专业生产内容与原创内容于一体的活动产品。为体现城市日历作为生活日历的特点并满足用户活动检索的需求，产品设计了日历形式的活动列表及各活动类型的分类列表（见图 1、图 2）。城市日历首次尝试首页活动周历样式及热点活动类型推荐，引导用户发现城市精彩活动；同时，借助微软人工智能等技术手段，提供精准个性化的城市活动分发。

图 1　城市日历首页

图 2　活动列表页（按分类检索）

城市日历作为《钱江晚报》新媒体转型征程中的新项目，得到了《钱江晚报》官方微信、小时新闻 App 以及《钱江晚报》官方微博等资源的倾力扶持，为城市日历提供了多个入口（见图 3)。《钱江晚报》报纸版面每周提供一次版面支持。

同时，杭州市文化广电旅游局的小程序“杭州旅游数据在线”也提供了城市日历的入口（见图 4）。杭州市文化广电旅游局的主要公众号——“杭州文广旅游发布”“杭州会奖旅游”“杭州旅游指南”“在杭州”——都关联了“杭州旅游数据在线”小程序。

图 3 《钱江晚报》官方微信号入口

图 4 杭州旅游数据在线入口

上线仅一年多，城市日历就在多个方面取得了亮眼的成绩：在入驻机构数量上，城市日历吸引了包含杭州解百商贸集团、杭州开元酒店集团、浙江大学、杭州大剧院、浙江美术馆、杭州蜂巢剧场等在内的 130 余家机构和团体入驻。截至 2019 年 12 月，在发布活动数量上，城市日历共发布了 138 家入驻机构的 1 373 个活动，总点击超 2 000 万次，记录了这个城市最美的瞬间。城市日历还与多个知名 IP 跨界合作，发布包括 2018 杭州草莓音乐节、世界杯杭州看球地图、未来游乐园展览等多个爆款活动；而杭州元宵节看灯地图、杭州踏青地图等及时应景的内容也得到了广泛好评。

二、访谈实录[①]

问：请您介绍一下城市日历这个应用的产生背景。

答：城市日历是我们小时新闻与杭州市文化广电旅游局旅游经济实验室

① 受访者为《钱江晚报》产品与内容运营中心副主任刘硕，采访者为罗斯，电话采访于 2019 年 12 月 6 日。

2018 年共同推出的数字化产品。当时我们《钱江晚报》已有自己的 App，但我们发现仅靠自己的专业团队生产的内容难以支撑平台对内容的需求，为此我们就想尝试采用“PGC＋UGC”的方式，让更多的机构自主提供内容，来丰富我们平台上的信息量。同时杭州市文化广电旅游局的一个部门也恰好有这些机构的资源，所以我们就一拍即合，开启了这次比较浅层的尝试。

问：请介绍城市日历的诞生过程，并介绍一下主要负责人和参与人员的规模。

答：第一，在初期，我们和政府进行联动合作，政府为我们提供一些机构资源以及权威背书，而我们作为一直深耕在杭州本地的媒体平台，也积累了很多合作方，并利用这些资源邀请机构入驻。

第二，我们浙江日报报业集团产品研发中心开发搭建了 MCN（Multi-Channel Network）平台，可以支持 PGC 内容集合形式。城市日历是第一个使用此平台的产品，入驻机构可以在上面发布内容，由统一管理员进行审核后在不同的分发渠道来展示。

第三，总体来说，城市日历的产品逻辑、运作、运营和推广主要由我们《钱江晚报》产品与内容运营中心来负责。城市日历的运作主要分成两个部分：一个是内容运营，由两名内容运营的同事负责，具体工作内容包括机构入驻、内容审核、专题搭建、活动组织等；另一个是产品运营，我们有一名产品经理为城市日历进行服务，包括对城市日历做一些调整等，同时，他也为 2019 年我们开发的“城市日历”小程序做一些服务。

问：城市日历的定位是“新闻＋服务”模式，可以介绍一下这种模式的含义或者说特色吗？以及它的目的是什么呢？

答：作为传统媒体，我们擅长做的是内容生产。在以前，我们做的内容生产模式类似去一个地方打卡，然后推出一篇新闻稿。

现在《钱江晚报》主打“大生活”定位，需要增强服务性，因此现在除了发放具有新闻性的内容，我们还会增加很多服务性信息，包括游玩攻略、周边活动、交通信息等。如果涉及门票的话，那么我们也会放购票入口等。我们还常常和入驻机构做一些联动，比如说机构在我们平台上推出一些优惠举措，用户就可以购买到优惠票，或者是我们经常会组织一些话剧团，它们会在我们的城市日历上提供一些免费的票，等等。

问：所以，其实用户通过城市日历，一方面可以参加更多的活动，另一方面也能够获得更多的资讯，对吗？

答：对的。就比如在《钱江晚报》的 App 上，用户看到的不仅是新闻，还有一块服务性的，功能相当于大麦网的区域。用户在 App 上点开城市日历，它就会以日历的形式显示出用户今天可以去哪里玩，会给用户提供真正有用和有帮助的信息，同时也会组织福利活动，这又是一份服务——这就是“新闻+服务”模式的一个体现。

问：城市日历上的内容来源是什么呢？这其中各自占比是多少呢？具体的运作机制是什么呢？

答：我们的内容来源有三部分：第一部分是由入驻机构进行内容供稿，我们做审核；第二部分是如果《钱江晚报》其他中心有采访跟进与城市日历内容契合的稿子，我们就会在城市日历上予以更新；第三部分是我们产品内容运营团队自己生产的，但这部分占比是非常小的，因为我们其实是做一个最后的补充。三部分占比大概是 6∶3∶1。但这个比例可能在每一个阶段都有调整，因为之前我们主要还是以机构供稿为主，然后加上一些我们媒体部分的原创，可能比例就是 9∶1；而近期如果我们觉得自己的记者团队生产的很多内容符合城市日历的调性，并且编委会同意，那么我们就会把它们放到城市日历中来。

问：这个应用的最大特色是什么？它和市场上的同类应用相比，最大的创新之处是什么？

答：城市日历结合了浙江日报报业集团内容开放平台，打造集 PGC 与 UGC 内容于一体的活动产品。我觉得相较其他传统媒体而言，我们是比较创新的，可能在自己的这块领域里面开创了一片小小的天地。但我觉得我们与那些成熟的平台，如大麦网这种商业平台相比还相差甚远，我们还在起步，还有很多进步的空间。为此，我们还是要跟商业平台有一些差异。就大麦网来说，它可能做了一些很大众的活动，如演出等，那么我们可能会更综合我们的活动，比如更加小众的或者亲子类的，而不仅仅是卖票性质的活动。我们在这里可能会再去多挖掘一些，尝试与其差异化。

问：这个应用到目前为止获得了哪些奖项和肯定？

答：到目前为止，城市日历在 2018 年“数字文旅美好生活”杭州旅游大数据峰会上获得了由杭州市文化广电旅游局颁发的应用创新案例奖。

问：这个应用采用何种技术进行内容生产？技术开发是自主研发，还是外包服务？为什么？对此后续会不会有所改变？为什么？

答：我们现在的技术主要有两个部分：第一个部分是 MCN 平台，它是由我们集团的产品研发中心研发的；第二个部分是小程序，引入了基于位置的服务（Location Based Services，LBS）技术，比如说你打开这个城市日历小程序，然后定位自己的位置，就可以看到周边活动的相关内容推送。这是一个技术上的创新吧。对于是否会改变，我觉得要具体事情具体分析，是采取外包服务还是由自己的产品研发中心去做，要根据具体排期、成本综合考虑。

问：这个应用目前的使用规模（用户数量）是多少？在同类应用中处于什么位置？

答：因为我们把城市日历放在了我们的《钱江晚报》App 里面，所以它跟 App 的用户量和活跃度其实是可以同步的。现在《钱江晚报》App 有 500 万下载量，月活跃用户数量在 30 万左右。而小程序大概是在 9 月下旬才上线的，也是刚起步，所以现在用户数可能还比较少，怎么去把小程序给运作起来也是我们的一个课题。

问：这个应用至今还存在哪些问题？将如何改进？

答：我觉得主要是人员的问题。目前，我们缺乏真正的商务拓展（Business Development，BD）团队去联系合作以增加入驻机构的数量，现在主要由我们团队的成员去兼任。我觉得要做一个平台，BD 团队是非常重要的，而这也是需要很多人去做的，但是我们现在没有足够的精力。城市日历在一年多时间里入驻了 100 多家机构，但这都是一家一家跑过来的，主要靠之前的一些资源积累，比如我们可能跟这家机构正好熟悉，或者跟里面的人正好认识等等，我觉得欠缺一些专业的操作。我们想要有的放矢地去洽谈一些机构，但没有精力。

我觉得如果有可能的话，可以往 MCN 方面去做一些探索，但是也是先小步试错。我们之前也去了一些成功运营 MCN 的机构去取经，想看看这种运作方式有没有我们可以借鉴之处。

我们希望，城市日历在不远的将来能成为杭州市的生活日历，建立起信息覆盖面广、用户量大的垂直型平台，在用户数量和流量做上来之后加入便捷支付等服务，进一步带来效率和便利，借助人工智能提供精准化、个性化的活动分发，从而满足市民和游客的休闲旅游需求，真正发掘杭州特色，体现这座城市的魅力。

问：通过此次应用开发，所在媒体得到了哪些收获和进步？总结出了哪些经验可资借鉴？

答：第一，城市日历为补齐我们平台内容发挥了很大的作用。首先，让我们摆脱了先前单纯依靠记者团队进行内容产出的方式，现在我们可以通过机构入驻的方式让机构来产出内容，这其实弥补了我们很多内容上的不足；其次，机构发布的一些短平快的内容也可作为深度挖掘的基础，我们记者会做二次加工，进行深度采访。

第二，城市日历给我们提供了一些政府资金上的支持。城市日历在去年成了杭州市文化广电旅游局 2019 年城市扶持项目的一部分，所以获得了一些经费。

第三，城市日历也给我们创造了一些想象空间，去探索传统媒体的营收方式。现在传统媒体的营收方式比较单一，我觉得 2020 年我们可以在机构身上发掘一些经营模式——除了广告发布、服务活动发布之类。我们现在也在想，城市日历可以跟机构尝试创新营收方式，比如说我们现在在帮一些机构做全年的策划方案。除了入驻城市日历之外，我们可以给机构提供一些增值服务，增值服务里面包含进行一次线上线下活动联动等，我们可以借此向机构收取一部分费用，然后把这种模式复制到多家。

第四，城市日历也给《钱江晚报》带来了更多的流量和点击率。我们今年在跟百度地图谈合作推进，以后在百度地图的页面上，只要你搜到一个地点，这个地点下面就会显示一些这个地点正在进行的活动，而这些活动是由城市日历提供的，这便会给我们引流。

就经验来说，我觉得是要有“平台”思维。因为原来大家都把自己当成一个内容生产者，而如果是我来做这个事情的话，我就把自己当成一个平台来做。我们要多做一些组织支撑工作，不是说我要站在台前去唱，而是我搭建了这个舞台让别人来唱。

三、案例评析：媒介融合中传统媒体的创新应用探索

城市日历是传统媒体借助新媒体手段与政府机构形成良好合作的案例。区别于其他传统媒体在新闻内容上进行的多渠道融合，城市日历探索出了“新闻＋服务”的内容模式，不仅为用户提供新闻信息，还充分利用机构 UGC 内容为用户提供更多的服务信息，满足大数据时代用户的休闲旅游需求。与机构的合作探索也为《钱江晚报》带来了新的营收增长点，打破了传统媒体单一的营收方式。为此，作为一个创新应用案例，城市日历在内容生产和运营上的经验值得借鉴。

（一）树立“平台”思维，利用机构“PGC”丰富信息

城市日历作为一个整合城市资讯、满足大数据时代休闲旅游需求的平台，

打破了传统媒体自身进行内容生产的模式，大大发挥了机构 PGC 的作用，在减轻媒体自身内容生产压力的同时，实现了信息增量并满足了用户的多元需求。

（二）巧借技术之力，提供优质服务

首先，城市日历通过搭建 MCN 平台，提高了内容生产和分发的效率。MCN 为机构提供了内容生产的平台，而在该平台上，媒体可对机构的内容进行多次加工和利用，最后分发到不同的平台上进行不同的呈现。这一方面有利于延伸信息传播的触角，另一方面也符合不同平台用户的不同需求。其次，城市日历通过借助 LBS 等技术，可以为用户提供精准个性化的城市活动分发，满足用户的场景化需求。最后，未来城市日历也将加入便捷支付等服务，这将进一步带来效率和便利。

（三）利用媒体优势，创新营收方式

除了为用户提供内容服务外，《钱江晚报》还利用自身的媒体优势，借助城市日历这一平台积极开展与入驻机构的合作，尝试创新营收方式，比如帮一些机构做全年策划方案等；此外，《钱江晚报》还提供增值服务，如进行一次线上线下活动联动等，借此以获得新的盈利增长点。

（四）业务拓展创新需要专业人员配置的支持

作为一次创新尝试，城市日历除了提供内容服务外，还需进一步吸引机构入驻。但目前城市日历的主要负责人员还是自身的产品运营团队，缺乏专业 BD 团队在商务拓展上的支持，而这也是城市日历以后进一步拓展需要解决的问题。

澎湃新闻“湃客”创作者平台

一、案例介绍

“湃客”是澎湃新闻旗下的专业创作者平台，上线于2018年7月19日，以成为中国新媒体发展创新基地、全球创作者交流平台为目标，集纳并展示外部优秀纪实作品，倡导自我表达，捕捉时代脉搏，做好连接优质内容与读者的平台。现有核心板块为非虚构写作、纪实影像、数据新闻以及评论。

在项目初期，不同于商业网站内容平台通过下沉来扩张的方式，“湃客”平台以邀约严选的模式，首先聚焦行业内头部创作者，以此建立三大核心板块——“镜相”“眼光”及“有数”（见图1），致力于发现和培育优秀非虚构文字作品及作者，挖掘全球视觉创作原生力量，通过影像的方式讲述故事，连接和扶持具备数据挖掘与可视化能力的创作个体或团体，共同挖掘公共话题中的数据力量。在项目第二阶段，“湃客”在已有三大板块的基础上，扩大邀约入驻范围，丰富垂直品类内容，设置“众声”板块以及十个垂直板块（见图2），逐步在平台内建立了一个完整的优质内容生态。目前，湃客号入驻了近1 600个自媒体机构及个人。“湃客”专业创作者平台根植于澎湃新闻客户端，目前，客户端日活超1 000万用户。

二、访谈实录①

问：“湃客”于2018年7月上线，“湃客”的产生背景是什么？是什么动机和机制推动了“湃客”这一全球专业创作者开放平台在澎湃新闻的产生？

答：“湃客”是澎湃新闻平台化战略的一部分。现在这个阶段，平台化已经成为一个新闻资讯类客户端的必然趋势。澎湃新闻从《东方早报》转型为

① 受访者为“湃客”创作者平台负责人杨深来，采访者为文露敏，电话采访于2019年12月17日。

图 1　“湃客”核心板块“镜相”“眼光”“有数”

图 2　“湃客”的 10 个垂直板块

新媒体，也要紧跟这个趋势。传统新闻采编机制的生产力、生产效率都是有上限的，我们的采编人数就到了一定的上限。在这样的情况下，如果不平台化，内容的数量、质量或丰富程度，就都到达了瓶颈。当澎湃新闻需要继续往上增长的时候，平台化这种方式是必经之路，只有吸纳更多其他媒体的原创生产内容，才有可能继续往前发展。

在“湃客”2018 年上线之前，我们已经做了一些平台化的尝试，比如说，“问政”这种政务平台。我们还有些其他的尝试，比如说“澎湃质量报告”“问吧”，都是偏 UGC 的一些内容。到了“湃客”，更多的是 PGC 的内容。

问：“湃客”上线之初的三个核心板块——非虚构写作、纪实影像、数据新闻，是出于什么考虑设置的？现在有什么变化？

答：在“湃客”最初做起来的时候，我们不希望它过于下沉。很多平台化的新闻产品，都是先下沉，再去寻找头部的创作者。但是我们担心，一下子把步子迈得太大，可能会与整个澎湃新闻的调性不符。因此，我们是从头部和最专业的那些创作者开始入手的，而非虚构写作、纪实影像和数据新闻可以说是专业化程度最高的三个题材。

到了后期，我们需要进一步扩大平台规模，扩充创作者队伍。“湃客”现在的结构就是有 4 个核心板块，也就是非虚构写作、纪实影像、数据新闻和评论，分别对应的是“镜相”“眼光”“有数”和“众声”。

在这 4 个核心板块之外，我们现在还设置了 10 个垂直板块，分别是社会、世界、财经、科技、城事、身体、新知、文艺、读书、生活。

当然，“镜相”“眼光”“有数”，加上“众声”，还是“湃客”最核心的栏目。一方面，针对这几个栏目的奖励幅度是最大的。另一方面，我们和这些栏目的核心创作者对接的时候，会更像传统新闻编辑部的模式，比如双向报题，更深地去介入创作者们的创作过程，然后把好的作品以独家的形式发在我们的栏目上。

问：“湃客”的诞生过程是怎么样的？主要负责人和参与人员的规模如何？

答：我们从澎湃新闻的原创部门里抽出了一位主编来作为“湃客”初创人员，比如说，非虚构写作负责人是我们澎湃人物的主编，数据新闻负责人也是由澎湃数据新闻的主编来兼任的。在诞生过程中，也有很多运营思维、产品思维等方面的转化，再利用主创身边的创作者资源，先把一部分最优秀、最核心的创作者积累、聚集起来。

现在“湃客”的团队规模不是很大，总共就 15 个人。

问：“湃客”的最大特色是什么？与澎湃新闻传统频道的内容和形式有何不同？

答：“湃客”与澎湃新闻的传统频道是完全不同的。其他传统频道就是编辑部形式的，记者出去写稿子，编辑编稿子。但“湃客”不是做原创内容的，而是使用来自澎湃新闻外部的全球创作者的内容，把他们生产的内容上传到“湃客”上。编辑的主要工作是把好的内容给优选出来，去做推荐，去做分发，去做运营。

编辑选择稿子的标准一方面是稿子的质量、内容、选题、专业性等指标，好的稿子可以在更好的位置被推荐，比如说上首页。另一方面，等稿子推出之后，编辑还会参考这篇稿子某一个时段在整个客户端里面的数据表现，包括互动量、阅读量等等，再去调整这篇稿子的位置。

问：3 个核心板块有哪些联系和不同？与其他非虚构写作栏目、纪实影像栏目和数据新闻栏目相比，“湃客”有何创新？或者说，它的竞争力是什么？

答：在此之前，可以说没有一个像“湃客”这样的平台来聚合这些题材的优质内容。各个创作者更多地是通过自己的渠道，比如微信公众号这样的形式来分发内容。

而相比于今日头条这样的聚合平台来说，我们的劣势很明显：一个是它的内容数量巨大，另一个是它的技术是领先于全行业的，还有就是补贴等很多。但是，我们的优势是有更好的编辑、更专业的判断，能够把好的内容呈现给读者。此外，我们在一些优秀作者的对接上也会更细致一些。“湃客”不会甘于内容同质化，在新闻专业性方面，在澎湃新闻的价值观方面，我们需要去发挥优势，守住特长。

问：“湃客”在运营方面有何创新？如何激励生产者、读者？

答：现在的激励机制有两种，分别针对文章和账号。

对于文章，我们每周会评七篇热文，纯粹按照数据流量进行考评。而针对之前所说的 4 个核心板块，每个板块每个月要评选 5 篇优质稿件，这就不单单通过数据来评价，还包括编辑的评分。第一名有 1 万元的奖励，第二、三名有 3 000 元的奖励，第四、五名有 1 000 元的奖励。

对于账号，我们也要评选出优质账号，主要是根据美誉度、传播力、互动数还有活跃度等综合出一个指数。14 个栏目每个月评出 5 个优质账号，每个账号奖励 1 000 元。

以上都是从物质角度进行的激励，还有一些激励是非物质的。比如通过编辑和创作者直接对接、扶持，来激励优质创作者，维持与优质创作者之间的关系。这种人与人之间的沟通交流，不是机械化的。

问：自“湃客”上线以来，有哪些代表性的成果？在建设“中国新媒体发展创新基地、全球创作者交流平台”这一目标上进展如何？

答：“湃客”的成果有以下几项。

其一，创新发展，完成线上专业创作者频道。2018 年 7 月，“湃客”专业创作者平台在澎湃新闻上线，平台在内容和技术两方面同时发力，是澎湃新闻平台化发展的重要一步。在人才培养方面，2018 年汇集、孵化视频、数据新闻、非虚构写作三大方向创作者 300 名，2019 年入驻专业创作者超过 1 500 个；共汇集、扶持非虚构写作者 120 多人，纪实影像、视频类创作者 250 多人，数据新闻、数据挖掘及可视化创作者 50 多人。我们举办了“澎湃·镜相”写作大赛。大赛由澎湃新闻、复旦大学新闻学院和今日头条联合主办，上海市作家协会作为指导单位，浙江大学、中山大学、华东师范大学等大学作为学术指导单位，王安忆、李敬泽、金宇澄、毕飞宇等文学名家作为终审评委。在为期 3 个月的征稿时间中，“湃客”共收到 4 200 多篇非虚构写作作品，近 200 篇通过初选展示并刊发在澎湃新闻客户端“湃客”频道。经过四轮评审及筛选，大赛在 2019 年 7 月评选出最终获奖的 10 名非虚构写作者。我们还举办了“眼光”年度视觉大赛。在为期 1 个月的征稿时间内，大赛吸引到 800 多件图片及视频类纪实作品，其中 300 多件作品通过初选展示并刊发在澎湃新闻客户端“湃客”频道。2019 年 3 月，经过多轮投票及讨论，大赛评选出获奖作品 10 组。

其二，高端交流，举办数据创作者大会。澎湃新闻在位于上海陆家嘴的中国金融信息中心举办了“数据创作者大会”，汇聚来自业界、学界、商界的多元化与会者，300 多人参加了全天的会议。大会主要聚焦数据新闻 2.0 阶段的众创生态，包括 6 场主旨演讲、6 场迷你演讲和 4 个对谈环节；并在茶歇、午休期间推出名设计师“坐诊”的环节，让创作者与业内著名设计师面对面，针对可视化设计答疑解惑。会后，与会专家还进行了为期一天的闭门会议，共同研讨推出《数据新闻白皮书》，确立数据新闻行业创作标准。我们还举办了市民文化沙龙。“湃客”联合新华传媒，在上海书城举行了题为“聆听记录真实的澎湃力量”的主题交流沙龙。该沙龙邀请到了“湃客”优质非虚构写作者胡卉、陈年喜，头部非虚构短片工作室“Figure”的创始人张悦，以及“镜相”栏目主编黄芳一起讲述他们的创作故事，展现非虚构写作与影像的独特魅力。沙龙同步在新华书店的20家分店、澎湃新闻客户端进行视频直播，并通过直播与多地读者进行交流。

其三，标准研究，制定中国数据新闻手册。“湃客”联合来自复旦大学、中国人民大学、北京大学等高校的教授，以及来自第一财经、财新网、网易新闻、新华网等平台的业界人士，倡议编写《数据新闻白皮书》。白皮书分别从选题、获取数据、数据清洗、数据分析、可视化设计与开发、数据叙事与写作、数据存档与分享等方面，定义数据新闻的含义，并提出相应的方法论。通过白皮书，数据新闻的初学者可以了解标准的数据新闻是怎样的，数据新闻团队的管理者可以以此为框架设立适合自己组织的规范，数据新闻的教学者则可以给学生提供参考。“湃客”频道下的非虚构写作栏目“镜相”以访谈、约稿等形式，集纳非虚构写作名作、学界观点与思考，并形成专题，通过干货内容，逐步厘清、阐释非虚构写作的标准和定义；制定湃客指数、创作者榜单，指数、榜单通过主观维度（专业性、选题价值、信息量等）与客观维度（点击量、互动量等）对稿件进行综合考察，并对主客观指标进行指数化量化及加权处理，形成了一套多维度、颗粒化考察内容的方法。

问：“湃客”的建设是为了打造出符合澎湃新闻价值观和内容格调的“澎湃算法”，这种“算法”依托的技术开发是自主研发还是外包服务？为什么？优势和困难在哪里？对此后续会不会有所改变？为什么？

答：“湃客”的技术还是以自主研发为主，短期之内不会有所改变。

问：“湃客”目前的使用规模（用户数量）是多少？湃客号有多少？

答：目前，湃客号入驻了近1 600个自媒体机构及个人。湃客专业创作者平台根植于澎湃新闻客户端，目前，客户端日活超1 000万用户。

问：“湃客”目前还存在哪些问题？将如何改进？未来的发展方向是什么？

答：技术确实是最大的问题。因为平台化其实对技术要求很高，“湃客”现在也一直在推动技术迭代等等。另一个问题是人员数量少，很多运营细节没办法精细化操作。随着“湃客”的规模扩大，人员上也会有点紧张。

最后就是对于澎湃新闻这样的传统媒体而言，平台化是需要每个人转变思维的。比如现在我们的运营编辑，他的角色就是组织内容生产，而之前的编辑更多的是负责生产内容。虽然看似只是字序上的差别，但对编辑的思维来说其实是很大的一个转变——要从一个内容生产者转变为一个组织者，去管理内容、管理生产。这种角色转变需要大家不断地去体会、去学习。

三、案例评析：守真求变，传统媒体平台化的尝试

澎湃新闻是专注于时政与思想的互联网平台，可以说，它是上海报业集团改革后公布的第一个成果。“湃客”是澎湃新闻旗下的专业创作者平台，上线于2018年7月19日，以成为中国新媒体发展创新基地、全球创作者交流平台为目标，目前已经吸引了丁香医生、谷雨实验室、Lens、GQ报道、真实故事计划、二更视频等非虚构写作、纪实影像、数据新闻、评论领域的头部专业创作者入驻。

作为澎湃新闻平台化的新尝试，“湃客”在不断把握传统媒体自身优势的基础上探索发展PGC的有效方式，其实践经验可以为其他发展到一定程度、原创内容数量达到瓶颈期的媒体提供可借鉴的路径：如何做到“守真求变”——把握住澎湃新闻自身内容的高质量和统一的风格调性，同时集纳广泛的、优质的内容资源，增强媒体的影响力。

（一）平台化：集纳资源与引导用户

平台化已经成为一个新闻资讯类客户端的必然趋势。澎湃新闻从《东方早报》转型为新媒体，发展到一定阶段，传统新闻采编机制的生产力、生产效率都到达了上限。在“湃客”的前期，编辑采取“邀约+严选”的入驻模式，从内容生态的源头做起，不急于下沉，把握住了澎湃新闻固有的内容调性。

在这一过程中，“湃客”承担着连接和服务的双重工作：连接创作者与平台、内容与用户；同时，服务于创作者、用户。这是一个从内容平台向运营平台的重要转变。“湃客”先后设立“镜相”“眼光”“有数”和“众声”四个专业创作栏目，汇集了行业现有头部创作者，还不断挖掘在聚光灯之外的优质内容创作者，比如一些校园自媒体，如“严肃的人口学八卦”“RUC新闻坊”等。对于这些创作者来说，澎湃新闻自身的平台影响力与流量扩大了稿件及其本身的辐射范围。

此外，“湃客”尝试进行更高效的分发，精细化运营话题、专题，从不同维度细分用户的兴趣，拉动优质内容的长尾，让好内容找到对的人。现有的10个垂直板块进一步从用户本身的兴趣出发，更有针对性地投放内容。对于关注不同领域优质内容的读者来说，“湃客”是一个友好的平台。从这一角度看，与澎湃新闻传统的新闻栏目相比，“湃客”用户的黏性更强，忠诚度更高。

（二）运营：编辑的“半新”角色

从生产内容到组织内容生产，编辑的运营角色更加突出，但同时，“湃客”并没有抛弃传统的内容生产模式，编辑的角色可以说是“半新”的。

与其他内容平台不同，“湃客”延续了传统新闻编辑部里编辑与记者、与撰稿人之间的合作方式，坚持澎湃新闻作为新型主流媒体的公共性与专业性。这适当放宽了传统内容平台对于效率的高要求。对于优质创作者，“湃客”的编辑团队会与之保持紧密联系，在创作开始的第一时间介入。澎湃新闻的新闻理念贯穿平台运营、生产的各个环节。

“人对人”，这是在物质激励之外更重要的“激励”方式。当然，物质激励方式也体现了“湃客”对原创内容的支持。“湃客”坚持优质内容的流量扶持，对于优质的内容，会在澎湃新闻客户端的首页突出位置进行再次分发。同时，“湃客”每个月都会对创作者进行奖励与补贴扶持，建立起“湃客指数”，通过美誉度、传播力、互动数和活跃度，多维度、颗粒化地评价入驻平台的创作者，建立起对优质账号的准入和评价体系。

同时，“湃客”开展了非虚构写作大赛、“数据创作者大会”等线下交流活动，为内容创作者搭建起交流的平台，提升了内容的价值，真正实现了“全球创作者交流平台”的建设。这些都要求编辑抛弃传统的思维模式，拥抱新的内容生态环境。

（三）技术：待突破的瓶颈

“湃客”的技术以自主研发为主，受限于所依托媒体的性质与发展方向，短期之内不会有所改变。相比于今日头条这样的聚合平台，“湃客”的劣势很明显，一是数量上不够多，二是技术上更落后。目前，对于技术上的不足，“湃客”更多地利用内容的优质来补足。但如何在技术上实现突破，同时保持内容的高质量、高水准，仍然是“湃客”和其他媒体平台所要共同解决的问题。

总之，“湃客”在平台化方面的创新尝试及其新闻生产流程、编辑角色的相应变化，可以为现阶段中国的媒介融合提供一些有益的思考。同时，技术与观念对传统媒体进行媒介融合创新尝试的限制，也为这一进程提供了努力的方向。

《南方周末》内容付费工程

一、案例介绍

《南方周末》的内容付费工程在《南方周末》客户端上于 2018 年 8 月 23 日正式上线。

新闻传播环境不断发生变化，对媒体发展提出了更新的要求，媒体融合也在持续深入发展。社会对知识产权的保护意识增强，对内容进行付费的意愿也有进一步增长，内容付费逐渐成为一个可行的趋势。付费墙是媒体设立的支付模式，对其生产的在线内容进行收费。国内外许多媒体纷纷尝试内容付费，《华尔街日报》于 1997 年率先实行在线内容的付费阅读。《纽约时报》等媒体内容付费墙模式的成功施行，也为其他媒体提供了借鉴。

在内容付费成为可行趋势、媒体面临融合转型和有成功例子可借鉴的背景下，自 2018 年 3 月起，《南方周末》展开了多维度、多领域、多层次的调研，研判内容付费工程对《南方周末》的机遇和考验。最终，《南方周末》提出，以内容付费工程统揽融合转型工作全局，其目标是以用户为核心、以内容付费为纽带，再造《南方周末》的生产流程和消费场景，实现《南方周末》长期稳定地可持续发展。2018 年 8 月 23 日，《南方周末》宣布会员制正式上线，采取软性付费墙的模式，成为中国内地第一家设立"计量式软性内容付费墙"的报纸。

《南方周末》的内容付费工程主要分为两大部分：一部分是设立内容付费墙，对《南方周末》的内在价值和产业链进行数字化挖掘与拓展，侧重于"媒体《南方周末》"的融合升级；另一部分是打造有《南方周末》调性的知识付费产品线，推动《南方周末》跨出媒体领域，进入范畴更大的内容产业，着眼于"机构《南方周末》"的增长方式转型。工程的第一部分则体现为《南方周末》采取的计量式软性内容付费墙模式。《南方周末》在保证新闻公共性的基础上，经过精准量化，采取计量式软性内容付费墙的模式，用户可以免费阅读一定数量的文章，具有选择的主动权。

《南方周末》的内容付费工程主要从三个方面入手。首先是平台和网络升级，设立计量式软性内容付费墙。其次是产销并举，将知识付费产品打造成主营业务，生产、上线系列知识产品。最后是运营为先，以深度融合提高用户黏性，线上线下相结合，付费墙与知识付费业务相结合。截至 2020 年 1 月，《南方周末》已完成两期内容付费工程，正在开展第三期内容付费工程建设。内容付费工程也需要分期推进。2018 年 8 月 23 日，《南方周末》App 上线了付费会员功能；8 月 30 日，《南方周末》主动修订《智媒刷新计划》为《付费智媒建设计划》，将内容付费工程建设列为最重要内容；11 月 15 日，《南方周末》付费会员制正式在全网铺开，成为内地首家设立计量式软性付费墙的报纸；11 月 17 日，《南方周末》推出自主开发的第一个知识付费产品《故宫・皇帝的一天》，正式进入知识付费大市场；12 月 7 日，《南方周末》知识付费产品的主营平台"《南方周末》书院"上线。至此，《南方周末》内容付费工程的主体框架全部搭建完成，一期工程顺利完工。

二、访谈实录①

问：请介绍"内容付费工程"的产生背景。

答：《南方周末》一直在努力探索符合自身实际的融合发展路径。近年来，伴随国内线上支付技术和用户为内容付费意识的双重成熟，内容付费成为一个风口。我们认为，内容品质在付费阅读中起的是决定性作用，而在这方面，《南方周末》有一定的资源禀赋和比较优势。正因如此，2018 年 4 月 23 日，我们决定推出"《南方周末》内容付费工程"，并确立了以该工程统揽《南方周末》融合转型工作全局的战略思路。

具体来讲，这项工程分为两大部分：一部分是设立与会员制相贯通的计量式软性内容付费墙，对《南方周末》内容的内在价值和产业链进行数字化挖掘与拓展，侧重于"媒体《南方周末》"的融合升级；另一部分是打造有《南方周末》调性的知识付费产品线，推动《南方周末》跨出媒体领域，进入范畴更大的内容产业，着眼于"机构《南方周末》"的增长方式转型。

计量式软性内容付费墙也可以被理解为《南方周末》会员制，我们正通过这个制度，以用户为核心、以内容付费为纽带、以会员为方向，再造《南方周末》的生产流程和消费场景，并希望以此促进《南方周末》长期稳定地

① 受访人为南方报业传媒集团编委、《南方周末》总编辑、《南方人物周刊》主编王巍，线上采访于 2020 年 1 月。

可持续发展。

问：请介绍该应用的诞生过程，以及主要负责人和参与人员的规模、投入资源力度。

答：整个工程是在报社编委会领导下，以数媒工场（其前身为《南方周末》新媒体公司）为主体，以经营公司为支撑推进实施的。我们投入了数媒工场的全部资源，还调动了《南方周末》报系采编、技术、运营和经营等各方面团队共同参与。在不少时候，还采用了实体团队和虚拟团队并存的方式开展工作。

回顾诞生过程，尽管内容付费工程是2018年上马的，但《南方周末》对内容付费的思考，至少可前溯到2014年。在那年10月，《南方周末》进行了以“只做精品”为理念的全面改版，并公开表示，将在改版基础上适时借鉴国外先进报业设立内容付费墙的经验。而在2018年开建付费墙之前，我们也进行了多领域调研、多维度论证，从战略层面研判内容付费给《南方周末》带来的机遇，从操作层面推敲内容付费对《南方周末》的考验。在确立总体思路之后，又对付费墙建设的目标、任务、责任和时间表做出了一系列部署。

问：我们了解到至2018年12月7日“《南方周末》书院”上线，《南方周末》内容付费工程的主体框架全部搭建完成，一期工程顺利完工。请问后续还有其他工程规划和安排吗？

答：在回答这个问题之前，我想再说明一下，“计量式软性内容付费墙”和“《南方周末》书院”是在不同场景之中各自独立的两种应用，它们分属于《南方周末》内容付费工程的两大部分，“《南方周末》书院”是该工程知识付费产品线上的应用产品。但是，《南方周末》内容付费工程这两大部分虽各有侧重，却又密不可分，在建设上是混合推进的。

一期工程完工后，当然还有后续的工程和规划，其实现在二期工程都已完成了，正在建设第三期。后期工程将着力提升用户体验，提升会员获得感，就如同在房子建起来后，要更多考虑的是如何让住户感到舒心合用一样。

问：计量式软性内容付费墙应用的最大特色是什么？它和市场上的同类应用相比，最大的创新之处是什么？

答：计量式软性内容付费墙是相对于“硬付费墙”而言的，也就是说，即使没有成为会员，人们仍然可以在线上免费阅读一定量的《南方周末》原创内容。我们通过科学精细的技术量化设置，最大化排除了付费墙对新闻类内容公共性的影响，但又把阅读哪些内容的选择权交给了用户自己。

而当用户成为会员后，又能比非会员享有更多的深度分析、延伸报道的获取权限以及其他福利——例如免费或优惠获得知识付费课程、以 VIP 身份参与《南方周末》线下活动等等。从这个意义上讲，《南方周末》软性付费墙最大的特色是，它提供的不仅是内容的选择权，还有更多知识与思想的选择权，以及一种《南方周末》调性的生活方式的参与权。正如我们会员的口号：在一起，读懂中国。

中国内地设立计量式软性内容付费墙的媒体机构，《南方周末》应该是第一家吧，这个本身就是最大的创新。

问：这个应用到目前为止获得了哪些奖项和肯定？

答：《南方周末》全网上线付费会员制才一年多时间，除了你们这次活动，没有参加过其他外部评选。而在南方报业传媒集团内部，它获得过集团最高项目荣誉——年度标杆项目奖。

问：内容付费工程所依托的技术开发是自主研发还是外包服务？为什么？对此后续会不会有所改变？为什么？

答：迄今为止，我们都依靠自主研发。由于是中国内地首家设立软性付费墙的媒体，而且很多功能点设计要充分结合《南方周末》资源禀赋，所以找外包并不容易，找到了也不一定能满足我们的需求。此外，自主研发在开发灵活度和后期维护效率上也会更优一些。

当然，由于当前主体工程已成形，需要掌控的事物已基本在我们的掌控之中，未来也可根据需要，考虑外包部分功能模块，在安全可控的基础上追求性价比。

问：该应用的技术团队和《南方周末》App 技术运营的团队是同一个团队吗？还是有单独设立技术团队？

答：建设付费墙的技术团队，与《南方周末》App 技术运营的团队是同一团队，也就是数媒工场原有的技术团队，我们只是在推出内容付费工程后进一步加强了这支团队的配置。

问：该应用目前的使用规模（用户数量）是多少？盈利效果如何？在同类应用中处于什么位置？

答：在我们的定义中，用户和会员是两个不同的概念。用户是指《南方周末》线上平台的全部使用者，他们中的注册者是注册用户。而注册用户中又有一部分通过付费跨越了付费墙，他们是我们的会员。

我们既然采用的是软性付费墙，从新闻公共性角度出发要开放一定量的免费阅读，就必然要承受失去一部分非刚需付费用户的结果。同时，我们还严格区分了线上用户和线下订户，从一开始，就确定了不像国外同行那样给报纸订户直接配送会员资格。所以，《南方周末》的会员数量是远远低于用户数量的。但即使是这样，付费墙上线这一年多时间以来，我们的会员数也已经进入 10 万级别，知识付费产品线上还出现了单一的百万元级产品。而且，在设置付费墙后，《南方周末》App 的日活还增长了 16%，这一点，在内部被一些技术人员称为“奇迹”。

关于在同类应用中处于什么水平的问题，《南方周末》应该是中国内地第一家设立计量式软性内容付费墙的媒体机构。

问：该应用至今还存在哪些问题？将如何改进？您认为“内容付费工程”应用未来发展面临的最大考验和挑战是什么？为什么？

答：从世界范围来看，《纽约时报》是内容付费赛道上领跑的机构媒体。它找到计量式软性内容付费墙这一模式用了 15 年，从零起步到拥有 270 万内容付费用户又用了 8 年，其中艰辛，可见一斑。但在今天，它与越来越多的参赛者都共同证明了，这是一条能让优秀机构媒体在互联网时代继续坚守媒体主业、秉承新闻雄心的有效路径，值得去探索，尽管道阻且长。

今天，《南方周末》已经进入了这条赛道，我们既对前方的美好满怀信心，也对脚下的艰阻保持清醒。而行进在这一条赛道上，必须坚定不移地让内容真正地站在王位之上。走得越远、摸索越多，我们越认识到，建设付费墙，规则与技术都不是最重要的，对于《南方周末》这样特色鲜明的品牌机构媒体而言，持续保持内容品质的稳定与提升，才最为核心！这既是我们面临的最大挑战，也是性价比最高的投资，我们将继续加大对原创内容供给侧的改革力度。

问：通过此次的应用开发，《南方周末》得到了哪些收获和进步？

答：从收获而言，内容付费工程为《南方周末》带来了四大长线价值。

一是更多新型业务收入。自《南方周末》App 上线会员制功能之后，内容付费工程就已开始产生收入，并且很快开始以百万元为单位拾级而上。更有价值的是，这些收入都是《南方周末》历史上从未有过的新型业务带来的，它们正在不断优化《南方周末》的产业结构。

二是更强全媒体能力。优质内容既是《南方周末》的核心价值，也是《南方周末》转型升级的核心竞争力。而付费墙的设立，极大提高了会员对《南方周末》内容品质的期望值，它倒逼着我们进一步提高内容品质，并再造生产流程，这就将《南方周末》传统采编部门彻底推上了全媒体生产与传播的快车道。为了支持内容付费工程建设，《南方周末》配套实施了2019年改版方案，修订了考评考核办法，改革了组织架构、激励机制和资源分配等一系列制度，推动自身快速迈向全面融合、移动优先。

因此，2019年，《南方周末》的传播力和影响力明显增强。《南方周末》App新发布作品总量较2018年增加了约42%，且原创比例始终高于50%，线上阅读量较2018年同比增长了30%。有指标意义的微信“10万+”作品增长了26%，而这些形成的良性结果之一，是《南方周末》去年的新媒体收入增长了54%。在2019年，我们还诞生了浏览量高达20亿的单篇独家报道，它成为《南方周末》有记录以来最高流量作品。

三是更智能化平台。通过技术赋能，《南方周末》提升了网络平台智能化水平，增强了在全媒体时代可持续性发展的后劲。技术驱动一直引领着内容付费工程的建设，自会员制上线以来，《南方周末》App已进行了30多次版本迭代，形成了媒体内容和知识付费两大产品模块，拥有了支付、音视频播放、语音读报、数据采集分析等多项新功能，自身的智能化和用户感受都得到了质的飞跃，也为接下来的全媒体发展奠定了技术和平台基础。

四是更优质用户数据。会员数据是最优质的用户数据。当前，日益增长的会员数据正让我们的用户画像更加清晰细致，正在为《南方周末》的生产、传播、开发、运营及经营活动提供日益强大的支撑。在北京、广州、成都等地，已有大量会员单次或者多次参加了《南方周末》的活动。在大数据时代，那个曾经一纸风行的“报纸南周”或将远去，而另一个具有强烈媒体和文化属性的“智慧南周”必将走来。

问：该应用总结出了哪些经验可资借鉴？

答：客观地讲，《南方周末》内容付费工程的建设计划是三年，2020年是收官之年，还不够资格总结，需要继续更多的探索、观察和进化。而从实践感受上讲，我们始终认为，市场化机构媒体在选择融合转型发展路径时，绕不过两个“必须考虑”：一是必须考虑自身资源禀赋和比较优势，不能只跟着热闹走，眉毛胡子一把抓。二是必须考虑是否可持续。以传统媒体之身，将自我辛苦积累的利润或其他来源的资金用来与靠风险投资支撑的竞争对手PK烧钱，却没有建构与烧钱模式相匹配的制度，绝非长久之计。《南方周末》推出以计量式软性内容付费墙为重要构成的内容付费工程，归根结底，就是从顶层设计上探索解决如何立足自身禀赋和比较优势构建持续盈利模式这个关乎生存发展的根本性问题。

三、案例评析：媒介融合中媒体商业模式的创新与挑战

国内外多家媒体纷纷设立付费墙推行内容付费工程，而付费墙有不同的类型和模式。“硬墙”（hard paywall）指媒体对自己的所有在线内容进行收费，“软墙”（soft paywall）则指媒体开放部分内容给用户免费阅读，并通过不同模式对其他内容进行收费。王敏将“软墙”分为四种模式：计量模式、分类模式、计时模式和微支付模式（也称单篇付费阅读模式）。《南方周末》采取的计量式软性内容付费墙属于“软墙”中的计量模式，《南方周末》客户端的注册用户可以免费阅读一定数量的客户端文章，超出限额之后的阅读将需付费，注册用户通过付费成为会员之后，则可畅读客户端文章。

《南方周末》是内地首家采取计量式软性内容付费墙的媒体，在推行内容付费工程方面是一大创新，也取得了一系列效果。2018 年 9 月 27 日，人民网发布报告《互联网付费阅读助力内容原创》，其中对《南方周末》的内容付费工程做出评价：“作为国内深具公信力的综合性严肃媒体，实施付费会员制度，正是《南方周末》顺应互联网与移动互联网时代之变的一项重要举措。会员的付费支持，将成为《南方周末》坚持专业生产优质内容的核心保障，并构建一种富有《南方周末》文化的生活方式。”媒体实施内容付费工程需要对自身定位和读者群体有清晰准确的认知，精准分析哪些内容应该收费，哪些内容应该免费。《南方周末》采取的计量式软性内容付费墙，将免费和付费的主动权交给用户，在保证新闻社会效益的同时，探究内容付费的商业模式。

内容付费工程并非简单地将媒体内容从免费转为收费，而是需要媒体进行融合转型，实现平衡良性的生产经营模式。传统媒体进行融合转型设置内容付费墙时，需要考虑自身优势和异质性资源，以及良性的盈利模式。在没有长远考虑的情况下盲目跟风推行内容付费，既是对媒体自身资源的浪费，也不利于媒体稳定经营。《南方周末》的内容付费工程经过长期调研，努力避开上述陷阱，从顶层设计上立足于自身的异质性资源，重视“原创优质内容”的投资和发展。《南方周末》自推行内容付费工程以来，线上注册用户数增加了 10%，线上阅读量较上年同比增长了 30%，业务收入和用户数据的增长在一定程度上也反映了《南方周末》此工程的效果。《南方周末》推行内容付费工程的意义不仅体现为上述数字，还在于促进了《南方周末》的内容走向融合，更新内容生产流程并积累起用户数据。

《南方周末》内容付费工程的持续推进也面临着挑战。如何保持和发掘自身的原创内容优势、应对免费优质新闻的竞争、更新经营模式，是《南方周末》内容付费工程仍需应对的问题。内容付费工程在一定程度上会对网络访

问量造成影响，甚至导致一部分用户流失、广告滑坡。《南方周末》既需要处理好自身免费内容与付费内容之间的关系，又需要应对其他媒体高质量免费内容的冲击。《南方周末》将推动传统采编部门改革和内容生产流程再造，从组织架构、商业模式等多方面推进内容付费，并将坚持“内容为王”，提高内容质量和自身竞争力。成功设立付费墙也离不开媒体经营模式的互联网化和商业合作，《南方周末》的案例也会为其他媒体进行内容付费的尝试提供借鉴和参考。

参考文献

[1] 王巍．南方周末内容付费工程：再造《南方周末》的生产流程和消费场景．南方传媒研究，2019（3）.

[2] 王敏．“付费墙”二十年：全球经验与中国省思．现代传播，2017，39（4）.

[3] 殷乐．信息过剩与信任稀缺环境中的内容付费：从《纽约时报》《华盛顿邮报》的付费墙策略来看．青年记者，2017（13）.

华商传媒集团二三里资讯客户端

一、案例介绍

华商传媒集团经营管理多家报纸、杂志、网站和十多家公司，业务涉及报纸、配送、印刷、会展、投资、网络、出版、户外广告、杂志、DM 等产品形态。西安二三里网络科技有限公司是华商传媒集团旗下公司，是二三里资讯客户端（App）及其产品线的项目运营公司，公司于 2017 年 6 月在西安注册成立。二三里资讯客户端是华商传媒集团从优化创新内容生产机制、打造全媒体立体传播渠道、推进移动端重点项目三个角度入手，推进传统媒体与新媒体融合发展的核心产品。

二三里资讯客户端的产品主要针对三四线城市（主要为地级市和区县）的城市化发展，为三四线城市媒体融合、城市生活服务提供社区化、圈层化的资讯和城市生活服务。二三里资讯客户端以陕西、辽宁、吉林、重庆四地为中心省市，在半年内让资讯内容下沉至区县一级。到 2018 年 12 月底，四省员工人数 160 人，内容覆盖人群 1.2 亿，PGC 下沉运营区覆盖地级市城市数超过 80，区县数超过 500，客户端注册用户 1 200 万，日活跃用户数量峰值超过 80 万。

二三里资讯客户端基于 LBS 定位（见图 1），接入中国二线及以下新兴互联网资讯用户群；产品设计 UGC 发布渠道，在运营效果与内容安全方面，设计专业编辑人工干预策略；在技术上丰富产品社交功能，让用户与用户之间发生阅读与发布的关系（见图 2）。

在 App 商业化途径上，二三里资讯客户端并不完全依赖广告和电商这两条传统路径，还探索出战略合作下沉分销系统这种商业模式。即，二三里资讯客户端提供产品、技术、运营支持和基础用户量，某市、某县的合作伙伴（公司或个人）付费获得本区域的二三里独家授权运营资格，公司方负责全平台的运行，落地伙伴负责连接当地用户、客户及资源，形成巨大的立体网状

图 1　二三里资讯客户端各地区资讯

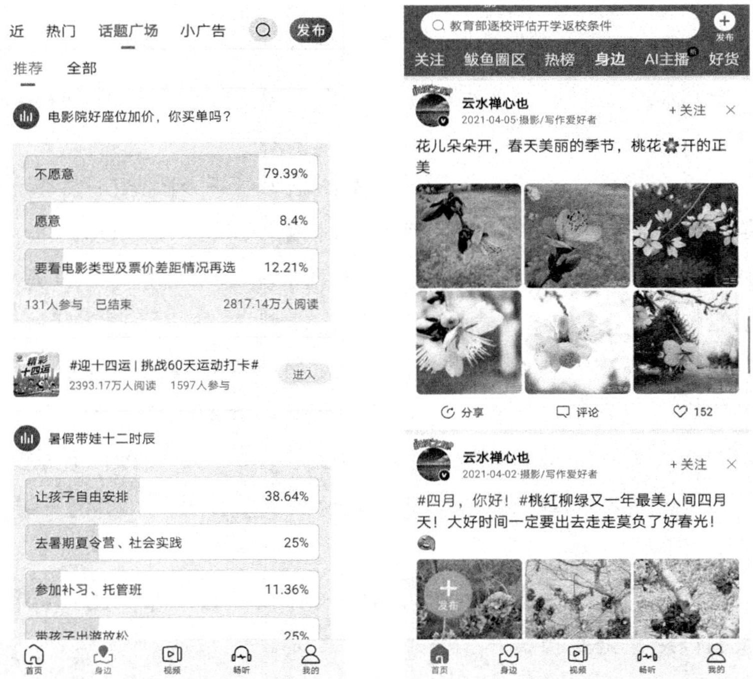

图 2　二三里资讯客户端"身边"频道

结构和清晰的商业回路。

在 2018 年 6 月由《中国经营报》举办的 2018"超越想象"创新大会创新竞争力评选活动中，二三里资讯客户端获得最佳模式创新奖。

二、访谈实录[①]

问：请您介绍一下这个应用的产生背景。

答：华商传媒集团在媒体行业从业20多年，二三里资讯客户端的产生，起源于国家政策方向、移动互联网下沉趋势两大背景。2016年10月，华商传媒集团根据资讯市场发展现状，判断资讯下沉是内容行业未来的趋势。于是，华商传媒集团将二三里资讯客户端的研发提上日程。

问：请您介绍一下这个应用的诞生过程。可以谈谈决策时间、筹备时间、其间困难等，并介绍一下主要负责人和参与人员的规模以及原有人员调动与新招人员比例。

答：这个项目是在2016年8月由当时的华闻传媒投资集团总裁章敬平先生发起的，他在来华闻传媒投资集团任职之前是陌陌的联席总裁，有传统媒体和互联网管理经验。经过调研后，以旗下主要媒体板块华商传媒集团为依托，调集资源、技术、人才、资金、机制等，研发上线了二三里资讯客户端的1.0版本，同时在全国四个省市选点、选区域运营。在后来两三年的产品运营过程中，产品不断升级迭代，大量接受用户反馈和专家意见，截至目前，产品已经升级到了6.1.03版本。

在初期研发阶段，陌陌的技术团队做了基础架构，后期研发主要由华商传媒集团自主招募技术团队来研发和改进。公司总经理是华商网原总经理曹鹏飞，有10多年互联网运营管理经验；总编辑谢正罡原来是《重庆时报》总编辑，有10多年媒体内容管理及运营经验；技术总监陈泽熙原来是华为技术有限公司的高级工程师，有产品研发和技术开发的管理能力。在技术和运营团队中，还有很多来自华商传媒集团旗下编辑团队、BATT的工程师和互联网运营人才，人员总规模峰值时达200多人。管理团队比较稳定，三年中变动不大，一线运营团队根据业务需要的调整比较大，并且一直在进行。

问：请问这个应用的最大特色是什么？它与市场上的同类应用相比，最大的创新之处是什么？

答：二三里资讯客户端的最大特色是底层的LBS技术、三四线城市内容落地的能力、UGC的运营覆盖策略、持照运营的媒体价值。

二三里项目在创建之初，就是建立在LBS技术构架的基础上的，并依此

---

① 受访者为二三里资讯总编辑谢正罡，采访者为邓海滢，邮件采访于2019年12月。

构建了内容的底层逻辑，借助智能电子围栏的设计，将不同区域的用户圈定在不同的圈层中，形成用户间的圈层社交习惯。二三里资讯客户端自创立至今已有两年多时间，依据用户们的需求，产品从 1.0 版本已经更新到目前的 6.1.03 版本。

二三里资讯客户端形成了“PGC 主导＋UGC 运营＋社区化成长”的产品运营特点，同时产品具备智能化生产和分发的能力。而且，二三里资讯能在内容覆盖和用户增长两端快速推进全国化战略，二三里经营模式能快速复制，经营拓展面向全国同步开展。

目前市场上的资讯客户端基本分为两大类。一类以技术为核心，主要使用长效内容做覆盖，本地化频道以省级运营居多，个别客户端可以做到省会城市覆盖，但是产品内容再往“下”走，因为内容贴近性差、新闻牌照管控等问题，进入三四线城市甚至是村镇就成了“无法完成的任务”。另一类本地化属性、媒体属性比较强，由本地新闻机构创建。此类客户端内容本地化能力较强，影响力覆盖足够扎实，但是因为项目本身“依报立身”，报纸覆盖不到的地方，客户端也不能涉及，仅仅做到了把报纸搬上网之后，再“塞”进手机里，用户规模、互动效应、模式复制、产品赋能等价值没有体现出来，1＋1 并没有大于 2，而且变相提高了机构运营成本。

而二三里资讯客户端创新地由技术衍生出内容运营逻辑、用户社交圈层、城市服务能力、商业逻辑。在拥有媒体底色的基础之上，加之技术赋能，最终达成可复制的完整商业模式，这是相较而言最大的创新之处。

问：那这个应用到目前为止获得了哪些奖项和肯定？

答：目前为止有以下这些。

第一个是，在 2018 年 6 月由《中国经营报》举办的 2018“超越想象”创新大会创新竞争力评选活动中，二三里资讯客户端获得最佳模式创新奖。

第二个是，在由中国高等教育学会新闻学与传播学专业委员会发起的“2018 年度新媒体创新案例”评选中获评委推荐奖。

第三个是，成为“中国报业首届盈利模式创新大赛”盈利模式展示案例。

第四个是，在 2018 年度陕西媒体融合传播创新案例评选活动中，获媒介融合创新建设媒体案例。

第五个是，2018 年 6 月，依托华商传媒集团，二三里资讯客户端获得了首批《中华人民共和国互联网新闻信息服务许可证》，为二三里资讯客户端继续落实“PGC 主导＋UGC 运营＋社区化成长”的产品战略提供了及时的政策支持和安全保障。

问：听您前面介绍，这个应用的技术开发是自主研发的，为什么这么选择？对此后续会不会有所改变？为什么？

答：App外包是很多传统媒体机构的选择，但是在市场环境中，在与国内一线产品的对标过程中，壁垒甚至是困局比比皆是。技术能力作为一个互联网公司应有的核心能力，自主研发能力应该是必选项，一是保证数据的安全性、稳定性，二是保持技术团队的快速响应能力，三是保持专注于技术进行思考的能力，四是保证公司对新兴技术演进的敏感度。

技术能力是互联网产品的核心能力，技术投入只会逐步增加，不会减少，自有技术团队的策略会一直保持下去。

问：这个应用目前的使用规模（用户数量）是多少？在同类应用中处于什么位置？

答：截至2019年6月底，二三里资讯客户端已经覆盖陕西、重庆、辽宁、吉林、河南、广西等13个省、自治区。PGC下沉运营区覆盖地级市城市数超过80，区县数超过500，客户端注册用户1 200万，日活跃用户数量峰值超过80万，月活跃用户数量超过256万。

2018年全年，二三里资讯客户端发布原创稿件近100 560篇，其中视频稿件17 900篇。UGC全年发布量626万条（包含即时身边、美文和里里号等），日均17 000余条。全网互动量（用户点赞、评论）保守估计超过2亿条（次）。全网转发量超过1 000万次，平台全年阅读量达438亿次，转发传播影响指数高于媒体类资讯内容平均水平。

在陕西、辽宁、吉林、重庆四省市的70%以上区域，二三里资讯客户端已经是当地资讯类客户端的第一梯队。

问：请问这个应用至今还存在哪些问题？将如何改进？

答：一个是AI生产与产品智能化能力需要提升，另一个是陌生省份的影响力覆盖需要提高。

以目前二三里资讯客户端每天对内容总量的需求来说，完全由人工生产是不现实的，提升目前AI生产的效率和覆盖面，是我们目前正在努力的一个方向。同时在对智能化的研发上，我们不断地向今日头条等一线产品学习，但是技术人才在各省分布不均匀，也让我们在吸引相关人才时遇到一些瓶颈。未来需要通过多地协同工作机制来解决人才引进问题。在人才的问题解决后，我们就可以在产品升维过程中，不断对自身提出更高要求，在5G等科技演进背景下优先于其他竞品，尝试研发更高维度的产品，解决更底层的用户需求。

至于影响力问题，二三里资讯客户端深耕陕西、辽宁、吉林、重庆，在当地的媒体影响力排名靠前。自 2018 年下半年开始，二三里资讯客户端开始了大范围的全国拓展，将产品、影响力释放到更大的区域，但是影响力的形成需要时间的积累，将“二三里”这个 IP 做大，还需要一定时日。目前二三里资讯客户端通过今日头条、抖音等第三方平台，释放内容影响力，已经得到了不错的效果。抖音号“二三里资讯”发布的广州区域短视频，点赞超过 168 万，留言超过 10 万。只要坚持优质运营，二三里资讯客户端在陌生区域的影响力就会逐渐放大。

问：通过此次应用开发，华商传媒集团得到了哪些收获和进步？总结出了哪些经验可资借鉴？

答：华商传媒集团依托二三里资讯客户端的成功转型，把一家老牌传媒集团的传统业务升级升维，经过两年多的运营，逐步将“读者”升级为“用户”，对超千万用户的服务界面及服务质量同步快速提升，实现了全集团业务的高速互联网化。

在二三里资讯客户端的研发方面，各中心运营人员均由从业多年、拥有极丰富行业经验的集团内部资深员工牵头。在内容行业方面，与众多外部平台关系紧密，二三里资讯客户端刊发的原创内容不仅在平台内得到了很好的释放，在今日头条、腾讯新闻、百度新闻等平台上，通过战略合作关系同样发挥了极大的内容价值与影响力。

同时，UGC 在二三里资讯客户端上既是一级入口，也是产品最终走向：由巨量用户来即时生产本地的海量内容，平台方只提供产品、技术、运营和服务。

三、案例评析：创建互联网＋地方资讯平台的发展模式

二三里资讯客户端有两大独特亮点：一是定位面向下沉市场，二是互联网思维突出。

一方面，二三里是一个定位在三四线城市（主要为地级市和区县）的资讯客户端。虽然现在有不少优质的面向全国、面向大城市、面向精英群体的资讯客户端，但是一个区县、一个社区依然需要优质的资讯平台，二三里资讯客户端的定位在一定程度上补足了三四线区域内容短缺、城市服务滞后、治理水平低下的问题。同时，二三里资讯客户端基于 LBS 定位技术，使多个城市能够独立但同时运营二三里 App，打破了本地资讯类平台影响力小的局限性。

另一方面，二三里资讯客户端具有突出的互联网思维。媒体转型和媒介融合最常见的困难就是用纸媒的文字思维打造和运营新媒体产品，而二三里资讯客户端从团队、运营方式到盈利模式，都符合互联网逻辑。二三里资讯客户端的团队在建立之初就由传统纸媒采编人员、互联网经营人员和技术工程师组成，带着互联网基因，重视技术的能动性。而运营上注重 UGC 和社交，将“读者”变为“用户”，注重用户黏性，发挥用户生产红利，解决采编团队无法生产足够内容的问题。在盈利模式上，根据自身产品特性和互联网特点，采用分销模式，将自身打造为只提供产品、技术、运营和服务的平台方，扩大规模、降低成本。

此外，二三里资讯客户端采取的“本地化”策略中，重要的一步是在提供新闻资讯的基础上提供更多服务：在推送本地生活资讯的基础上设有“服务”频道，提供便民和惠民信息；开设“拍客”“热榜”“话题榜”等频道，搭建同城社交圈；开设“小广告”频道，提供商业信息与交易服务平台。这些说明了二三里资讯客户端试图打造当地综合服务平台，发掘下沉市场的潜力。

二三里网络科技有限公司将自身定位为“创新型移动互联网科技公司”。二三里资讯客户端作为融媒体产品，如何对技术进行进一步研发、对算法进行进一步监管、对内容进行进一步挑选，都是未来发展的重要课题。

第四部分

融合创新建设媒体案例

津云

一、案例介绍

津云客户端是天津市移动新媒体的总平台，整合了北方网、天津网、今晚网、天津网络广播电视台（IPTV）等全市新媒体资源。2017 年 3 月 31 日，津云“中央厨房”落成，津云客户端同期上线，致力于打造“新闻＋政务＋服务＋互动”的多元化移动媒体平台。2018 年 3 月，北方网新媒体集团正式更名为津云新媒体集团（津云新媒体集团媒体矩阵见图 1）。

图 1　津云新媒体集团媒体矩阵

在津云客户端上，用户可以翻阅《人民日报》《天津日报》，收听、收看天津 11 套广播节目、11 套电视节目，还可以在“云上系列”获取天津市全市各区、政府部门、高校、国有企业和医疗机构近 200 家成员单位，41 家海外华文媒体，近 2 000 个“津云号”提供的大量信息和服务。

津云客户端有效地将报纸、电视、广播这些传统媒介上的信息整合到了新媒体上，还在短视频、个性化推荐资讯上进行了尝试，为媒介整合的探索提供了丰富经验（见图 2）。

图 2 津云客户端界面

二、访谈实录[①]

问：请介绍津云客户端的融合创新背景。

答：根据天津市委部署和市委宣传部 14 号文件要求，津云新媒体整合全市新媒体资源，打造国内一流、在全球有影响力的新型主流媒体，做强津云品牌，建设拥有强大实力和传播力、公信力、影响力的新型媒体集团。津云新媒体是天津市推动传统媒体和新兴媒体融合的一项顶层设计。

问：请按照时间顺序介绍津云客户端的主要融合创新过程。

答：在融合过程中，我们将《天津日报》的天津网、《今晚报》的今晚网、《天津日报》的微博和微信整体并入津云；撤并新闻 117、前沿、问津三个客户端，组建津云 App，与北方网的网站、双微、头条号等一体化运营，形成载体多样、渠道丰富、覆盖面广的新媒体传播矩阵。

在津云推动传统媒体和新兴媒体深度融合的过程中，大家坚持各取所长、细化流程、移动优先、合理激励的操作思路。

与《天津日报》的融合，主要集中在时政要闻方面，围绕天津市委的中

① 受访者为津云客户端副总编罗骏，采访者为马冰莹，线上采访于 2019 年 12 月 30 日。

心工作，壮大主流声音，依托津云“中央厨房”设立对接日报要闻出版部的沟通、策划、发稿专门通道，专门安排人力对接日报要闻出版部。围绕天津市委的中心工作，提前策划，随时协调，一方面做到重大时政要闻在津云客户端、北方网、津云新媒体矩阵首先发布，另一方面策划适合移动互联网传播的新媒体产品。在各类系列报道中，双方合作不断完善深化，已经做到沟通上的专人对接、新闻上的专题策划、产品上的专稿专用。津云建立起针对日报各部门记者的约稿机制，首发稿件根据时效性和转载量、访问量等量化指标，结合稿件的选题质量、深度采访复杂程度等进行评级并发放稿费。另外，津云新媒体的《政民零距离》后台向《天津日报》舆情中心开放，丰富信源，加强互动。

与电视台的融合，侧重在视频产品，形成了策、采、编、播、评全流程闭关操作。与天津广播电视台新闻中心建立选题策划联席会机制，每周召开例会，共同策划专供津云的选题。在采访环节，利用津云记者 App 的视频技术，使双方记者完成视频拍摄、简单编辑和快速回传，成品或素材可实时回传津云“中央厨房”。电视台新闻中心向津云提供未经后期编辑的视频素材，津云利用素材制作适合新媒体发布的视频内容，通过北方网、津云客户端、官方微博微信等各种渠道早于电视播出。

与电台的融合，主要抓住电台有众多拥有影响力且自带粉丝的知名主播，通过互动社区丰富双方的作品上传。电台主播通过津云平台互动直播与粉丝进行零距离实时互动，在电台节目中引入实时评论体系，扩展电台节目的互动渠道。

问：津云客户端在媒体融合前后的新闻生产力有什么变化吗？

答：《天津日报》《今晚报》《每日新报》《城市快报》从事新媒体业务的员工签约津云新媒体集团，事业编员工将身份冻结在原单位，企业编员工与津云新媒体集团重新签订劳动合同，全集团员工身份一致，使用一套薪酬考评体系。传统媒体的专业采编优势和新媒体的技术优势、资金实力充分结合在一起，新闻原创能力和传播力明显提高，平台和人员的整合也带动了产品样态的创新。微视频、动新闻、短音频、机器人写稿、无人机采集、虚拟现实等技术从无到有，实现了突破。

此外，津云“中央厨房”将天津两报两台的采编力量统筹设计到生产流程当中，策采编发协同作战，采编资源、新闻产品双向共享已成常态，媒体间建立了有效的信源补偿和稿酬激励机制。经过平台、人员、产品和流程等方面的融合，天津媒体的传媒主力军通过各种方式加速投入互联网这个舆论斗争的主阵地、主战场。

津云还积极培育融媒体工作室。目前，已建成融媒体工作室 104 家，主创人员涵盖了《天津日报》、天津广播电视台、《今晚报》等天津市属新闻单位的 800 多名编辑、记者。目前，各工作室已推出融媒体作品近 9 000 件，取得了良好的传播效果。

问：请介绍津云客户端在融合后推出的一两件有代表性的新闻作品。

答：为庆祝中华人民共和国成立 70 周年，2019 年两会期间，津云新媒体集团、电视新闻中心联合唱吧重磅推出互动 H5 产品《同唱一首歌 · 我和我的祖国》（见图 3）。该活动通过覆盖国内 16 个省份和直辖市的 18 家主流新媒体，以及美国、加拿大、澳大利亚、英国、意大利、阿根廷等 20 多个国家的 41 家海外华文媒体传播推广。

图 3　互动 H5 产品《同唱一首歌 · 我和我的祖国》

该 H5 产品在 2019 年 3 月 3 日推出当天，演唱量就突破了 100 万人次。之后在互联网上快速刷屏，以每天新增约百万参与者的速度增长。参与者的演唱视频还陆续在电视中播出，形成大屏小屏、网上网下的互动。小到四五岁的孩童，大到耄耋老人，包括海外的留学生、援建工作者，都在合唱中留下了自己的声音。它已经不单纯是为了与全国两会宣传报道遥相呼应的“爆款”，人们自发主动的参与，把它推广成了大家向祖国表达爱意的“现象级”产品。它的累计访问量超过 7 800 万，参与人次超过 1 500 万。9 月 30 日，在新中国 70 华诞到来之际，津云新媒体集团联合海河传媒中心电视新闻中心推出《同唱一首歌》第二季《祝福祖国！一起唱“15665，611612”》，在交互中邀请用户参与传唱歌曲《没有共产党就没有新中国》，抒发对新中国的热爱之情。

问：请问津云客户端的融合获得了哪些奖项和肯定？

答：津云新媒体集团创作的短视频《臊子书记》（见图 4）获得第二十九届中国新闻奖短视频新闻一等奖，这是津云新媒体集团第三次获得中国新闻奖一等奖，也是在中国新闻奖增设媒体融合奖项后，首次由地方新媒体集团摘得桂冠。

图 4　《臊子书记》

由中宣部宣教局、中央网信办传播局、教育部思政司、共青团中央宣传部共同指导，中央广播电视总台新闻中心主办的第二届“你好新时代——中国永远在这儿”融媒体作品大赛评选出 12 部融媒体作品。津云新媒体集团创作的短视频《臊子书记》和《向梦想出发》入选，是全国唯一一家有两部作品入选的地方媒体。

由津云新媒体集团创作的 MV《向梦想出发》（见图 5）自 8 月 1 日起连续在央视 1 套播出，取得巨大的社会反响。中央主要领导同志对该作品给予高度评价，称“这是媒体融合的方向”。

图 5　原创 MV《向梦想出发》

问：“新闻十政务”是不是津云比较有特色的创新？请介绍这样结合的原因以及取得的成绩。

答：《政民零距离》于 2009 年 10 月 20 日开通至今，共收到网民留言 66.5 万件，日均近 300 件，回复率为 99.9%，网民满意度为 93.4%。在栏目中，百姓的问题、建议，甚至是牢骚、抱怨，都可以直接反映给各级政府，并督促政府限时解决。天津 16 个区及 22 个政府职能部门每日值守，随时解决网民反映的难题，吸收网民提出的建议。

栏目使用了津云新媒体集团自主研发的电子政务管理系统做支撑，并建立起了一整套完善的留言审核、定时答复、考核评比等制度。此外，借助 2017 年 3 月正式投入运行的津云“中央厨房”，《政民零距离》充分运用大数据、云计算等技术，将民生领域的突出矛盾和热点问题予以可视化呈现。《津云大数据》数据新闻、《民生词典》等新闻产品，在不断创新报道手段的同时，为政府提高服务水平、高效解决民生难题提供了精准的参考，也帮助网民更加方便快捷地查询热点政策，让百姓少跑腿，让数据多跑路。

近几年来，《政民零距离》运行的成功经验已逐渐成为国内其他兄弟省市学习的标杆，成为互联网在治国理政中发挥积极作用的典范。2018 年 12 月 11 日，人民日报社《民生周刊》杂志社与复旦发展研究院和复旦大学新闻学院在上海共同发布了“2018 年中国网络理政十大创新案例”。由天津政务网办公室与北方网共同创办的《政民零距离》栏目获此殊荣。

三、案例评析：集团化媒介融合探究

津云的整合依托于北方网新媒体集团，并入了《天津日报》天津网、《今晚报》今晚网以及《天津日报》微博、微信。2018 年，整合后的津云新媒体集团拥有网、端、微、视、屏等多种传播载体，构建了多渠道传播、多角度互动的良好传播体系，实现了从内容生产到技术利用的多重创新。而津云客户端则是在撤并新闻 117、前沿、问津三个客户端的基础上组建的，与北方网的网站、双微、头条号等一体化运营，是津云新媒体集团媒体矩阵的重要组成部分。

自整合以来，津云推出了短视频作品《臊子书记》《奔跑 2019》，互动 H5 作品《同唱一首歌·我和我的祖国》等，充分结合了传统报道经验和新兴传播手段的优势，取得了较好的传播效果。津云的融合与建设为当今许多媒体提供了值得借鉴的经验。

（一）整合传统媒介与新兴媒介产品

津云在媒介融合方面的尝试与创新首先体现在内容生产上。作品《听，七里海的小情歌》通过捕捉震旦鸦雀、中华攀雀、文须雀、麋鹿等动物的叫声，令受众身临其境，直观地体验七里海生态环境改善的成就。同时，问答环节的设置也通过互动增强了作品的趣味性。作品《一座城 40 年 展览馆里有你的天津故事吗?》则通过实景与虚拟结合的方式，以用户留言和改革开放四十年来的重要新闻报道为作品素材，在虚拟的天津博物馆中将四十年间天津环境、经济、文化、政策等各方面的变化呈现给受众。

时下，新兴媒介的传播手段创新层出不穷，确实能够迅速吸引受众的注意力并引起共鸣，但仍有受众对传统媒介产品存在需求。因此，津云在重视创新的同时也在客户端上的“融媒”板块设置了报纸、电视、广播栏目，并进行实时更新。

此外，作为天津市的自主移动传播平台，津云还通过再造业务流程推动着媒介融合的发展。通过平台、人员、产品和流程方面的融合，津云将传统媒体的专业采编优势和新媒体的技术优势、资金实力充分结合在了一起，实现了天津市主流媒体的移动传播，采编资源和新闻产品双向共享，联合策划生产具有正能量和传播力的优质内容产品。

（二）培育融媒体工作室，促进媒介融合

依托津云“中央厨房”重构内容生产流程。自2018年起，津云新媒体集团积极培育融媒体工作室，通过创新的形式，推动媒体融合。津云推动建成的融媒体工作室的团队成员主要来自《天津日报》、天津广播电视台、《今晚报》等新闻单位以及部校共建高校，各工作室持续推出独家稿件、深度点评、图片图解、音视频、H5等作品，取得了良好的传播效果。例如，“记忆天津”是《今晚报》原副刊主任王振良主持的文史专栏，通过文字和视频记录着天津的民生与文化；“津云·PIE工作室”则由天津交通广播的李江以短视频的形式带受众体验天津的吃喝游购。

除了各类垂直性的工作室外，津云客户端上入驻了大量区政府、委办局、高校、医疗卫生机构和国有企业开设的“津云号”，为受众整合了各类民生服务信息。

津云也十分重视国际传播。2017年8月，“津云·云上海外”项目正式启动，截至目前已有41家海外华文媒体入驻，影响力覆盖全球100多个国家。海外媒体网站已陆续开通中国天津频道，有助于讲好中国故事，传播天津声音。

（三）重视互联网技术开发与应用

津云客户端的定位是“新闻＋政务＋服务＋互动”的智能化新媒体，因此，云计算、大数据和人工智能技术是其实现媒体融合的关键技术与重要保障。这得益于津云新媒体集团聚集的专业互联网技术人才，他们专注于媒体融合内容发布系统（CMS）及互联网技术研发，并推出了30余个拥有自主知识产权的软件产品。

这个团队还完成了津云“中央厨房”的建设，打造了适合全媒体的新闻生产机制和指挥调控体系。津云新媒体集团积极参与天津县级融媒体中心的建设，在为后者提供技术、资源、运营等方面的全方位支撑之余，还为全国74个城市提供一站式个性化的全媒体融合解决方案。

基于技术优势，津云还拓展了舆情监测、双微托管、音视频制作、可视化开发、整合营销方面的业务，充分联动、利用自身具备的资源，探索“媒介融合”之外的更多可能。

津云客户端的媒介融合整合了多形式、多主体的传播，并紧跟互联网趋势与大数据潮流进行探索与尝试，为媒介融合的未来走向提供了新思路。

《解放日报》上观新闻融合发展运营

一、案例介绍

2016 年，《解放日报》在“深度融合、整体转型”过程中，让“主力军”进入“主战场”，将全部采访力量转入新媒体产品“上观新闻”，与此同时还组建了一支“特种兵”队伍——运营团队。两年多来，这支“特种兵”队伍在品牌宣传、读者拓展、版权维护、渠道推广等几方面进行了一系列尝试。

2018 年，首届中国国际进口博览会（进博会）在上海举办。自 6 月初至 11 月，连续 5 个月，运营团队不断策划、深度对接，借助中国国际进口博览局、申通地铁、中国铁路上海局集团有限公司、上海机场（集团）有限公司、东方航空等多家单位的力量，将品牌运营与重大活动、重大宣传报道相结合，策划并完成了“借势进博会，‘铺天盖地’看上观”项目。

运营团队将大客流交通工具作为主题宣传和品牌推广的阵地。在进博会倒计时 20 天之际，4 列“上观新闻带你看进博会”主题专列（见图 1）在上海地铁 2 号线和 10 号线上全部投入运营。10 月 10 日，复兴号“进口博览会主题宣传列车”在上海虹桥火车站首发，每天运行 2 列，往返京沪。运营团队在虹桥火车站、虹桥机场先后推出了“上观新闻带你看进口博览会”主题展览，抢占了虹桥火车站候车厅、贵宾室，虹桥机场旅客到达通道等重要位置；此外，还与东方航空合作“空中看进博”，在其空中 Wi－Fi 首页设置上观新闻进博会专题，将关于进博会的最新资讯推荐给乘客。运营团队运用各种创意宣传手段，将媒体品牌植入其中，在实现进博会宣传“铺天盖地”的同时，也实现了上观新闻 App 推广的“铺天盖地”。

2018 年 12 月 6 日，上观新闻选送的融合发展运营案例《借势进博会，“铺天盖地”看上观》被评为“2018 年度中国报业融合发展十佳案例”。在《首届中国国际进口博览会传播影响力报告》中，上海地铁“进口博览会专列”发车荣登“重点工作落实阶段热点话题 Top10”，首列复兴号“进口博览

图 1 “上观新闻带你看进博会”主题专列

会主题宣传列车”正式发车，荣登“筹备冲刺阶段热点话题 Top10”。这也是运营团队借势、借力全国盛事，创新上观品牌运营活动，发扬解放创新精神的一次有效尝试。

二、访谈实录①

问：上观新闻运营团队成立的目的是什么，承担着怎样的使命和任务，过去几年都有过哪些融合发展实践？

答：2016 年 3 月，《解放日报》“深度融合、整体转型”启动，明确了以品牌运营提升上观传播力、影响力的工作重点。为此，报社组建了一支运营团队，承担起报纸和新媒体产品线上、线下所有的运营推广工作。2017 年，上观新闻这支由仅 8 人（含负责人）组成的运营团队在分管副总编的带领下，明确方向、制订计划、细分任务，建立了线上、线下，涵盖内容运营、品牌宣传、读者拓展、版权维护、渠道推广和形象具化六方面的运营工作重点。

此后，上观新闻运营团队多点发力，一方面加强品牌建设，通过策划“冬日暖心行动”、举办“上海城市老照片”展等，努力让上观新闻成为一张上海“融媒体”的城市名片；另一方面，加大高校运营力度，组织“上观高校定向挑战赛”，在高校进驻上观读书亭，借助高校新生迎新活动加强品牌推广。运营团队还设计出了上观新闻吉祥物——小狮子兄妹，自行设计、制作了吉祥物的衍生产品，包括小狮子马克杯、小狮子 U 盘、小狮子水笔、上海腔调环保袋、多功能笔记本、上观新闻书签等，所有的衍生产品都被应用在积分商城和各项线上、线下推广活动中，深受用户喜爱。

---

① 受访者为上观新闻运营团队成员许莺，采访者为李子宜，微信采访于 2019 年 12 月 19 日。

问："铺天盖地"这一创意来源是什么？此前有没有类似的成功案例作为参考？

答：2017 年 3 月，解放日报·上观新闻与东方航空达成合作。飞机进入平飞状态后，打开电脑或 iPad，通过空中 Wi-Fi 技术，在 iPad 首页上可以看到最醒目的上观新闻专题报道栏目《空中看两会》。打开上观新闻，可以浏览政经、国际、社会、文娱和生活等五大类新闻，还能即时刷新，获悉最新发生的热点资讯。2017 年 5 月，我们又联合上海地铁，全网征集"爱上海的理由"并精选出其中 340 条，投放到"爱上海的理由——上观网友留言地铁专列"（见图 2），该专列在地铁 12 号线上运行了长达 2 个月之久。这一创意在上海社交媒体上形成了强烈转发潮，有网友在上观平台留言："为什么我们的城市没有这么好的活动？"此外，2017 年 7 月和 9 月，运营团队还分别与上海机场（集团）有限公司和上海大世界进行了沟通，在上海浦东、虹桥两大机场和大世界推出了上海城市文化图片展，既宣传了上海形象，又提升了上观新闻的品牌知名度。我们希望能够复制、发扬这些成功的经验，让进博会的宣传从天上到地面再到地下，实现全覆盖。

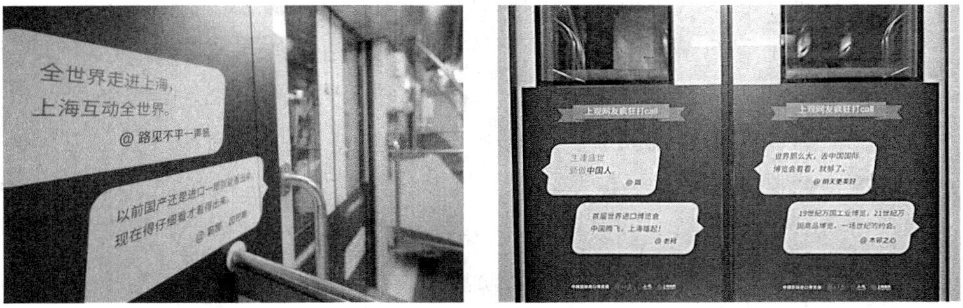

图 2　上观网友留言地铁专列

问：2018 年 6 月至 11 月这 5 个月期间，筹备进程是怎样的？有多少人参与？分工情况如何？

答：前两个月基本都在筹备地铁专列，与中国国际进口博览局、申通地铁反复沟通、谈判，制作相关的宣传素材。这一阶段主要由三个人负责，领导、我，还有一个设计人员。从 7 月下旬至 10 月上旬，"铺天盖地"计划各个项目逐一落地。后面一个月主要在做新闻发布会，会有更多同事来一起帮忙。

问：这一次"铺天盖地"计划具体是如何布局、如何落地的？

答：7 月 25 日，"上观新闻带你看进博会"主题专列在上海地铁 2 号线正式发车，截至 9 月中旬，共有 4 列"进博会专列"穿行于上海地铁网络，其中 2 列在地铁 2 号线上运行，另外 2 列在地铁 10 号线上运行，连接虹桥机场和虹桥火车站。4 辆专列的外观、内景都经过了精心设计、装饰，通过图示、漫画、留言寄语等形式，全面介绍了举办中国国际进口博览会的意义、亮点等。同一天，“上观新闻带你看进口博览会”主题展览在上海虹桥站候车厅和贵宾室，以及虹桥机场显眼位置正式开始对外展示。

10月10日，距离首届中国国际进口博览会举办还有26天，首列复兴号“进口博览会主题宣传列车”正式发车。在两列复兴号“进口博览会主题宣传列车”中，G2次列车10日上午从上海虹桥火车站首发，G3次列车则下午在北京南站启运。列车车厢内部的桌贴、车门贴、海报、座椅头枕片、广播、显示屏和Wi-Fi平台等展示区域，都设置了关于中国国际进口博览会的宣传内容，全方位地介绍举办中国国际进口博览会的意义、亮点等。通过扫描随处可见的中国国际进口博览会微信、商务微新闻和上观新闻App的二维码，乘客们还可以延伸阅读更多有关中国国际进口博览会的资讯，将线下内容和线上内容结合起来。每个座椅背后的储物区还放置了中国国际进口博览会的宣传手册，手册涵盖的知识点更多、信息量更大。

此外，7月底，进口博览会宣传片已经在长三角36座高铁站、625组高铁列车，浦东机场和虹桥机场的71块电子屏上播放。9月25日，长三角36座高铁站车站Wi-Fi，以及全国铁路185组复兴号动车组列车内Wi-Fi平台首页加入了进口博览会官微、官网链接，打开手机连接网络后即可点击跳转。另外在东航飞机上，东航Wi-Fi首页的“上观新闻”频道也早早上线了进口博览会相关的专题报道。

问：项目的亮点（创新之处）是什么?

答：亮点在于我们融合线上、线下，提高用户的参与度，为网友们创造了一个“名留地铁”的机会。从2018年6月开始的一个月内，我们通过广泛征集，收获了近千条来自各界名人、参展商、企业和读者的留言。最终我们选择了近百条带有上观网友名字和对进博会的期待与祝福的留言印在地铁专列车厢内。

在此次留言的作者中，既有83岁入党的上海电影表演艺术家牛犇，也有著名演员、导演徐峥。为写好留言，牛犇专门邀请解放日报•上观新闻记者到他家中当面商议，字斟句酌，最终定稿为“博览世界精华，传承中华文明”。积极响应此次“名言”征集的，还包括田径运动员刘翔、跳水运动员吴敏霞、主持人曹可凡、小说家蔡骏、导演毛卫宁、作家孙甘露、歌唱家廖昌永、上海博物馆馆长杨志刚、作家叶辛、昆剧演员谷好好、京剧演员史依弘、沪剧演员茅善玉等。来自乐斯福集团、法国科西嘉岛出口委员会、惠而浦公司等大量参展方的负责人也纷纷借助留言为自己吆喝。此外，还有大量上观新闻网友为进口博览会“打call”，留言中满是身为“吃货”和“海淘族”的期待，当然也有提出希冀的，例如“进口不仅是进入口岸，更是让人放心地买进家门口，放在窗口，摆上心口”。地铁 2 号线徐泾东站的站长也发来留言：“不出国门享世界购物‘盛宴’，乘 2 号线去进口博览会淘遍全球!”

问：项目运作过程中最困难的环节是什么？最终是如何克服困难的？

答：最难的是创意。我们要把进博会呈现在地铁上，让所有乘客都能很清楚地感受到进博会的内容，但又不能是干巴巴的宣传，不能摆干涩的数据。所以我们想到了手绘漫画的形式。我们的设计团队独立设计了几十幅原创手绘漫画，这些漫画设计别致、绘制精巧，以生动的人物和幽默的对话，形象地介绍了关于进口的各种“冷知识”（见图 3），比如中国历朝历代的进口、进口的意义等等。不少网友纷纷与漫画合影，并给上观新闻的编辑传来照片，这是上观品牌内容的一种独特的展示方式。

图 3 地铁上的进博会漫画

问：上观新闻是如何将自身品牌融入重大活动宣传之中的？

答：我们在进博会地铁专列的外观上印了上观新闻吉祥物小狮子，在车厢内安排了大量上观 Logo、Slogan、App 二维码的展示。“复兴号”高铁专列车厢内桌贴、车门贴、海报、座椅头枕片等地方也都有上观 Logo 的展示，此外我们还在首发列车上向乘客发放《解放日报》的定制礼品。这些都是对《解放日报》、上观品牌的一次次曝光和展示。

问：这次项目的社会反响如何？

答：以地铁为例，自 7 月至 11 月的 4 个月里，带有《解放日报》和上观品牌宣传元素的 4 列进博会专列在线下有超过 900 万人次的曝光量，线上曝光量超过千万。进博会主题高铁列车也至少覆盖旅客近 10 万人次，再加上沿途停靠站点的传播，宣传效应非常集中。每次我们“铺天盖地”计划的一环落地后，就有许多上观用户和微信用户给编辑发来自己坐上地铁专列、高铁专列的照片和留言。

三、案例评析：走近公众，合作共赢

在“借势进博会，‘铺天盖地’看上观”项目中，上观新闻运营团队将重大宣传报道和提升上观品牌知晓度相结合，策划出了既能结合主题宣传，又让用户“看得到”“记得住”“有参与”“有传播”的品牌活动。这一案例中有许多经验值得借鉴。

（一）扩充渠道，推进融合转型

上观新闻突破了自有的“两位一端”等渠道，将宣传途径延伸到了社会公共领域。在“铺天盖地”计划中，“铺天”就是覆盖进出上海的空中通道，包括上海两大空港和部分航班；“盖地”就是覆盖上海地面和地下的交通枢纽和干线，包括京沪高铁列车，连接上海两大空港、高铁站、会展中心的地铁线路，等等。上海地铁 2 号线是上海地铁全路网日均客流量最高的线路，京沪高铁也是全国铁路客流量最大的高铁线路之一，大客流量保证了品牌的曝光度。上观新闻以电子媒体的形式出现提供信息服务，既是推进媒体融合发展的表现，也是探索创新传播方式、传递主流声音的重要举措。

（二）借势借力，合作提升影响力

依靠媒体自身力量，要实现如此大规模的宣传和品牌推广非常困难，成本支出也将是一笔天文数字。因此，《解放日报》选择了“借势”和“借力”。“借势”就是借助中国国际进口博览会的强大号召力，通过与中国国际进口博览局合作，提升《解放日报》和上观新闻在主流舆论阵地上的传播力、影响力和话语权。“借力”就是借助各方资源为我所用。在整个项目实施中，上观新闻整合了上海申通地铁、中国铁路上海局集团有限公司、上海机场（集团）有限公司、东方航空等多家单位的力量，以多种方式展开合作，在实现进博会宣传“铺天盖地”的同时，也实现了上观新闻 App 推广的“铺天盖地”。

（三）创新手段，吸引用户参与关注

上观新闻创新宣传手段，吸引线上、线下用户共同参与。在线上，上观新闻广泛征集网民对进博会的祝福，为网民创造了一个在地铁上留下“名言”的机会。在线下，上观新闻抓住了公众通勤中的碎片化时间，运用漫画等公众喜爱的、容易接受的方式进行主流宣传，充分调动了公众主动了解进博会的积极性。这样的活动策划，不仅能触动网民的内心，带来良好的线上传播效果，还能带来大量线下品牌曝光，提升上观新闻的知名度和口碑。

《湖南日报》新湖南

一、案例介绍

2014 年 8 月，习近平总书记在中央全面深化改革领导小组第四次会议中提出，要推动传统媒体和新兴媒体在内容、渠道、平台、经营、管理等方面的深度融合，着力打造一批形态多样、手段先进、具有竞争力的新型主流媒体。湖南日报社积极响应，全面落实，从顶层设计，从全局谋划。2015 年年初成立新媒体发展领导小组，推进报社媒体融合及新媒体建设工作。同年 4 月 10 日，隶属湖南日报社直接领导的湖南日报社新媒体中心组建，其任务是统筹全报社新媒体建设，推进报社各媒体新闻采编资源融合转型，推动报社新媒体事业阶段性发展。党组决定投入2 000 万资金和许多无形资产，作为新媒体中心发展的前期基本投入。

奋斗70载
史忆新湖南

湖湘英烈

2015 年 8 月 15 日，新湖南客户端正式上线。新湖南客户端是在原《湖南日报》和“无线湖南”两个客户端基础上迭代升级而成的。使用“新湖南”作为客户端的名称，源自毛泽东同志 1949 年首次题写的“新湖南报”报头用字，标志着湖南日报社在移动互联网时代的党报传承、创新和开拓。

新湖南客户端定位为宣传省委省政府重要政策的主平台、发布湖南信息的主窗口、推介湖南形象的主阵地、引导湖南重大舆论的主渠道。建设目标是打造“移动新闻资讯平台、移动政务平台、移动生活平台”三大平台。三年多来，湖南日报社全力将新湖南客户端打造成报社融合发展的操作平台和驱动引擎。重大时政报道、突发事件报道、重大舆论引导稿件 100％优先在新湖南客户端上刊发，纸媒和新媒体形成“双轮驱动”。随着融媒体编委会开始运作，全社内容生产完全打通、一体指挥、一体化运行，日常报道早已实现“你中有我、我中有你”，正在大步走向“你就是我、我就是你”。

湖南日报社拥有《湖南日报》等 10 家纸媒和 2 家新闻门户网站、以“新湖南”为代表的 60 多个“两微一端”，建立起强大的立体传播矩阵。以新湖南客户端为龙头，全报社每天组织生产的图文、音频、视频、VR、H5、互动程序、大数据直接导入等多媒体新闻产品达 1 500 多条，生产效能提高 10 多倍。2018 年 6 月，人民网发布的全国 377 家党报融合传播力排行榜显示，《湖南日报》位列第 10 位。目前，新湖南客户端累计下载量已突破 2 100 万，日发稿量 800 条以上。

近年来，湖南日报社以“中央厨房”为技术依托，发挥新媒体优势，讲述湖南故事。在第二十八届中国新闻奖评选中，新湖南客户端的品牌栏目《湖湘英烈》（见图 1）获评二等奖；此外，在新中国成立 70 周年之际推出的《奋斗 70 载 史忆新湖南》系列报道（见图 2），全景呈现了新中国成立 70 年来湖南波澜壮阔的奋斗历程和壮美画卷，全网平台点击量逾 5 000 万次，取得了较好的传播效果。

图 1 新湖南客户端品牌栏目《湖湘英烈》

图 2 《奋斗 70 载 史忆新湖南》系列报道

二、访谈实录①

问：请介绍湖南日报社的融合创新背景。

答：2014 年 8 月 18 日，习近平总书记主持召开中央全面深化改革领导

① 受访者为湖南日报社党组成员、副总编辑，新湖南客户端、华声在线总编辑颜斌，线上采访于 2019 年 12 月。

小组第四次会议并发表重要讲话。他强调，推动传统媒体和新兴媒体在内容、渠道、平台、经营、管理等方面的深度融合，着力打造一批形态多样、手段先进、具有竞争力的新型主流媒体，建成几家拥有强大实力和传播力、公信力、影响力的新型媒体集团。习近平总书记的重要论述，吹响了我国媒体集团融合改革的集结号。作为中共湖南省委宣传部确定的媒体融合改革实践核心单位，湖南日报社深刻领悟习近平新时代中国特色社会主义思想和关于媒体融合的重要论述精神，坚持以“移动优先”为基石、以“中央厨房”建设为龙头、以全媒人才培养为支点、以采编发流程再造为突破，“知行合一”，全面推进传统媒体和新兴媒体在内容、渠道、平台、经营、管理等方面的深度融合，初步建成基于新型传播体系的“四全媒体”集团。

问：请按照时间顺序介绍一下湖南日报社的主要融合创新过程。

答：2015 年，湖南日报社以全面探索媒体内部体制机制改革为突破口，全面开启媒体融合“破冰”之旅。报社成立由社长、总编辑牵头的最高规格媒体深度融合发展工作办公室，党组成员和编委会成员各领任务，全力推进媒体融合向纵深发展。按照“一体策划、整体作战、全面融合”理念，确立“核心圈、紧密圈、协作圈”并进的“三圈合流”融合路径。融合分三条主线推进：第一，《湖南日报》、新湖南客户端、华声在线新闻网站先行深度融合，人员全面打通，同工同酬，统一权责、统一调度、统一考核，形成核心圈；第二，《三湘都市报》《大众卫生报》《文萃报》《科教新报》《金鹰报》《法制周报》和《大湘菜报》等，全面参与融合，相关人员加入各融媒体垂直报道中心，形成紧密圈；第三，以“新湖南云”省级技术平台吸纳省直、市州、区县和全省高校、企业等融媒体中心组成协同圈，全面参与到湖南省主流媒体融合事业中来。2018 年 8 月，湖南日报社整体回迁新湖南大厦，建成“中央厨房”物理空间和技术软件系统，以“中央厨房”为指挥调度中心和采编平台，推动内容生产从传统线性模式向全媒体、全终端模式转变。基于此，报社全面启动全社组织架构整体融合改革，以报社“融媒体编委会”带领政治、经济、文化、社会等垂直领域“融媒体采编中心”完成融媒体策采编播一体化工作流程，坚持统分结合、分级授权、滚动调度，健全优化融媒体采前会、编前会和编委会例会。打通信息入口、内容加工平台、信息发布出口，重构指挥调度、采集生产、编辑发布、统筹协调等系统，建成一次采集、多元生成、差异表达、多平台发布的全媒体采编生产流程。

问：请问新湖南客户端的最大特色是什么？它和市场上的同类主流新闻客户端相比，最大的创新之处是什么？

答：新湖南客户端从上线伊始，我们就将其定位为“新闻+政务+服务”区域性生态平台来打造。一是建成移动新闻资讯平台，成为宣传本级党委政府政策的主平台、发布本地信息的主窗口、推介本地形象的主渠道、引导本地舆论的主阵地。新湖南客户端依托《湖南日报》强大的政治、经济、文化等领域的报道优势和深厚底蕴，深耕本土，突出“湘”字特色。对重要新闻、突发事件、预警、提醒等信息，均第一时间推送给用户。湖南省委、省政府的重大工作部署报道，目前90%以上由新湖南客户端首发。二是建成移动政务服务平台，成为本级党委和政府政务公开的主平台、政务办事的主窗口、民意沟通的主渠道、推进政务效能的主阵地。2017年，新湖南客户端在全国率先开启由新闻客户端到“区域新闻云”的战略升级，并且作为区域新闻云加入本级政府“电子政务统一云平台”建设规划中，成为其“大云”上的一朵“小云”、“N朵运用云”中的“新闻云”。2019年，湖南省政务管理服务局赋予“新湖南云”使用湖南省政务服务网办事功能授权书，为整体接入“新湖南云”的湖南各区县的“县级融媒体中心”接入各级各类政务服务办事功能打下了坚实的基础。三是建成移动智慧生活平台，成为本地教育、医疗、物流、金融、旅游、交通、公共服务等领域的智慧生活服务平台。比如“湘品”“湘房”“湘车”汇聚各类商家信息，“生活”“出行”发布租房、搬家、招聘、酒店预订、快递物流和旅游攻略等服务信息，让用户享受便捷的网络生活。“一县一品”土特产电商服务则可让网民随时品味绿色健康的“舌尖湖南”。

问：请问新湖南客户端目前的使用规模（用户数量）是多少？下载量是多少？在同类客户端中处于什么位置？

答：新湖南客户端自2015年8月15日正式上线以来，目前累计下载用户已突破2 100万。在2018年首届中国新媒体发展年会上，新湖南客户端荣获“最具影响力主流媒体新闻客户端”称号，与新华社客户端、《人民日报》客户端、央视新闻客户端等一起进入榜单前十。在2019年7月发布的《全国党报融合传播指数报告》榜中，《湖南日报》位列地方党报融合传播力第五，新湖南客户端位列党报自有App渠道传播力第七。

问：请问新湖南客户端的技术开发是自主研发还是外包服务？为什么？对此后续会不会有所改变？为什么？

答：自主研发。湖南日报社目前已组建包括120多人的技术研发团队，拥有华声在线新闻网站、新湖南客户端、“新湖南云”省级技术平台等自主知识产权，又引入拓尔思、中科大洋等技术合作伙伴，平台迭代能力强、周期短。

今后，报社仍然会坚持走自主研发的技术路径，优化“中央厨房”系统，强化县级融媒体中心省级技术平台建设，以技术驱动媒体转型升级，引领、带动媒体深度融合。充分运用信息通信、人工智能等方面的成熟技术，及时将新技术、新应用融入新闻信息生产、传播、服务全过程。

问：请介绍湖南日报社在媒体融合后的新闻生产力变化。

答：2015 年年初，报社创办了“湘伴”微信公众号。根据微信第三方平台《新榜》权威发布，2018 年，“湘伴”的传播力已超过全国 97.75%的运营者，拥有近 30 万粉丝，成为省内时政类微信公众号的领头雁。

2018 年，我们获得湖南省政府门户网站政务信息发布栏目运维权。2019 年，湖南省政府门户网站点击量破 2 亿，全年访问总量达 2.11 亿人次，比 2018 年同期增长近 60%，在国务院首次对全国省级门户网站及政务新媒体检查评比中获得了全国第三名的好成绩。此外，我们还运维了“微政务”“湖南微政务”等微信公众号和 10 多个省直部门的微信公众号，构建起湖南新闻客户端中最大、最完善的移动政务办事平台。5 年多来，湖南日报社全面推进传统媒体和新兴媒体在内容、渠道、平台、经营、管理等方面的深度融合，不断提高新闻舆论传播力、引导力、影响力和公信力。媒体融合对编辑、记者提出了新的要求，湖南日报社对在岗编辑、记者进行定期培训，以提高大家的摄影、剪辑等能力。为方便新媒体编辑与纸媒记者更快、更有效地进行沟通，我们建立了新湖南传稿工作群。为了激励创作出更多优秀的产品，报社制定了每月优稿评选机制，鼓励编辑、记者创作高质量的融媒体产品。以新湖南客户端为龙头，报社每天组织生产的图文、音频、视频、VR、H5、互动程序、大数据直接导入等多媒体新闻产品达 1 500 多条，生产效能提高 10 多倍。

问：请介绍一至两件湖南日报社在融合后推出的有代表性的新闻作品。

答：近年来，湖南日报社以“中央厨房”为技术依托，发挥新媒体优势，传播好湖南声音，讲述好湖南故事，两年六度斩获中国新闻奖媒体融合奖。在第二十八届中国新闻奖评选中，新湖南客户端的品牌栏目《湖湘英烈》、华声在线的网络专题《十八洞的 19 张笑脸》两件新媒体作品获评二等奖；在第二十九届中国新闻奖评选中，湖南日报社继续发力，新湖南客户端的移动直播《益阳南洞庭下塞湖拆围收官战》、新媒体创意互动《苗寨“十八”变》，华声在线的网络专题《寻湘记——历史文化名人重回潇湘》，论文《党媒由“端”到“云”的平台建设路径》获得二等奖，这些都是我们的代表性作品。2019 年国庆期间，我们推出了《奋斗 70 载 史忆新湖南》系列报道，选取了 70 个典型历史事件、近 200 名采访对象的口述、百余张历史照片、完成了约 300 分钟的视频呈现、十万余字的书写，以编年史的方式逐一展开，全景呈现了新中国成立70年来湖南波澜壮阔的奋斗历程和壮美画卷，全网平台点击量逾5 000万次。融媒视频《七十韶华》，以新中国三代领导人的同期声视频构建了作品叙事的时代背景，运用3D虚拟场景翻阅相册的串场，通过老、中、青三代人的生动讲述，充分展示了韶山70年巨变，成功入选中国记协“庆祝新中国成立70周年融合报道地方媒体十大创新案例”。

问：请问在融合过程中，员工感受到的最大变化是什么？能否举例说明？

答：在融合过程中，员工感受到了三个最大的变化。一是对于个人来说，技能要求更高了。以往能写会编就行；现在不仅要能写会编，还要能拍会剪，学习做全能型的记者。虽说很难做到样样“全能”，但无疑技能掌握得越多越好。记者出去采访，面对同样的新闻事件，在同样的时间和场景中，能尽量多地采回文、图、音频、视频等素材的记者，无疑更受欢迎。素材越多，对后期的产品制作越好。二是对于集体来说，大家的团队协作精神更强了。以往是一个记者对应一个线口，守好线口单兵作战即可；现在则多是团队项目制，大家为了一个项目分工合作、集思广益，文字、摄影、视频，甚至技术、交互等等，为产品融在一起，团队协作精神大大增强。三是在融合过程中，员工们的技能与本领恐慌倒逼大家更加重视学习和成长，进一步激发了员工们的活力与创新力，这是一个很好的事情。

问：请问湖南日报社的融合成绩获得了哪些奖项和肯定？

答：2016年，新湖南客户端获评“全国媒体融合创新典型案例奖”“全国十大覆盖政商人群的地方新闻客户端”“年度最具先锋精神媒体”“2016年湖南十大最受欢迎的移动应用软件产品”等。

2017年，新湖南客户端获评“全国优秀互联网创新项目”、湖南省首届创新奖之文化创新奖、中国报协之2017传媒创新奖、世界移动互联网大会“年度最具新闻传播价值奖”、“最具创新力地方客户端”、“中国移动互联网年度最具价值品牌”等。

2018年，新湖南客户端荣获“最具影响力主流媒体新闻客户端”称号，“新湖南云”项目入选“2018中国报业融合发展十佳/优秀案例”，并获评为2017—2018年度“中国十佳融媒体中心”。同年首届中国新媒体发展年会上，新湖南客户端荣获“最具影响力主流媒体新闻客户端”称号，与新华社客户端、《人民日报》客户端、央视新闻客户端等一起进入榜单前十。

2019年7月，在《全国党报融合传播指数报告》榜中，《湖南日报》位列地方党报融合传播力第五，新湖南客户端位列党报自有App渠道传播力第七。

问：请问湖南日报社下一步的融合举措都有哪些？目前有无下一步工作的时间表？

答：湖南日报社下一步的媒介融合的着力点主要体现在三个方面。

一是继续狠抓内容精品工程。我们将继续做好习近平同志相关重要报道的宣传工作，围绕"脱贫攻坚的决胜之年""小康之年"等主题提前策划、深入报道。全年的重点工作包括：全面熟悉"中央厨房"操作，加强融合；不断创新创优，争取多出爆款产品；进一步普及短视频制作。

二是继续优化"中央厨房"生产流程。我们将以湖南日报社"中央厨房"为推手，继续深入推进指挥调度、采集生产、编辑发布、统筹协调等系统重构，建成一次采集、多元生成、差异表达、多平台发布的全媒体采编生产流程。通过集中资源筑牢移动传播主阵地，将新湖南客户端打造成媒体融合发展主平台，建立完善"新媒体新闻首发"制度，创新推动微博、微信公众号和客户端、网站、报纸融合发力，促进"移动新闻呈现"方式成为全体采编人员的自觉行动。

三是继续推进"新湖南云"省级技术平台建设。首先，赋能新闻内容生产，在舆论场上更好地传播湖南的好声音。除了办好湖南日报社所辖各媒体平台以外，还要积极利用省政府网站平台加强与网民朋友的互动交流，做好省政府政务信息的移动传播工作；提供政务问政、民生办事一站式按需定制服务；加强原创，开展线下活动。其次，赋能服务党委政府的舆情管理工作，提供多级联动、全终端覆盖的舆情热点与数据分析服务。最后，赋能县级融媒体中心建设。为区县融媒体中心提供信息采集与汇聚、策划与指挥、内容审核、融合发布、综合服务、运营管理、大数据分析等技术模块和相关培训服务。

问：如何评价当下的媒体融合？您认为湖南日报社在媒体融合中的经验主要有哪些？不足是什么？

答：在万物互联时代，互联网媒体新技术日新月异，令人眼花缭乱。在全面推进媒体融合过程中如何准确把握思想宣传和新闻舆论工作的"变"与"不变"，如何遵循新闻传播规律和新兴媒体发展规律，如何坚持传统媒体和新兴媒体优势互补、一体发展等，湖南日报社用"三个坚持"提纲挈领，整体推进。

一是坚持导向为上。湖南日报社始终坚持党报办的新媒体必须与党报同一底色、同一标准。报社党组领导班子对融合的导向工作负主体责任，党组书记是第一责任人，总编辑是直接责任人，党组其他成员对分管单位和部门的融合导向工作负领导责任。在《湖南日报社新媒体平台服务管理办法》中，新湖南客户端等新媒体平台，在导向上严格执行党报标准，在流程上严格执行“三审制”。

二是坚持移动优先。湖南日报社牢记习近平总书记关于“互联网已经成为舆论斗争的主战场”这一重要论述，将新湖南客户端打造成旗下所有媒体参与融合发展的操作平台和驱动引擎。一度由报社主要领导兼任新媒体中心总编辑，选调业务骨干进入新湖南客户端团队，《湖南日报》重大时政报道、突发事件报道、重大舆论引导稿件优先由新湖南客户端刊发，形成了传统媒体与移动新媒体双轮驱动、整合传播，提升了传播力。

三是坚持全面融合。湖南日报社全力探索从“相加”到“相融”路径，实行“虚拟融合”与“实体融合”并进，让“你中有我，我中有你”快速进化到“你就是我，我就是你”。在中共十九大、全国两会、抗洪救灾、高考等重大报道节点，湖南日报社组织日报记者、客户端记者、网站记者和都市报记者全面联动，以虚拟团队合作的模式进行媒体融合练兵，取得了很好的效果。

诚然，在发展过程中我们取得了一定成绩，但也遇到了一些问题，存在的不足主要有三点：一是客户端智能化程度不够，存在提升空间，比如在稿件的关联性推荐阅读、主题宣传相关算法智能推荐方面，还有待改进。二是作品新媒体气质不强，可进一步加强，目前新湖南客户端推出的新媒体产品均为自主原创，虽有不断创新突破，但整体新媒体气质不强。三是爆款产品不多，原创力量还需增强，目前在创新性宣传传播方面稍显乏力，能够成为全国性现象级宣传产品和内容的爆款不多。

改革创新永远在路上，只有进行时，没有完成时。今后，我们将一如既往地以改革创新精神开拓工作，把握媒体融合新风向，推动媒体融合向纵深发展。在全媒体时代，守正创新，挺立潮头，共赢未来！

三、案例评析：党媒的平台融合发展之路

在媒介融合浪潮的冲击下，包括党报在内的传统媒体受到了巨大的挑战。党报媒体长期以来对其他媒体的新闻实践起着导向作用，同时，这股融合浪潮也带来了极大的挑战。面对新的媒介环境，党报作为引导舆论和规范报道的标杆，抢占互联网和移动终端的舆论制高点至关重要。

在新媒介环境的冲击下，湖南日报社新媒体中心打造的新湖南客户端，成为传统主流媒体在媒介融合背景下快速反应和有效整合资源、抢占舆论阵地、立足湖南面向全国的代表。

（一）新湖南客户端坚持党性与为人民服务的统一

湖南日报社新媒体中心全力打造的新湖南客户端，其定位就是宣传省委省政府重要政策的主平台、发布湖南信息的主窗口、推介湖南形象的主阵地、引导湖南重大舆论的主渠道。新湖南客户端姓党，其党性贯穿于三年来的努力奋斗中：

新湖南客户端拓展了党媒传播力。在2018年10月举行的首届中国新媒体发展年会上，新湖南客户端被评为全国10个"最具影响力主流媒体新闻客户端"之一，居省级新闻客户端第四位。

新湖南客户端提升党媒引导力。依托《湖南日报》的强大政经报道优势，有关省委省政府的重大工作部署报道百分之九十以上由新湖南客户端首发。对于重大热点事件报道，新湖南客户端通过加强议题设置，发挥着"一锤定音"的作用。

新湖南客户端重塑着党媒影响力。新湖南客户端通过全媒体、全天候、全景式、全方位、多视角融媒体报道，放大主流声音和主流价值。得益于创新表达和方式，在第二十八届中国新闻奖评选中，新湖南客户端《湖湘英烈》栏目、新湖南客户端与华声在线共同打造的《十八洞的19张笑脸》专题获二等奖，是全国极少数获得中国新闻奖的省级党媒新闻客户端。

新湖南客户端始终服务于湖南人民。从"新湖南"这一名字就可以看出，新湖南客户端的定位是很精准的，即深耕本土：不做"高大全"，只求"精且强"。该定位被完整地贯彻在其内容结构设置和日常报道中。湖南日报社党组成员、副总编辑，新湖南客户端、华声在线总编辑颜斌曾写道："湖南本土生活的人口近7 300万，比欧洲一些国家的人口还要多，这还不包括在外工作的湖南人、关心湖南发展的人，如果将这些人口加进来，保守估计都超过了1亿人。因此，能将这些人服务好，就很了不起了。"①

新湖南客户端作为"新闻＋政务＋服务"的区域性生态平台，始终坚持党报底色，始终站在广大的湖南人民一边，新湖南客户端成为湖南省各级政府政务公开的平台，成为全省老百姓政务办事的平台，成为政府和老百姓沟通的平台，扩大了党媒的服务力。

（二）新湖南客户端是"互联网＋"而不是"＋互联网"

二者之间最核心的区别就在于"平台化"。"＋互联网"是指传统媒体把原有的生产内容、生产方法等通过互联网的渠道、平台进行分发，最常见的

---

① 颜斌．新湖南客户端的创新与传承．传媒，2017（15）．

便是各媒体通过头条号、微信公众号来发表内容。而“互联网+”则意味着媒体在互联网上与服务对象即用户建立起密切的联系，并且跟随互联网的技术和社会信息化的持续推进去生产内容。要做到“互联网+”的深度融合，就离不开“平台化”。有平台才有用户，有用户才有数据。可以说，媒体平台化是媒体融合的关键。这种“互联网+”的思维也体现在新湖南客户端的发展中。颜斌曾写道：“移动互联网的本质是连接的平台，靠什么连接用户？靠数据。靠哪方面的数据？新湖南客户端给出的答案是：资讯数据、政务数据、本地生活数据。”① 基于此，新湖南客户端的定位是一个平台型产品，是移动资讯平台、移动政务平台与移动生活平台的统一体。

以新湖南客户端为母平台的“新湖南云”平台是“互联网+”思维的又一体现。“新湖南云”是以新湖南客户端为旗舰平台，集合湖南省市县（区）三级政务客户端、厅局政务客户端及企业客户端和高校客户端等的新媒体生态云平台。以新湖南客户端为母平台，可生成独立客户端。每个独立子客户端均可共享新湖南云稿库、政务云数据，共享新湖南客户端千万用户，共享湖南日报报业集团新媒体技术团队和新闻专业采编力量及成果。2017 年，新湖南客户端在全国率先开启由新闻客户端到“区域新闻云”的战略升级，并且作为区域新闻云加入本级政府“电子政务统一云平台”建设规划中，成为其“大云”上的一朵“小云”、“*N* 朵运用云”中的“新闻云”。2019 年，湖南省政务管理服务局赋予“新湖南云”使用湖南省政务服务网办事功能授权书，为整体接入“新湖南云”的湖南各区县的“县级融媒体中心”接入各级各类政务服务办事功能打下了坚实的基础。

（三）新湖南客户端坚持自主研发

2018 年 4 月 21 日，习近平总书记在全国网络安全和信息化工作会议上提出，要培育更多善于运用现代传媒新手段新方法的行家里手，打造更多自主可控、具有强大影响力的主流新媒体平台。

目前，湖南日报社已组建包括 120 多人的技术研发团队，拥有华声在线新闻网站、新湖南客户端、“新湖南云”省级技术平台等自主知识产权，又引入拓尔思、中科大洋等技术合作伙伴，平台迭代能力强、周期短。

将新技术广泛运用到新闻生产和传播中，不断创新表达，能够极大激活新闻生产的创造力。通过媒介融合、技术推动，传统媒体逐渐由以往的单向内容生产者，转型成提供一揽子综合服务的全效媒体集团，党媒的触角和服务得到延伸。技术是弘扬主流价值观的驱动引擎，只有自主研发才能保证其

① 颜斌．新湖南客户端的创新与传承．传媒，2017（15）．

可控性。

今后，湖南日报社仍然会坚持走自主研发的技术路径，优化“中央厨房”系统，强化县级融媒体中心省级技术平台建设，以技术驱动媒体转型升级，引领、带动媒体深度融合。充分运用信息通信、人工智能等方面的成熟技术，及时将新技术、新应用融入新闻信息生产、传播、服务全过程。

媒介融合推动着新闻生产的整体变革。新湖南客户端以湖南日报社“中央厨房”为推手，深入推进指挥调度、采集生产、编辑发布、统筹协调等系统重构，建成一次采集、多元生成、差异表达、多平台发布的全媒体采编生产流程，媒介融合对媒体从业人员的媒介素养提出了更高的要求。新闻生产流程与新闻内容呈现的变革倒逼媒体从业人员必须转型，从过去单一的“笔杆子”变为身兼多能的全能型“新闻战士”“超级记者”。正如访谈中提到的：“面对同样的新闻事件，在同样的时间和场景中，能尽量多地采回文、图、音频、视频等素材的记者，无疑更受欢迎。”

新湖南客户端现阶段的不足之处主要表现在技术和内容两个方面。

新一轮科技革命和产业革命悄然而至，信息技术日新月异，如果无法不断进步与发展，就会在技术的“军备竞赛”中落下风。具体到媒体，新湖南客户端应进一步提高精准推送能力，满足用户的个性化信息需求。政务信息公开和社会普遍信息化使得各种资讯与专业媒体机构生产的内容汇聚，在网络空间形成了海量的信息资源。这些因素构成了移动传播时代的特殊矛盾，即海量信息资源与个性化信息需求难以匹配的问题。这就需要平台具有精准分发能力，并不断提高精准度。湖南日报社已建立起自主可控的技术平台，未来除了坚持以技术驱动媒体转型升级，引领、带动媒体深度融合，还应进一步开发、运用信息通信、人工智能等方面的新技术，并将其融入新闻信息生产、传播、服务的全过程。

中宣部原部长刘奇葆同志曾在推进媒体深度融合工作座谈会上指出，推动媒体深度融合，必须以先进技术为支撑，用最好、最新的技术提升采编能力，拓宽传播领域。应用新技术的目标是增强传统媒体内容产品对互联网用户的吸引力，尽可能获得更多的用户注意力和停留时长。但专业内容生产仍然是主流媒体机构的“长板”，传统媒体仍具有内容原创力的优势。新湖南客户端可进一步提升“原创＋聚合”能力，增强内容生产力，结合内容生产方面的优势，同时依托平台创新表达方式，在媒介融合时代，走出自己的路。

浙江长兴传媒集团

一、案例介绍

2011 年 4 月 15 日，长兴传媒集团由长兴广播电视台、长兴宣传信息中心、县委报道组、“中国长兴”政府门户网站（新闻板块）跨媒体整合而成，是全国第一家整合广电和报业资源的县域全媒体传媒集团。长兴传媒集团是县政府直属公益二类事业单位，实行事业单位企业化运作。

集团组建后，树立了融合转型求发展的思路，大力发展新媒体，加快两微一端平台建设，先后开发了三个不同定位的 App，不断整合自运营和代运营的 28 个微信公众号，建成微信矩阵。

在组织架构上，经过了多次调整与优化，不断完善新闻采编播流程，促进管理扁平化、功能集成化、产品全媒化。2011 年 7 月，整合人员队伍，组建新闻中心；2012 年年初，成立全媒体新闻集成平台，探索“一次采集、多种生成、多元传播”的全媒体运作机制；2014 年年初，提出深化“媒体融合”，推进各媒体平台的资源融合；2016 年，全媒体新闻集成平台升级为融媒体平台，确立以新媒体为首发的运行机制，探索“大型全媒体融合式直播”“新媒体直播”“融合式专题”等新闻报道模式；2017 年 4 月，由融媒体平台优化为融媒体中心，大力投入技术改革，同步进行高清改造及演播厅改造（见图 1），搭建并启用融媒眼智慧系统（见图 2）。

长兴传媒集团融媒体中心的融合转型起步早、目标明、方式新，在多年探索中积累了自己的经验，逐步形成了“长兴模式”，在全国媒体融合浪潮中走在前列。

长兴传媒集团代表性成果如下。

（一）深化媒体融合运作

长兴传媒集团自组建以来，根据媒体融合的发展趋势，不断调整优化组织架构以及运行流程，深入推进资源、平台、技术、产品等多个方面的融合，从分平台资源整合利用运行模式到搭建全媒体平台深化互动运行模式，真正推动媒体融合从物理相加向深度相融转变，初步完成县域融媒体中心建设，牢牢占领区域舆论宣传主阵地，融合步伐走在全国前列。

图 1　长兴传媒集团新闻演播厅

图 2　长兴传媒集团融媒眼智慧系统

（二）搭建智慧中枢系统

在组建融媒体中心的同时，长兴传媒集团开始设计搭建融媒眼智慧系统，并于 2017 年 11 月开始试运行，于 2018 年 8 月正式投入使用。该系统通过电脑 PC 端、手机 App 端以及大屏指挥端实现三端融合，成为打通各媒体平台、具有中心指挥功能的流程中枢，深化了媒体资源的统筹共享，强化了全媒体运行模式。通过这个系统，可以实现集中指挥、采编调度、信息沟通、资源共享、热点搜集、媒资管理、考核管理等诸多功能；同时，该系统还加载了大数据分析、传播效果追踪、舆情研判、媒体合作等功能模块，延伸了媒体生产及管理端的应用，推动全媒体向融媒体、智媒体的转型。

（三）探索融合传播模式

长兴传媒集团多年来持续探索大型全媒体融合式直播模式，即对某一新闻题材，通过前期策划，通过电视频道、广播音频、新媒体两微一端等渠道，以全媒体采访大兵团作战形式开展大型直播活动。目前，每年开展各类融合式直播近 20 场，拥有《红星闪闪》《铁军洪流》《端午来了》《清明图》《高考揭榜夜》《破风环太湖》《一起跑太马》等一批代表作，其中《铁军洪流》融合式直播获浙江省媒体融合节目二等奖。该传播模式覆盖渠道广、宣传效果好，备受用户关注，如第五期《直击问政》收视上涨 507.1%，后台留言互动超千条。

二、访谈实录①

问：长兴传媒集团是在怎样的背景和环境下进行的融合创新？

答：组建长兴传媒集团的初衷是整合县域媒体资源。过去，长兴的新闻单位有长兴广播电视台、长兴宣传信息中心、县委报道组、“中国长兴”政府门户网站（新闻板块），虽然看起来兵强马壮，但实际上各自为政，彼此之间采访流程、报道方式各不相同，工作方法、工作理念也存在较大差异，相互之间没有形成工作合力，直接导致了人力资源浪费、同质竞争严重等问题。比如，有时同一新闻事件有三四批记者到场，有时新闻报道的口径相互不一，有时一个新闻在不同时间、不同媒体上重复报道，等等。针对这一现状，县委决定进行媒体融合的体制机制改革。

并且，县级融媒体中心建设是以习近平总书记为核心的党中央做出的重大决策和战略部署，是一项非常重要的政治任务。习近平总书记指出：“宣传思想工作是做人的工作的，人在哪儿重点就应该在哪儿。”② 这句话，就是我们做好融媒体发展、建设县级融媒体中心的根本出发点，也是意义所在。

---

① 受访者为长兴传媒集团融媒体综合部主任秦莉，采访者为臧珈翊，采访时间为 2019 年 12 月 27 日，采访方式为电话采访和书面采访。

② 中共中央文献研究室．习近平关于社会主义文化建设论述摘编．北京：中央文献出版社，2017：29.

因此，2011 年 4 月 15 日，长兴传媒集团由长兴广播电视台、长兴宣传信息中心、县委报道组、“中国长兴”政府门户网站（新闻板块）跨媒体整合而成，是全国第一家整合广电和报业资源的县域全媒体传媒集团，自此踏上了媒体融合的征程。

问：请按照时间顺序介绍一下长兴传媒集团的主要融合创新过程。

答：2011 年 4 月 15 日，长兴传媒集团由长兴广播电视台、长兴宣传信息中心、县委报道组、“中国长兴”政府门户网站（新闻板块）四个单位整合组建而成，成为全国第一家县级全媒体传媒集团。集团组建后，立即梳理整合人员队伍，组建新闻中心。

2012 年年初，成立全媒体新闻集成平台，不断探索全媒体运作机制，实现“一次采集、多种生成、多元传播”模式，全力打造“一专多能一尖”的全媒体团队。

2014 年年初，提出深化“媒体融合”。立足全媒体，做强全媒体，强势推进广播、电视、报纸、杂志、网站等资源的融合运作并使之常态化，打好新闻宣传主动仗，增强传媒事业竞争力，发挥全媒体传播通道的功能与作用，打造全国一流区域性全媒体。

2016 年年底，集团拥有广播、电视、报纸、杂志、网站、新媒体等 14 个媒体平台，还拥有 20 多个微博、微信平台，新媒体用户超 65 万，初步建立起立体多样、融合发展的现代传播体系。

2017 年 4 月，组建融媒体中心，实施扁平化管理，实现集中化指挥调度，深化媒体资源共享，加大技术改革投入，全面完成高清改造，搭建融媒眼智慧系统。同时，布局智慧项目，转化网络、慧源公司的优势资源，提高大数据分析、舆情研判等能力，助力打造具有传播力、公信力、影响力的智慧型融媒体集团。

问：长兴传媒集团在媒体融合前后的新闻生产力有什么变化？

答：融合前，原报社的主要产品就是一份报纸，以及一个网站的运维；原广电的主要产品是传统的电视和广播。

在媒体融合之后，除了原有的广播、电视、报纸以及网站外，又增加了两微一端，并逐步壮大了传媒活动品牌，每年举办大型活动 300 多场；以工作室机制强化专题片制作，每年创作各类专题片 80～100 部；此外，还在推进融媒建设过程中，将融媒体中心建设成为优质内容的生产车间，不断创新内容生产，并实施移动优先战略，策划生产融媒体内容产品。2012 年开始试水短音频和短视频，2018 年推出掌心视、音频平台，短视频月生产量达 100

条；不定期推出原创 H5、微电影、广播剧、Vlog、全景 VR 等；打造季播概念，阶段性地策划生产某个亲民主题的系列视音频内容，通过全媒体传播进行刊播。因此，总的来说，新闻生产力的变化不仅仅体现为新闻生产力的提高，更体现在新闻产品的多样化、融媒化方面。

问：请介绍一两件长兴传媒集团在融合后推出的有代表性的新闻作品。

答：比如连续多年推出《高考揭榜夜》融合式直播报道。2019 年 6 月 22 日，高考成绩查询当晚，《高考揭榜夜》第四季推出：融媒体中心多部室联动，通过电视直播与客户端直播相结合的方式，采用双演播室，双直播窗口，各自单独直播，又相互引流，实现人员融合、内容融合、直播平台交叉引流，《高考揭榜夜》观看人数突破 30 万。又如，2019 年 6 月 25 日的《三服务市民热线》特别直播，采用广播直播、新媒体视频直播同步进行。嘉宾进入直播间，通过电话连线、微信、新媒体互动，服务企业、服务群众、服务基层，较好地完成了这次广播融合式直播，也得到了合作部门和听众的肯定。

再比如，自 2017 年 9 月起，策划推出季播节目——大型融媒体舆论监督问政节目《直击问政》，持续开展舆论监督，直面社会热点问题，开展直播问政，突出“百姓参与、百姓评说、百姓监督”的精神，推动解决了大量社会问题。每期栏目都吸引了市民广泛关注，影响广泛，意义深远，帮助党委、政府推动工作，帮助群众排忧解难，且节目收视率屡创新高。在做舆论监督节目时，题材选择多数是和社会民生热点相关，和普通老百姓的工作、生活密切相关的选题。

问：在长兴传媒集团的融合过程中，员工感受到的最大变化是什么？

答：首先是媒体融合转型理念从有分歧到一致。在 2011 年集团组建之初，原报社及原广电的工作人员对媒体融合转型的理念并不能完全接受，在融合过程中才逐步统一。

其次是媒体融合对员工的业务能力及创新能力提出了更高的要求。比如，原来的记者是分平台的，如电视记者、报刊记者，但是在融合之后，我们组建了全媒体采访部，所有记者的身份都转变为全媒体记者，对他们的要求转变为“一专多能一尖”，即在某一方面能力突出，具有多方面业务能力，以及精攻某一条线。

最后是集团体制机制的变化带来了工作节奏、工作氛围的变化，带来了薪酬体系、晋升机制的变化。这样的体制机制，不仅更具有活力，也更具有压力、竞争力，使得集团的整体工作节奏加快，工作环境更趋于年轻、时尚、创新。

问：长兴传媒集团的融合成绩获得了哪些奖项和肯定？

答：2014 年，长兴传媒集团入选《浙江省新闻媒体融合发展对策研究》创新案例。

2015 年，媒体融合做法被国家广播电视总局列为全国 2016 年推广的 17 个典型案例之一。

2016 年，长兴传媒集团入选中国广电媒体融合创新案例二十佳。同年，广播荣获县级台全国十佳，电视荣获全国县台二十强第一名。

2017 年，长兴传媒集团被中共浙江省委宣传部和浙江省新闻出版广电局列为媒体融合“长兴模式”，在省内推广。

2017 年，“万物生长”融媒人才学习培训计划获评浙江省媒体融合优秀典型二等奖。

2018 年 9 月 20—21 日，中共中央宣传部主办的县级融媒体中心建设现场推进会在长兴县召开，将长兴的融媒体中心模式作为示范样板在全国推广。

2018 年 10 月，长兴传媒集团融媒眼智慧系统荣获第二届中国应用新闻十佳创新案例。

2018 年，长兴传媒集团获评“改革开放四十周年全国百佳县级广播电视台”。

2019 年 3 月 18 日，中宣部在两会新闻例会期间，专门点名表扬长兴传媒集团，它是唯一得到点名表扬的县级融媒体。

2019 年 5 月 10 日，长兴传媒集团入选由中国高等教育学会新闻学与传播学专业委员会主办的 2019 年度全国媒介融合创新建设八大推荐案例。

2019 年 5 月 28 日，在成都闭幕的以“分享热点 · 共享创见”为主题的《中国网络视频年度案例研究 2019》热点案例分享会暨蓝皮书发布会现场揭晓，长兴传媒集团入选《中国网络视频年度案例研究 2019》十大案例。

2019 年 6 月 18 日，长兴传媒集团入选由北大新媒体研究院编辑出版的全国县级融媒体中心白皮书，全国仅选取了 4 个案例。

2019 年 7 月 25 日，长兴传媒集团获得中国移动互联网新闻信息服务许可证 1 号牌照。

2019 年 8 月，长兴传媒集团荣获 2019 年度全国融媒先锋榜十强。

2019 年 10 月 14 日，以长兴传媒集团媒体融合模式为样本研究制定的县级融媒体中心管理与服务规范正式发布。

2019 年 10 月 25 日，长兴传媒集团参评由国家新闻出版广电总局指导评选的华数“好例有”案例大赛，以总分第一获得“时代先锋综合优秀案例”奖项。

2019 年 12 月 15 日，长兴县融媒体中心荣获“第二届 1024 融媒盛典”2019 年度县区最强融媒品牌。

问：长兴传媒集团下一步的融合举措都有哪些？目前有无下一步工作的时间表？

答：未来，长兴传媒集团将从机制、渠道、平台、技术、内容等多方面来推进融媒体中心的进一步发展。首先，重点是实施移动优先战略，强化移动端发展，打造移动互联网信息服务供应商。对此，我们已经拟定了移动优先战略实施方案，以掌心长兴 App 为主阵地，从“新闻＋政务＋服务”的定位出发，做好内容运营、技术升级、服务优化等工作。一方面，推动活动、直播、内容等黏合用户，发挥区域主流媒体喉舌作用，更好引导群众，牢牢掌握本土移动新媒体发声的主动权和引导权；另一方面，不断增强本地平台服务属性，更好地服务群众，力争将掌心长兴 App 打造成长兴本地的“一站式”服务平台。

与此同时，我们将继续升级融媒眼智慧系统，实现全媒体平台系统集成，并充分发挥各个模块尤其是大数据功能模块的作用。充分激发技术团队优势，做好技术类产品的开发和开拓，借助 App 平台，形成直播、H5、短视频等各类媒体产品在互联网平台的集聚传播，提高媒体产品附加值，增强技术服务用户的能力。紧盯 5G 通信技术、人工智能、区块链、虚拟现实等前沿新技术在媒体融合领域应用的发展动向和趋势，探索开展交互式内容传播研究，让互联网先进技术进一步催化媒体深度融合。

同时，要拓展产业发展，为集团发展提供强有力的经济保障。目前，集团营收由四个部分组成——网络公司、科技公司、慧源公司和品牌营销中心，主要经营业务为有线电视业务、智慧数据类项目、媒体广告业务及媒体服务项目等，整体营收每年有 8%以上的增长。未来，要使得传统产业做稳，信息产业做大。目前，集团正在规划布局 5G 基础设备建设，努力开拓引领智慧化、信息化、融合化发展的新业务。同时，要把融媒产业做强。如融媒学院于 2019 年 3 月成立，通过定制培训方式输出媒体融合经验，截至 12 月共计开办 27 场次的培训班，学员达 1 600 人次以上，不断开发培育融媒产业，形成新的创收增长点。

问：如何评价当下的媒体融合？作为负责人，您认为您所在媒体在媒体融合中的发现和收获是什么？不足是什么？

答：长兴传媒集团的融媒体发展目前仍处于深化融合阶段，我们的融媒体中心已具备了雏形，但是还不够完善，还需要进一步优化和发展。

县域媒体融合没有样板，我们只能摸着石头过河。在九年来的融合实践中，我们不断优化组织架构、完善采编流程、创新融合模式，逐渐形成了媒体融合长兴模式。我们的收获主要体现在：

第一，在体制机制方面。长兴传媒集团是公益二类的事业单位，实行事业单位企业化运作，这在深化文化体制改革、推动地方新闻事业发展方面，做出了积极有益的探索。在县委、县政府将传媒集团纳入全县党群考评组序列进行统一考核的同时，另由县委宣传部、县政府办、县国资委三家单位联合出台针对传媒集团班子成员的年度目标责任制绩效考核办法，既考核集团作为党和政府喉舌的对外宣传、主题宣传等方面的成绩，也按照企业化运作的思路，考核广告营收、产业拓展等国有资产保值增值的情况。

第二，在组织架构方面。集团组建后，多次对组织架构进行设计重构，基本思路是不断完善党委会领导下的事业法人治理结构，按照采编、经营两分离原则，充分发挥媒体的宣传功能和社会功能。集团在党委会领导下，设管委会、编委会、经委会，实行绩效管理，构建形成责权利清晰的领导体系。

第三，在流程运作方面。为实现各类媒体平台的最大化集成，我们根据新形势下的新闻信息生产传播规律，升级再造“一次策划、深度采集、各种生成、广泛分发、多数据评估”的采编播全平台生产流程，推动传统媒体和新兴媒体在内容、渠道、平台、人员、管理等方面的深度融合。在全媒体运行流程下，各媒体刊播平台既能各自为营，根据自身特点安排内容刊播，又能紧密联动，共同完成大型新闻宣传任务；既牢牢把握了新闻传播方向“准”的导向要求，又充分体现了融媒体传播“新”“微”“快”的特点，同时还坚持了分众化、差异化传播趋势，加快构建舆论引导新格局。

第四，在移动优先方面。加大移动传播渠道和平台的建设，在人员配备、渠道平台、采编流程、运行机制、技术保障等多个方面向移动端倾斜，借助移动传播，牢牢占据引导舆论、引领思想、传承文化、服务人民的传播制高点。在内容上，强调本土突发新闻要在移动端实现第一落地；通过创意策划和技术手段，把时政新闻、原创内容、权威报道等在移动端进行编发，实现了优质内容的新媒体化和碎片化阅读，增强传播亲和力与影响力；密切关注媒体前沿，加快移动端产品的开发，推出以“掌心视频”为承载平台的视音频等产品，以及微直播、微游戏、H5、VR 等多种类型的融媒体产品。

第五，在人才队伍方面。在媒体融合状态下，对人才的要求更高、更加迫切。长兴传媒集团坚持对外引才选优，面向全国重点院校招引软件开发、数据分析、架构设计、项目管理等方面的技术人才，落实高端人才“一人一议”政策，收获了稳定的人才队伍。

第六，在创新创优方面。长兴传媒集团连续三年举办传媒好项目大赛，在集团内部搭建平台、发现人才、培育精品、扶持项目。通过传媒好项目大赛，每年筛选出运营项目类、媒体作品类等不同类别的潜力项目进行孵化。一方面，促进业务创新，培育高水平、高层次、高素质的工作团队和具有核心创新能力的高成长性优秀节目；另一方面，促进成果转化，聚合市场、资金、政策等资源，培育高成长性的商业化运营项目。在2018年大赛的优胜项目中，“智行工作室”成功获评全市宣传文化系统“领军人才工作室”；艺考县域项目正式投入运行，并且当年就实现了盈利。

当前，集团主要面临以下难点和不足。

首先，人员结构无力支撑转型发展。融媒体中心现有员工193人（含外借人员13人），其中，在编人员33人，聘用人员160人。现有人力资源与集团战略目标、任务不相适应。一方面，集团人员总数庞大，人力成本高昂；另一方面，媒体融合以及移动优先所急需的新媒体技术人才、新媒体运营人才、产业项目经营人才、新闻业务专业人才十分稀缺。同时，受各种因素的影响，集团的优质人才也在流失，每年都有一定数量的人员跳槽到上市企业或其他媒体，或考取公务员和事业编，给集团的人才培养造成了很大压力。以上原因，形成了人才短缺与人员冗余并存的现象，造成了有平台无人才、有项目无人才支持的窘境，制约了移动优先战略的实施进度，影响了集团的总体发展。

其次，移动平台缺乏有效用户链接。掌心长兴App自今年4月上线后至今，下载量已突破20万，但对比目标数还有较大差距。此外，由于前期推广主要采用政府行为和地推方式，与用户黏合度不强，用户活跃度还不够高。App是移动优先的主要阵地，如果无法与用户建立起有效连接，就将影响集团移动优先战略的下一步实施。

最后，资金困境无法支持战略投入。资金困境是当前集团的一大难题，集团属差额拨款单位，平均每年政府拨款仅1 000万元左右，绝大部分资金需要自筹，仅人员成本全年就近8 000万元。集团组建后在办公用房、网络基础建设、媒体软硬件设施等多方面连续巨额投入，资金困境较为严重。今年以来，集团强化资金预算管理，实施降本增效方案，缩减了各项开支，虽然略有成效，但从转型发展的角度来说，也形成了一定的制约因素。

三、案例评析：构建县级融媒体发展的“长兴模式”

“要扎实抓好县级融媒体中心建设，更好引导群众、服务群众。”[①] 习总书记的重要论述为媒体融合发展点明了方向。

伴随着我国基层媒体的大改革、大发展，作为基层媒体的县级融媒体中心担当起了主要角色，许多县区级媒体不断深入推进，在媒体融合发展领域

---

① 习近平．习近平谈治国理政：第3卷．北京：外文出版社，2020：313.

锐意改革。浙江湖州长兴传媒集团成为其中的典型代表。通过多年的融合实践，长兴传媒集团已由平台的简单相加向系统的深度相融转变，实现了从“物理反应”到“化学反应”的蝶变，也为众多走在媒体融合之路上的县区级媒体提供了借鉴典范。

（一）激活体制机制，稳定人才队伍

长兴传媒集团在成立之初就坚持深化改革，突破体制机制束缚，实行事业单位企业化运作。这在深化文化体制改革、推动地方新闻事业发展方面，做出了积极有益的探索。

长兴传媒集团构建形成了责权利清晰的领导体系，不断完善党委会领导下的事业法人治理结构，按照采编、经营两分离原则，充分发挥媒体的宣传功能和社会功能。多次调整内部架构、优化采编流程，先后设立全媒体采访部、全媒体新闻中心、全媒体新闻集成平台、融媒体平台，2017 年打通各媒体平台成立融媒体中心，建设融媒眼智慧指挥平台，强化“一次采集、多种产品生成、全媒体传播、全领域评估”的传播模式。这样大刀阔斧地重新整合体制机制，不仅仅有助于促进融合发展的管理扁平化、功能集成化、产品全媒化，更有利于激活体制机制，在根源处发展媒体融合。

与此同时，长兴传媒集团推行人才强企，用绩效激发活力。长兴传媒集团以“全员竞聘＋五档薪酬”相结合为机制，打破编制内外人员身份壁垒。同时，开展多种形式的融合发展业务培训，创新人才引进、培养和激励机制。连续多年开展“万物生长”融媒人才养成计划，与高校建设共同培训制度，培养全媒体人才。其人才发展模式以及管理办法，有效稳定了媒体融合发展的人才队伍。

（二）打造移动矩阵，坚持内容为王

作为新闻媒体，内容永远是“硬通货”和核心竞争力。长兴传媒集团坚守“内容为王”，在不断拓展移动端传播渠道的同时，转变内容生产理念，使融媒体中心成为优质内容生产车间，策划、生产融媒体产品，并通过融媒传播模式来进行传播。

第一，在内容上，主题主线新出彩。长兴传媒集团每年推出切合县委、县政府中心工作的重大主题报道近 40 个，小型报道栏目 60 多个。在形式上，对生硬的主题报道进行“模块化”设置，增强可看性；把日常报道按照时间节点集中采访、精心包装、全媒体密集推出，增强影响力。第二，立足于提升专题制作业务，讲好长兴故事。长兴传媒集团每年完成 100 部各类专题片或纪录片，如《老兵无悔》《一弯清水向太湖》《时代的答卷》等有影响力的

电视专题片。第三，发展直播融媒化，扩大影响力。长兴传媒集团以重大活动、重要事件或突发事件以及特定时间节点等为主题，利用融媒直播技术，在多个平台进行呈现，既有传统的电视荧屏，又有互联网 PC 端、移动手机端，以及广播等。第四，移动产品多样化，赢得市场青睐。长兴传媒集团强化短视（音）频生产，2018 年推出掌心视频、掌心音频、H5 作品、VR 作品、微电影作品、记录纪实短视频以及原创内容。在内容领域深耕细作，辅以创新内容，为媒体融合增添色彩。

（三）打造综合服务平台，参与社会治理

县级融媒体的主要任务是巩固主流舆论阵地，做正能量的传播器。要不断扩大融媒体影响版图，不断提升为民服务的能力水平，打造综合的服务平台。

首先，在民生服务上，长兴传媒集团将社区服务业务引入掌心长兴 App，吸引本地用户进行深度网上互动。建设掌心生鲜、健康医疗、幼儿教育等九大应用场景的 60 多项服务，让群众足不出户就能解决生活麻烦。同时，还借助线上、线下“爆料＋曝光”的互动模式，为本地城市管理、志愿服务、乡村振兴等工作凝聚社会力量，逐步实现从渠道型媒体向平台型媒体转变。

其次，在政务服务上，掌心长兴 App 上的所有政务服务办事项目都整合自长兴政务通。目前，掌心长兴已与县内 35 家单位实现政务服务对接，共计包括 1 183 项服务内容，其中县公安局的网上办事项目最多，共 159 项。此外，链入及自行开发的民生类应用达到 20 多项，多项服务日均使用量在 1 万以上。通过一站导引、一网通办和一端服务，推动“最多跑一次”变为“一次都不用跑”。

（四）技术引领，保障转型升级

媒体要融合，技术是支撑。若想发展融媒体中心，就需紧密联结技术力量，强化新兴技术在媒体融合多个层面的应用。

首先，长兴传媒集团紧盯前沿技术，创新内容呈现形式。充分运用 4G 传输、流媒体传输、移动直播、无人机采集、全景拍摄等技术，实现内容的多媒体化展示形式，不断丰富新媒体传播样态。

其次，长兴传媒集团自主研发融媒眼智慧系统，极大提高了生产效率。强化传统技术和新媒体技术力量，联合组建软件研发团队，搭建了融媒体中心运行中枢神经——融媒眼智慧系统，实现了集中指挥、采编调度、信息沟通、稿库资源共享、热点搜集、传播效果反馈等功能。

（五）困境与发展

我们能够看到长兴传媒集团在构建县级融媒体发展的道路上为我们提供了具有借鉴意义的“长兴模式”，但是也要看到其遇到的阻碍。例如县级融媒体的人才困境。县级融媒体中心由于受到县域资源的限制，面临着人才困境，尤其缺乏新媒体技术、运营方面的人才。如何加快传统媒体的工作者思维转型？如何引进、培养新媒体技术型人才？如何破解“县级融媒体建设火热，却留不住人才”的困境？这些都是亟须思考与解决的问题。

再如县级融媒体发展的资金困境。长兴传媒集团属差额拨款单位，绝大部分资金需要自筹，在更新软硬件设施、提升采编队伍素质、拓展移动端传播渠道等方面，都需要资金的支持。长兴传媒集团虽匹配了资金预算管理、实施降本增效等方案，并改变了传统媒体硬广创收模式，充分借助文化创意、大型活动、主题会展等新型经营模式来增收、创收，但从转型发展的角度来说，资金还是一定的制约因素，尤其是在人员、项目激励机制方面，尚未形成有效突破。

因此，在未来的道路上，县级融媒体在坚定不移地走主流媒体道路的基础上，需激活体制机制、坚守内容为王。需多措并举打造人才队伍，加大对既有人才的新媒体专业知识培训，抓好专业人才培养与人才机制保障。需统筹优化产业格局，多元拓展网络经营，群策群力降低运营成本。

《大河报》大河客户端

一、案例介绍

大河客户端是河南日报报业集团打造的省级新闻资讯移动平台，前身为2013年上线的《大河报》客户端。2016年1月，《大河报》客户端改进内容形式和运营机制，升级转型为更适应当下移动化潮流的大河客户端。

大河客户端由《大河报》内容分发部负责新闻内容的运营和维护，产品创意部提供技术支持，新媒体事业部负责推广运营，其他各部门通过建立频道和记者入驻等方式共同维护，打造“全员办端”局面，做好《大河报》“移动优先”战略的重要抓手。

大河客户端立足河南省，以省会郑州市为主，为生活在省内的人民群众提供地方新闻与信息服务，日发新闻2 000条左右，含数百条原创的客户端首发内容。在客户端的模块设置上包括新闻资讯、视频直播、城事、身边、办事处五部分，主打民生新闻、政经新闻和文化新闻，并兼有评论、生活、交通、教育等细分内容频道（见图1、图2、图3）。

图1　开屏界面口号

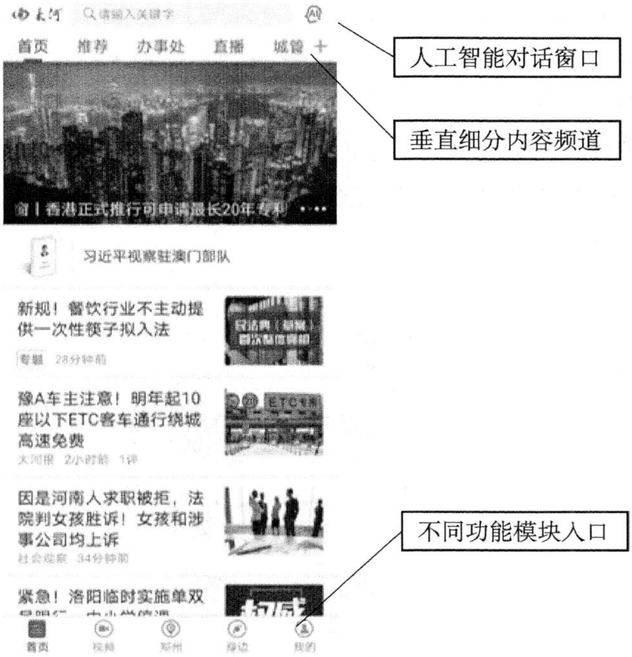

图 2　首页分布

图 3　内容频道界面

作为《大河报》“一报三端多平台”产品线的核心组成部分，大河客户端依托河南日报报业集团和大河网络传媒集团旗下的新闻采编力量，深耕河南本土新闻。近年来，大河客户端推出了“门外的孩子”“直击新乡救灾”“红裤头卧冰救人”等在国内有较大影响力的正能量新闻，在网络上形成了巨大的声势并引发了广泛的讨论。另外，大河客户端不断开发服务功能，结合用户地理位置精准提供用户身边的资讯，并与各地级政府及社区合作，设置地方服务性频道“办事处”“城管”“县区”，让用户可以第一时间了解到社区的通知与资讯（见图 4）。

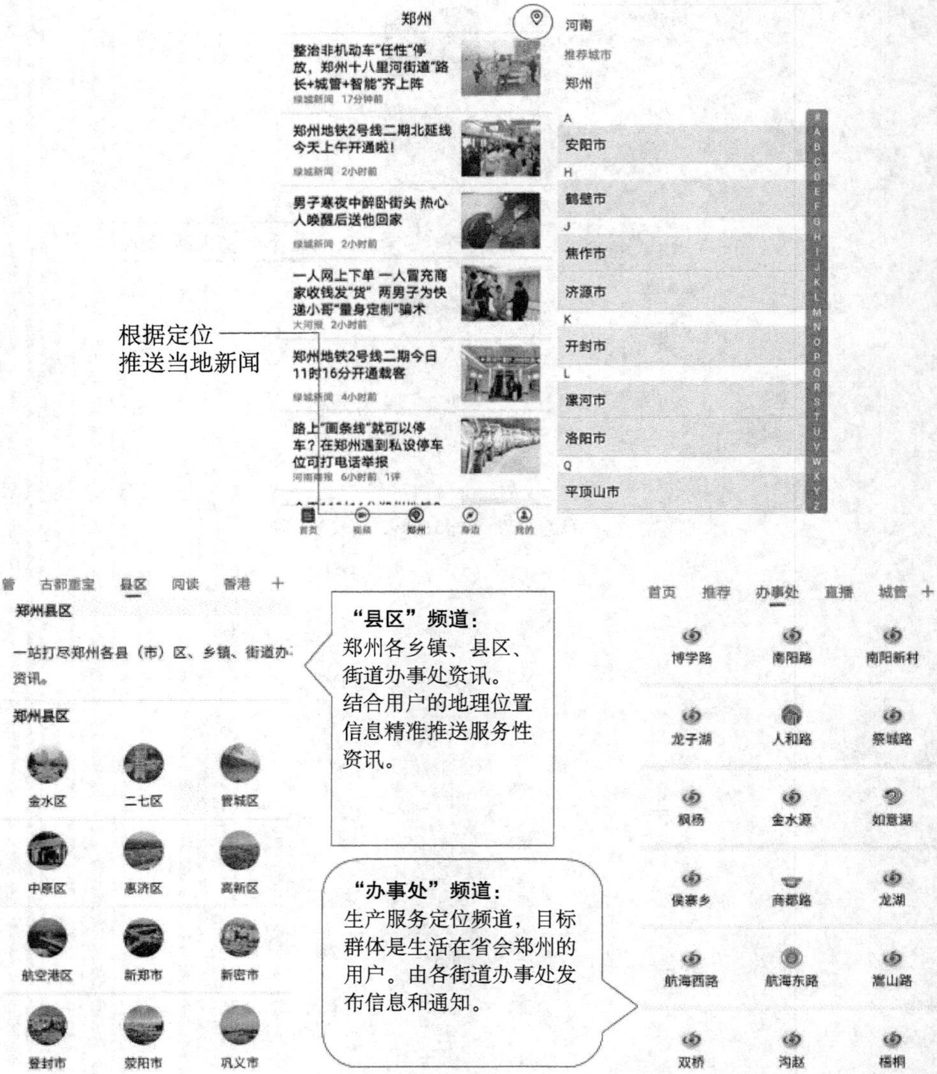

图 4　根据地理位置推送内容

作为目前河南省内最大的移动新闻资讯平台，大河客户端兼有社交功能，为河南用户打造了基于 UGC 生产的社区产品“身边”，允许用户自主发布信息并@入驻记者，实现了用户、记者的即时在线互动，并成为本地线上、线下活动的组织平台（见图 5）。

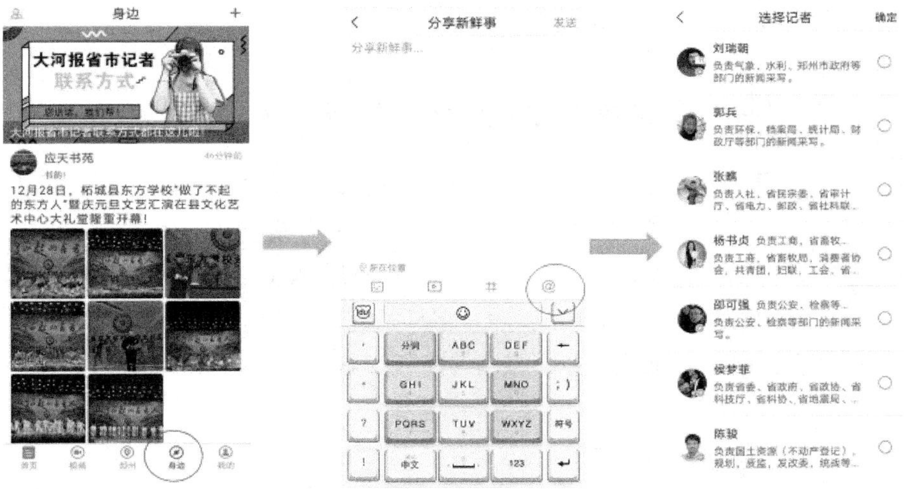

图 5　用户和记者沟通交流模块（用户提供新闻线索）

2018 年，大河客户端的报道 4 次获得中宣部阅评表扬、9 次获得省委宣传部阅评表扬，通过多渠道进行的内容分发实现了全网共计逾 50 亿次的阅读量，其运营主体《大河报》已经连续 15 年入选《中国 500 最具价值品牌》。接下来，大河客户端计划推进"移动优先"与"视频优先"战略，在视频内容上继续发力（见图 6）。

图 6　下一步举措：视频与直播模块

二、访谈实录①

（一）《大河报》内容分发部主任 杨化涛

问：请您简单介绍一下大河客户端这一融媒体产品的产生背景和原因。

答：大河客户端的前身《大河报》客户端于2013年6月23日上线。当时智能手机逐渐普及，传统门户网站颓势日显，移动互联网趋势越来越明显。与此同时，都市报的黄金时代已经远去，而影响力是都市报的立身之本。如何在网络空间延续和巩固媒体的品牌影响力，是摆在所有都市报面前的重大课题。

由微博、微信等第三方渠道获得的传播量固然有助于扩大媒体的影响力，但媒体自身却丧失了对用户数据的掌握，而通过分析用户数据来进行用户运营恰恰是媒体运营的核心。基于这一考虑，《大河报》投入开发了自主可控的移动应用《大河报》客户端。2016年1月，《大河报》客户端升级改版为大河客户端。

问：由《大河报》客户端转变来的大河客户端，转变前后的区别和不变之处有哪些？

答：从《大河报》客户端到大河客户端的最大变化是，《大河报》客户端是部门办端，而大河客户端是全员办端。《大河报》客户端的开发运营任务由报社的新媒体部门承担，只是把报纸上的内容平移到了客户端上，客户端本身的特色原创内容比较少，信息量比较单薄，内容的新媒体特色也不明显。升级为大河客户端后，报社在采编发流程和绩效考核上逐渐往客户端倾斜，推动全员移动化转型；自采原创内容在生产环节就考虑到移动传播的特色，表达方式和内容形态均更加互联网化。这个变化一直持续到现在，音视频内容占比越来越高。不变的地方是，我们始终坚持新闻立端、内容为王。

问：请您介绍一下大河客户端的主要融合创新过程。

答：“融合创新”是融合发展的关键词。“融”就是集合和调动各种手段、各种要素、各种形式，使报道内容更加丰富多彩、立体有层次，更加可感、可触、可享；“新”就是在传统纸媒单向传播、互动不足的情况下，勇于颠覆自我，选取新的视角，选用更加接地气的表现形式，让报道给人以耳目一新

① 该案例采访时间为2019年11月9日，采访方式为电话采访、微信采访。

的综合感受。通过融合创新，实现“大珠小珠落玉盘、声光色影共争辉”的传播效果。具体来讲，有以下几个方面。

首先，稿子直达直发。《大河报》客户端从2013年上线之日起，便承接了《大河报》“停刊不停报”项目。在春节、国庆等长假期间，报社暂时停止出版报纸，但是通过客户端立体化、互动式、全天候地传播新闻服务资讯，与用户的互动贯穿假期始终，从而使《大河报》客户端成为本地媒体的主要发声地，牢牢占据着节日期间的舆论制高点。以此为契机，我们逐渐建立完善了成熟的新闻稿件直达直发的传递编发机制。

其次，与省内新媒体伙伴建立合作关系。从2015年起，我们先后牵头组建了“中原新媒体联盟”和“中原高校新媒体联盟”，将省内政务机构和来自上述两个联盟的众多成员的新媒体内容引入客户端，丰富了客户端的内容构成。同时，我们还与“中原新媒体联盟”中的伙伴共同发起举办了5·15中原自媒体节、2016爱心助学、联盟鹊桥会联动报道等系列活动。大河客户端在交流合作上针对“中原高校新媒体联盟”开启了一系列“走进来”“走出去”计划，征集选派了报社的优秀融媒体记者走进高校，为高校内对媒体行业感兴趣的学生开展互动讲堂，并开展暑期活动“红暑计划”、特训营计划、开放日等活动，让高校学生有机会走进大河。

再次，新媒体产品形态多样化。近年来，大河客户端借助《大河报》强大的采编力量和优质的内容资源，运用H5、MV、视频直播、微视频等传播手段，推出了一系列新媒体爆款产品，如大型原创MV《郑州的桥》、浚县庙会直播等传播效果突出、社会反响良好的作品。

2019年下半年，我们正式启动了视频优先战略，除“豫直播”客户端所有视频内容与大河客户端打通之外，《大河报》记者自采原创的新闻也逐渐做到了全面视频化，并与国内兄弟媒体合作，引进了更多的新闻短视频内容。

最后，内容不断下沉。在我看来，区域内的影响力是大河客户端作为地方媒体新闻客户端的核心优势。2016年4月，大河客户端启动“HOLD城”行动，重点打造基于LBS的地方频道，为河南省十八地市乃至更小的区域提供有针对性的平台和服务。到目前为止，各个地市频道在内容发布、运营互动、本地资源整合营销方面均取得了有实效性的进展。比如南阳频道借助南阳玉雕节、月季花节等重要节会开展运营推广互动，通过大河客户端开展“手机摄影大赛”，实现了火爆的营销效果；平顶山频道结合《大河报》年度重磅公益活动开展爱心助学，由以往的“鸡蛋换学费”升级为“大河币换学费”，彰显大河的品牌影响力和社会责任心；信阳频道以大河客户端为依托，策划开展针对专业市场用户的房展、车展和针对普通市民的相亲会、摸鱼节等运营活动。2018年，大河客户端又开通了手机办事处、县区频道等功能模块，内容和影响力进一步下沉。

问：大河客户端出现后，对报社内的新闻生产力变化产生了哪些影响？

答：大河客户端是承载《大河报》融合转型的重要平台，尤其是《大河报》客户端升级改版为大河客户端以后，《大河报》逐渐由一个传统的平面媒体转型为一个融合媒体。报纸只是《大河报》这个超级 IP 的内容输出端口之一，《大河报》的影响力更多地通过在大河客户端首发新闻，然后进行全网分发来获得。

《大河报》以大河客户端为主要抓手实现融合转型，同时通过生产流程的变化倒逼整个团队的融合转型，使生产的新闻产品更适合网络传播，绩效考核以流量数据为重要评价指标，经营重心由纸端向网端转移。

问：请您介绍一下大河客户端推出的有代表性的新闻作品。

答：第一，“穷有信 富且仁”系列报道。

2017 年 2 月 8 日上午，《大河报》记者到新密市交警大队采访一起醉驾肇事案时，无意中得到一个线索：当地一辆宝马车被撞后，由于车主不在现场，肇事者给车主写了一封道歉信，信里还包着 311 元现金。从信里可以看出肇事者是一名学生，但是他没有写明姓名、联系方式等信息。宝马车车主薛先生在发现自己的车辆被撞后，找到交警队，希望能帮忙查找肇事的学生。薛先生不是想追究学生的责任，而是打算资助他的学业。根据这一线索，《大河报》采编指挥中枢快速反应，指令记者抓住不放，持续跟踪，把采集到的新闻传回报社。大河客户端编辑根据前方记者提供的信息快速编发内容，连续推出了十余篇报道、三次视频新闻，并就此事进行了大面积的采访。广大网友在看到关于此事件的报道后，纷纷转发、点赞和评论，其中的部分精彩评论又转化成了记者报道的内容。其他网络媒体也纷纷转发此系列报道，进一步扩大了报道的影响。据统计，该系列报道在大河客户端的总阅读量超过 300 万。事实说明，在媒体融合发展和报纸转型过程中，必将产生更多传递时代温度、呈现人文情怀的“沾泥土、带露珠、冒热气”的新闻作品。

第二，大型原创 MV《郑州的桥》。

2016 年 10 月 26 日，大河客户端推出大型原创 MV《郑州的桥》，以桥为切入点，展示了郑州这些年翻天覆地的变化。拍摄团队历时两个多月，总行程近千里，为郑州 30 座立交桥拍下了上千张航拍照片和数百段视频。《郑州的桥》MV 推出的第一天就有 300 万人观看，受到了广大网友的追捧。这是一次新闻产品生产和呈现方式的全新探索，我们将航拍影像、视频音频、视觉设计等多种制作手段融为一体，展示了大河客户端掌控多种媒介形式和融合制作传播的能力。

第三，《大河寻人》公益栏目。

2016 年 3 月 13 日，大河客户端《大河寻人》公益栏目上线。上线至今已经发布了 1 000 余条寻人消息，平均每日 1 条。该专栏定位为公益栏目，致力于帮助家庭团聚。《大河寻人》从网上接力扩散到线下热心寻找，彰显了媒体人守望社会的责任感。该栏目作为大河客户端的原创栏目，以 IP 输出的形式入驻众多第三方平台，与“头条寻人”等寻人平台或机构展开合作。《大河报》拥有强大的记者编辑团队，在寻人信息的线索搜集、采访核实、信息分发等方面占有优势；“头条寻人”则拥有精准的地域弹窗技术，可以对寻人或寻亲信息进行精准的定位推送。在采编方面，《大河寻人》不仅发布信息，而且更深刻地参与到“寻人线索—核实信息—发布信息—网友反馈—家属回访”整个寻人过程中。在发布寻人消息后，《大河寻人》会继续进行长期追踪，直到找到失联的人。根据对寻人信息的追踪报道，《大河寻人》采取对原发稿件进行信息补充的方式，对事件进行完整表述，方便网友了解最新进展。《大河寻人》自上线以来，已帮助数百个家庭团聚。在寻人信息传播过程中，广大网友积极参与寻找、提供线索。事实也证明，很多重要线索确实来自网友。另外，《大河寻人》还努力通过各种渠道搜集、整理失踪人口信息，建立失踪人口数据库，为众多失散家庭的团圆提供更大的可能。

问：大河客户端推出后取得的成绩与获得的奖项和肯定有哪些?

答：在《2013 中国报刊移动传播指数报告》中，《大河报》移动新媒体在全国 150 家报纸新媒体中排名第 14 位。

在 2014 中国新媒体峰会上，《大河报》客户端入选中国新媒体影响力二十强。

2015 年 3 月 4 日，河南省委常委、宣传部部长赵素萍看望参加全国两会报道的河南日报报业集团全体记者，她打开《大河报》客户端说：“我是《大河报》的河粉儿啊，你们的 H5 页面做得很漂亮，新闻现在拼的不仅是内容，也是形式，让更多人愿意看才是赢了。”

2015 年 5 月，《大河报》客户端获河南省委宣传部颁发的“文明河南 暖暖新年”组织奖。

在“2015—2016 中国报刊经营价值排行榜”上，大河客户端入选全国新闻客户端前十强。

在 2016 中国传媒融合发展年会暨第三届中国报业新媒体大会上，大河客户端作品获中国报业融合发展实战案例“十佳”优秀奖。

在 2016 年年底发布的《2016 中国媒体融合传播指数报告》中，《大河报》在报纸媒体融合传播 Top10 中名列第九。

2017 年 3 月，大河客户端原创短视频《春光的春光》获中宣部新闻阅评表扬，阅评称“《春光的春光》，航拍影像、视频音频、录音剪辑、视觉设计等均独立完成，这些年媒体融合发展形成的优势，正在今年的两会报道中释放”。

2018 年 5 月，大河客户端作品《60 秒穿越 3 000 年》在“全国党媒携手拥抱新时代——2018 全国两会融合报道精品展示”活动中获优秀融媒作品 Top10 称号。

2018 年 11 月 2 日，大河客户端制作的原创音乐微电影《旗》荣获中国新闻奖三等奖，它是河南省唯一获奖的融媒短视频作品。

问：《大河报》下一步的融合举措有哪些？

答：我们目前正在加快推进移动优先、视频优先两大战略，近期要在大河网络传媒集团框架内与大河网实现整合，形成大河网络传媒集群，深化媒介融合的程度。

问：您如何评价当下的媒体融合？

答：当前的媒体融合已经步入深水区。对传统媒体来说，要正视渠道优势丧失的客观现实。一方面要致力于重建自主可控传播渠道（如新闻客户端），另一方面要积极与几大商业互联网内容分发平台合作，以内容 IP 的形式入驻各大分发平台，争夺全网流量。用户在哪里，传播就要到哪里。随着主管部门对社会自媒体和内容平台的管理日益加强，拥有牌照资源的主流媒体势必迎来更大的发展空间。

问：您在此次媒体融合中有什么样的发现和收获？

答：最重要的发现是短视频的风口还没有过去。所以我们在移动优先之外，又确立了视频优先战略。另外，在信息传播的各种形式中，视频最直接，文字最高效，音频既没有视频信息丰富，也没有文字快捷（讲话速度 150～300 字/分，阅读速度 300～900 字/分），与前两者相比看似并无优势。但在开车、步行、吃饭、做家务等特定场景下，其位置仍无可替代。因此，在用户碎片时间争夺战中，文字、音频、视频内容都会拥有一席之地。

问：在您看来，目前您所在媒体在媒介融合过程中还存在哪些不足？接下来会采取哪些行动应对这些不足？

答：从本质上看，新闻客户端作为一款移动应用程序，具有工具属性，必须对用户有使用价值。而传统媒体的新闻客户端的核心作用是单向提供新闻资讯，如果做不到算法驱动型的海量聚合、精准推送，其对用户信息需求的满足就是非常有限的。当然，专业的编辑推荐对构建健康的舆论生态而言有其特定的优势，但在满足用户兴趣方面的不足需要持续改进。目前我们已经和第三方展开了合作，引入了算法推荐机制，结合编辑的专业推荐，使客户端信息推送更加智能，可以尽力满足用户的个性化需求。

（二）内部员工访谈

问：在《大河报》的媒介融合进程中您感受到的最大变化是什么？

《大河报》政务产品部记者　杨书贞：

作为一名从传统媒体时代走过来的记者，我个人在媒体融合进程中感受到的最大的变化就是现在对记者的要求变得更高了。记者需要“一专多能”。不管是写稿子、拍片，还是策划活动，都要具有相应的能力，做一个“多面手”。

现在是个“人人都有麦克风”的时代，我们作为专业的记者，相比普通人而言应该是能“唱出更好听的歌”的存在，我们也一直坚信这一点。在我看来，不管媒体之间怎么进行融合，“内容为王”的本质是不会变的，内容永远是硬核的东西。优质的内容本身是越来越有价值的，不会因为生产者的大量增加而发生变化。

从内容的写作角度来看，对记者的要求也出现了一定的变化。在新闻的表述上，记者在写作中要使用更加贴近群众的、让群众喜闻乐见的表述方式，或者说要用讲故事的方式去叙述。要通过对一件件“故事”的论述，折射出政策实施的深层目的。在这方面就和传统的新闻表述方式有所区别。传统的新闻表述方式都是比较硬的形式，甚至在报道中会出现一些普通人没法理解、看不懂的词汇和语句。但是在媒体融合时代，就需要我们用一个个故事来解释一些新名词、新概念，把不好理解的内容用好理解的方式给所有人讲明白。

另外，报社内的体制机制也获得了配套改革，比如绩效考核机制就得到了调整。我们所生产的稿子要经过评分，这个评分直接决定了记者可以拿多少稿费。以前，我们有考评组的专业老师，他们会根据我们稿子的质量来打分。现在的评分方式发生了变化，专业老师的评分降到占总分的50％，另外根据我们稿子发布后带来的流量、好评度、评论数量这些指标进行评分，占总分的另外50％。这样一来，绩效考核机制当中就加入了一半流量的成分，这个变化后的机制就倒逼着记者去写一些群众喜闻乐见的内容，因为这样才能吸引大家看，才能增加阅读量。所以，不管是从标题的制作方面，还是从内容的写作技巧方面，作为记者都要时刻想着怎么样才能让大家产生兴趣，产生阅读的欲望。

最后，在选题方面，媒介融合以前我们的选题是这样进行的：记者编辑们根据自己的经验和技能，讨论后认为选题A可以做（有新闻价值），那么就可以基本确定下来了。但是今天在媒介融合的背景下就不一样了。我们在确定一个选题的时候，会考虑广大的网友是不是也会对这个话题感兴趣、这个话题会不会有关注度等问题，然后才能确定选题。

《大河报》内容分发部主管　秦园园：

在我看来，《大河报》在媒介融合过程中的变化主要可以从内外两个方面看。一是大河客户端这个App产品不断更新换代。2013年6月上线《大河报》客户端，2016年1月上线大河客户端，2019年9月大河客户端新装再次上线，每次升级都会带来新功能、新体验，功能由单一简单到丰富完善。最开始只有新闻发布展示功能，后来逐渐启动视频直播、互动分享、积分商城、机器抓取等功能。此外，AI机器人、AR技术的加入也使得客户端更具有科技感。视觉设计也越来越时尚，不仅更加符合用户的审美习惯，也更有利于编辑提高工作效率。二是大河客户端的发展重点，前期主要是跑马圈地，注重用户数量的增长，之后则是致力于通过高质量内容打造影响力。比如上线两年后，2015年7月，我们的客户端用户已经突破千万。在用户相对稳定的情况下，我们开始更加注重提高新闻内容的质量和传播力，内容质量不断升级蝶变，不断有爆款产品产生。客户端上线早期，社会新闻偏多，曾被领导批评鸡毛蒜皮的稿子太多，没有重点。后来客户端稿件的选取方向就偏重于民生、时政，更加关注基层生活和百姓需求。比如我们推出的老旧小区装电梯系列，微视频《旗》《春光的春光》，等等，在社会上引起了强烈反响。

大河客户端的发展源于内生动力的推动。舆论生态环境不断改变，使得传统媒体渐渐丧失优势地位，只有不断地改革才能在信息传播领域占据一席之地。报社每年都出台方案，围绕大河客户端进行融媒体改革。随着改革的深入，大河客户端逐渐成为中心。以前记者写稿，首先供给报纸，客户端再从报纸电子版上选稿发布；如今，通过大河云平台，客户端可以第一时间发布稿件，进而分发到微博、微信、今日头条等第三方平台。以前报社成立新媒体中心，负责两微一端；如今以大河客户端为核心组建全媒体指挥平台，下设内容分发、产品创意、线索监控、数据分析四个部门来全面推进客户端的发展，报社每天早上九点半的选题会也在全媒体指挥舱召开。

《大河报》内容分发部主管　易怀厚：

2010年之前，《大河报》的新闻是借助集团的大河网，通过电子版新闻解析传播出去。2010 年，《大河报》建立了 96211 社区网。社区网主要负责与读者互动，是《大河报》最早的网站，算是报网融合的开始。我自 2011 年来到《大河报》工作后，主要参与了微博运营、96211 企业版 QQ 读者互动及线索搜集、热点搜集等。当时《大河报》的微博粉丝只有 9 万，而同城的《河南商报》的微博粉丝已经有 30 万了。可以说，竞争是当时《大河报》跟进发展微博的一个重要原因。

当时我们的部门是总编室，负责 96211 社区网的是数字部，同样是做新媒体，人员却在不同部门，组织管理上有些混乱，这主要是由于不同的领导分别负责不同的部门。后来这两个部门合并、扩容，组建了新媒体中心。另外，当时报社的核心是报纸，我们部门并没有太大话语权，在新闻报道上主要做的是辅助性工作。经过这几年的发展，我们先后做了《大河报》iPhone 移动端、大河报 3G 手机 Wap 网站、“大河报”微信公众号、大河 App，并入驻今日头条、企鹅号、百家号、快手、抖音等第三方平台。

在整个媒介融合过程中，我认为主要有这样的一些变化：在管理上，今天《大河报》的考核已经从以报纸为核心变成以大河客户端为核心。这一点主要体现在报社的考核以大河客户端的数据为导向，报社评判新闻质量的标准很大程度上要看新闻通过新媒体带来的传播力、影响力。在生产上，报社从传统的早晚会议变为全媒体指挥舱实时指挥，采编流程的全媒体化已经有了比较大的进步；内容产品的生产方式已经从原来的图文结合变为视频、H5、表情包等各式各样的形式。在观念上，已经从“先报后网”变成“先网后报”，报社的传播平台已经从自己的报纸渠道，扩充为大河客户端和微博、微信、今日头条等日益丰富的第三方。另外，我记得新媒体部门曾经是报社的边缘部门。刚刚做新媒体的时候，我也需要自我认同，看到很多人在刷手机、在群里分享信息，才觉得我们的方向是对的，认为我们做的新媒体内容是有未来的。今天，新媒体无论是在新闻采编还是在经营上的重要性都在不断提升。《大河报》已经确立了“移动优先、视频优先”的发展战略，报社已经不是单纯的报社，而是逐渐成为一个真正的全媒体平台。

总体来说，媒体融合是一场不断深入进化的过程。同时，它还是一条路径，通过这条路径，终究会解决传统媒体新闻传播、舆论引导、生存发展的问题，引导传统媒体走出新时代的困境。

三、案例评析：立足本地，多维价值挖掘的媒介融合

《大河报》是河南日报报业集团旗下的一份综合性都市报，2013 年为顺应移动网络普及和媒介融合趋势，上线了《大河报》客户端，并成立了负责

运营《大河报》客户端的部门。2016年，《大河报》客户端升级为大河客户端，在更名的同时转变了运营的思维与模式，由“部门办端”升级为“全员办端”，媒介融合程度进一步加深。

创办于1995年的《大河报》，由其专业性带来的品牌影响力有目共睹。无论是传统媒体时期的报纸，还是当下“媒介融合”进程中的“一报三端多平台”，优质的内容始终是《大河报》的核心竞争力。大河客户端坚持“新闻立端，内容为王”的理念，被打造成一个以《大河报》记者原创的自采新闻为优势，兼有来自其他媒体优质内容的平台。

移动终端的普及和移动互联网用户规模的趋近饱和，使转型的传统媒体在客户端竞争的舞台中，一出场就面临人口红利消失的境况。用户的注意力是有限的，手机的客户端容量也是有限的。更何况许多用户已经养成了相对稳定的内容获取习惯，从固定的平台接收和搜寻信息。在这种条件下，大河客户端面对的挑战与其说是吸引用户，不如说是在市场上争夺用户。而争夺用户的本质是争夺用户的注意力，最终落点是用户关注到的内容本身是否具有抓住用户的特质。

无论形态如何转变，内容都始终是优胜的决定性因素。一方面，内容要有质量，让用户愿意为之付出自己的注意力，从而引发思考与后续行为，增强对内容提供者的认可进而产生依赖；另一方面，内容要切中用户的痛点，在关注用户的表面兴趣之外，也注意到用户深层的信息需求。这两点就要求内容生产者不仅仅要具有制作优质内容的水平，更要有关注民生需求的敏锐眼光。于是，脱胎于都市报的大河客户端在内容生产上的专业性，结合其在本地市场的品牌效应，在竞争流量的媒介融合时代成了大河客户端站稳脚跟的底气。

大河客户端拥有一支来自《大河报》的内容团队，在长期的办报实践中，形成了一套成熟的采编流程和内容制作惯例，在不断探索中发现了本地受众群体的需求和兴趣。虽然互联网使受众对资讯的兴趣变得多样化、碎片化，但是受众对于身边信息的需求、对正能量新闻的热情以及对事实的期待始终没有发生改变。大河客户端将办报经验和客户端运营探索结合到一起，兼顾受众的刚性需求与小众兴趣，把自身打造成一个既有综合又有细分、既关注国家大事又关注社区资讯的立体化平台。

更名后的大河客户端摒弃了转型之前的“报纸内容迁移”的做法，转变了思维方式，将互联网上的内容需求摆在首位，对采编流程进行了更新，以适应媒介融合进程的推进。在选题方面，编辑和记者更多地关注移动平台的用户兴趣，将流量纳入决策的考虑范围。但是，流量并不是《大河报》决定选题的唯一因素。正确的舆论导向、对党和国家大政方针的解读，依然是来自传统媒体的《大河报》记者优先考虑的内容。在关心用户喜欢什么、想看什么的同时，《大河报》注重传播社会正能量，积极承担媒体的社会责任。这样的内容制作理念一方面维护了《大河报》长久以来积攒的公信力，另一方面又催生了一批叫好又卖座的优秀作品。如 2017 年 2 月关于肇事学生赔偿宝马车车主的系列报道，在大河客户端阅读量超过 300 万，并被多家媒体转载；2018 年 1 月对王保华卧冰救人事件的报道，一度成为全网的讨论热点。

在新闻方面，《大河报》社内采用“中央厨房”机制打造云平台，由身处报道第一线的记者将采编内容上传至待发稿库，报纸编辑和移动媒体编辑根据终端的特点对内容进行筛选和加工，分发至包括客户端在内的多个平台。在这个过程中，编辑会根据内容向身处一线的记者及时发出指令，进一步挖掘新闻事件，或采集更多形式的素材配合不同终端的需求。在这个过程中，大河客户端保持时刻跟进的状态，将记者采集到的原创信息第一时间呈现给用户。这样的机制在提升《大河报》各终端的信息分发效率的同时，也对记者的专业能力提出了更高的要求。记者不仅要擅长采、写、编，也要具备新媒体内容的生产制作能力尤其是短视频拍摄和直播技能，能够在传统新闻稿件的基础上生产受众愿意看的视频内容。

除此之外，更新语态也是传统媒体记者在媒介融合进程中面对的挑战。以往的单向传播和报纸的说教模式已经失去市场，以大河客户端为核心进行信息传播的大河报系，不断探索受众愿意接受的内容形式，用更简明易懂、更清晰、更接地气的话语解析方针政策，用讲故事的方式传播新闻。这种语态转变体现了媒介融合观念的深入——不是媒体形式的相加，而是传播方式从宏观上的媒介形态变革，到微观上的语态和传播思维变革。

为配合《大河报》内部的“全员办端”的战略，将媒介融合思维深化到整个生产流程中，报社内的体制机制也获得了相应的调整，绩效考核的重点由报纸转变为以客户端为首的移动终端。以往的对记者的考核建立在专家评价体系上，以报纸为基础评价记者作品的好坏。现在调整后将记者的作品对流量的贡献纳入评价体系，专家评价仅占整个评价体系的一半比重。这样的机制倒逼记者转变新闻产品制作思路，认真思考新的媒介环境下受众需求的变化，从观念上推进媒介融合的不断深化。

大河客户端立足本地需求，重点推送河南省内的新闻热点。在此基础上兼顾用户个人的信息需求，整合了 37 个个性化的内容频道供用户根据个人兴趣进行选择，将标签展示在首页上方供用户自主选择，其内容涵盖了时事新闻类、河南省内各地方新闻、省会郑州的社区资讯，以及生活、娱乐、品牌类内容，从大事到小事、从“大众关心”到“小众爱好”，全方位满足客户端用户的信息需求。另外，大河客户端积极向基层渗透，增强自身的服务性和信息提供的针对性，在首页上方的频道中为省会郑州市设置街道办事处和县区内容频道，各个县（区）、乡镇和街道办事处可以在大河客户端这个平台上第一时间发布通知，用户也可以在此看到离自己最近的新闻，找到与生活相关的重要资讯。

媒介形态的变革也为受众提供了发出自己声音的机会。报纸单向传播的时代一去不复返，以往被动接收信息的读者产生了发布信息的意愿，在互联网中充当着庞大信息网络的多向传播网络节点，一个由用户和媒体共同构建起来的市场逐渐成形。用户的内容生产行为对专业媒体信息垄断地位带来的冲击，一度使传统媒体陷入职业认同的困境，带来行业未来如何发展的迷思。但是，如果传统媒体冷静下来看待这一局面，就会发现传统“受众”身份向“传/受者”双面身份的转变，带来的是新的契机。专业媒体尤其是新闻媒体始终需要广泛的信息渠道，始终要满足最广大受众的基本信息需求。具有传播者新身份的受众作为社会中的一员，本身就可以成为媒体在社会中各个阶层、各行各业的“眼睛”，用真正来自民间的视角发现最贴近广大人民群众实际生活的需求。他们不仅可以看到专业记者忽视的内容，还可以为记者看待问题提供更多的、更接地气的启发。因此，利用好受众身份的转变可以促进传统媒体更好地发挥自身作用，在履行自身作为社会“守望者”职责的同时，兼顾多样的民生需求，及时反映问题并进行专业解读，成为社会转型中的“稳压器”。

大河客户端重视自身与用户、用户与用户之间的互动，就是媒体融合进程中传统媒体转变思维方式的重要体现。在满足用户的社交与表达需求以外，大河客户端充分利用了用户的“传者”身份。在客户端下方的“身边”板块中，用户可以在板块内发布原创信息或转发客户端内的新闻资讯，通过评论和点赞的方式进行交流沟通，实现社交目的。同时，用户在发布的内容中还可以@入驻平台的《大河报》记者，提出疑问或寻求帮助。“身边”板块打破了用户与记者之间的沟通屏障，在增强用户黏性的同时为记者拓宽了信息来源渠道，使记者可以更多地关注民生问题，了解基层情况。在访谈中笔者了解到，已经有部分用户发布的内容成为记者的选题并得到了深入报道。

整体来看，大河客户端作为传统报纸的媒介融合产品，对其他地方都市报具有很强的借鉴意义。媒介融合不是要求传统媒体淘汰自身形式，彻底迎合互联网潮流去改造自己，而是要求在充分利用自身优势和经验的基础上，打造全新的面貌，通过一步一步的转变由浅入深、由表及里地不断适应所处大环境的变化，持续探索在新情况下履行自身职责的方法。作为都市报，《大河报》长期以来对本地生活的观察、对本地资讯的挖掘能力和对地方信息来源的积累，使其不仅能从宏观角度了解受众的生活环境，还具有从微观角度发掘受众需求的能力。对于传统媒体尤其是地方媒体而言，这样的本地资源是其在转型中的立足点，也是其未来发展的新的出发点。

回望媒介形态变化的进程，受众的核心地位在不断地被强化。从满足受众的信息需求到满足受众的传播需求，媒体与受众的关系发生着微妙的转变。但是受众主体地位的上升是对媒体工作方式转变的提醒，而非对媒体的威胁。不同的时代背景催生不同的信息需求，以新闻立身的传统媒体本身就要具有发现和满足受众需求的能力，这既是媒体工作者应具有的专业素养，也是市场对媒体的要求。在媒介融合时代，进一步挖掘受众的需要，满足分众化的受众兴趣，是大河客户端已经在探索并且有了初步成效的事情。接下来，进一步增强自身的服务性，巩固用户基础，增强用户黏性，为河南省内的一亿人口提供更加全面优质的信息，是大河客户端已经提上日程的发力点。

图书在版编目（CIP）数据

媒介融合案例教程/本书编写组编著．-- 北京：中国人民大学出版社，2022.1
新编 21 世纪新闻传播学系列教材
ISBN 978-7-300-29900-6

Ⅰ.①媒… Ⅱ.①本… Ⅲ.①传播媒介－高等学校－教材 Ⅳ.①G206.2

中国版本图书馆 CIP 数据核字（2021）第 191381 号

中国人民大学马克思主义新闻观研究中心项目
新编 21 世纪新闻传播学系列教材
媒介融合案例教程
本书编写组　编著
Meijie Ronghe Anli Jiaocheng

出版发行	中国人民大学出版社		
社　　址	北京中关村大街 31 号	**邮政编码**	100080
电　　话	010－62511242（总编室）		010－62511770（质管部）
	010－82501766（邮购部）		010－62514148（门市部）
	010－62515195（发行公司）		010－62515275（盗版举报）
网　　址	http://www.crup.com.cn		
经　　销	新华书店		
印　　刷	固安县铭成印刷有限公司		
开　　本	787 mm×1092 mm　1/16	**版　　次**	2022 年 1 月第 1 版
印　　张	16 插页 1	**印　　次**	2024 年 1 月第 2 次印刷
字　　数	284 000	**定　　价**	45.00 元